非物质文化遗产
展陈设计策略

传统手工艺类

刘芹 著

The Exhibition Design Strategy
of Traditional Handicrafts
of Intangible Cultural Heritage

上海交通大学出版社
SHANGHAI JIAO TONG UNIVERSITY PRESS

内容提要

本书以非物质文化遗产中的传统手工艺类为切入点，分析传统手工艺展陈的核心内容和精神内涵。从展陈视角，围绕"怎么看""展什么"和"怎么展"三个核心问题，探讨传统手工艺展陈策略；从展陈理念、内容、形式等方面，对传统手工艺展品分类及展陈模式进行探讨；从传统手工艺的文化属性、信息传播有效性、观众需求等角度，分析传统手工艺展陈理念和原则。同时，结合空间、展品和观众等要素，对展陈的内容策划、形式设计和管理服务等提出建议。

本书适合对展陈设计感兴趣的读者阅读。

图书在版编目（CIP）数据

非物质文化遗产展陈设计策略.传统手工艺类/刘
芹著.—上海：上海交通大学出版社,2022.1
ISBN 978-7-313-24744-5

Ⅰ.①非… Ⅱ.①刘… Ⅲ.①手工艺-非物质文化遗
产-陈列设计-中国 Ⅳ.①G265

中国版本图书馆CIP数据核字（2021）第156315号

非物质文化遗产展陈设计策略：传统手工艺类
FEIWUZHI WENHUA YICHAN ZHANCHEN SHEJI CELÜE: CHUANTONG SHOUGONGYI LEI

著　者：刘　芹			
出版发行：上海交通大学出版社	地　址：上海市番禺路951号		
邮政编码：200030	电　话：021-64071208		
印　制：上海新艺印刷有限公司	经　销：全国新华书店		
开　本：710mm×1000mm　1/16	印　张：15.75		
字　数：265千字	插　页：6		
版　次：2022年1月第1版	印　次：2022年1月第1次印刷		
书　号：ISBN 978-7-313-24744-5			
定　价：78.00元			

序 | Foreword

非物质文化遗产（简称"非遗"）是我国优秀传统文化的重要组成部分，见证了璀璨的中华文明。随着科学技术的发展，人们的生活生产方式发生了改变，诸多非物质文化遗产在历史的长河中渐渐失去了往日的功能，有的甚至濒临消亡，这种现象引起了联合国教科文组织和各国政府对非物质文化遗产保护的重视。从1989年的《保护民间创作建议书》、2001年的《世界文化多样性宣言》、2002年的《伊斯坦布尔宣言》至2003年的《保护非物质文化遗产公约》，国际社会颁布了一系列保护非物质文化遗产的文件。中国是公约缔约国之一，并于2004年由全国人大常委会通过决议批准中国政府加入公约的决定。2005年国务院发布《关于加强文化遗产保护的通知》，制定了"国家+省+市+县"四级保护名录和代表性传承人四级保护体系，截至2020年12月，已经公布了5批国家级名录项目共计3 610项，5批国家级代表性传承人共计3 068名，入选联合国教科文组织非物质文化遗产名录（名册）项目总数达42项。对上述非遗项目，国家采取了抢救性、整体性、生产性等不同的保护策略，其中展陈和传播是对"非遗"实施保护的重要方式之一。

《非物质文化遗产展陈设计策略：传统手工艺类》一书的撰写背景源于中国工艺美术馆和中国非物质文化遗产馆筹建项目中"非遗"展示展陈的研究课题。该课题以国家级非物质文化遗产名录中传统手工艺类为研究对象，紧扣"非遗"活态性、无形性、传承性、丰富性等文化特征，在展陈内容和形式上，对"非遗"传统手工艺类名录的展陈分类、展陈设计原则、展陈内容策划、展陈技术路线、展陈管理等提出策略研究，对非物质文化遗产展陈设计有积极的指导意义。

《非物质文化遗产展陈设计策略：传统手工艺类》一书提出以科普教育为目标的展陈设计，围绕"观众、展品、空间"三个主要元素，提出"讲故事"的展陈叙事手法。强调以观众为主要服务对象进行展陈内容策划、展陈形式和空间设计。从观众的生理、心理、认知、感知、情感等多方面，分析观众参观学习的心理、行为和习惯，从学习的有效性角度出发，提出展陈内容的故事策划与展陈形式的趣味性，吸引观众主动参与学习，以期获得良好的观展体验，增强观众对展陈内容的记忆，达到展陈信息的有效传播。本书还从博物馆运营和管理等方面，整合"非遗"数字化保护、活态传承、展览更新、观众学习等需求，提出可持续的"非遗"展览策划设计观点。

非物质文化遗产是一个国家和民族历史文化成就的重要标志，是优秀传统文化的重要组成部分。近年来，国家高度重视非遗馆的建设和"非遗"展示工作：2021年，中共中央办公厅、国务院办公厅印发《关于进一步加强非物质文化遗产保护工作的意见》，将非物质文化遗产传承体验设施建设列为"非遗"传承与保护的重要工作内容；文化和旅游部《"十四五"非物质文化遗产保护规划》特别提出在"十四五"时期将建设20个国家级非遗馆，同时支持地方政府和社会力量根据自身特点建设富有地方、民族、行业特色的非遗馆。据有关部门统计，目前已建成或正在建设的区域综合性非遗馆已达到300座以上，各类"非遗"展示场所更是高达数千处，非遗馆建设和"非遗"展示已成蓬勃发展之势，此书的出版发行将对我国"非遗"展示实践起到积极的作用。

2021年10月

前　言｜Preface

　　传统手工艺是非物质文化遗产的重要门类。传统手工艺记载了人类发展的历程，蕴含了丰富的技术价值、艺术价值、历史价值、哲学精神等，见证了人类文明的延续和进步。然而，在工业革命和高科技快速发展，生产追求经济利益的时代背景下，传统手工艺不能实现大批量生产，满足不了人们日益增长的物质需求，渐渐退出了历史的舞台。在全球化背景下，文化趋于一体化发展，原本多样化的文化形态逐渐趋同，我国文化出现西风东渐现象，很多传统优秀文化得不到人们的认同，传统手工艺出现断层，几近消亡，有的手工艺甚至已经失传。20世纪末，联合国教科文组织发起组织了对非物质文化遗产的保护工作，传统手工艺是非物质文化遗产五项主要内容之一，直至今日，非物质文化遗产保护仍然是国际热点话题之一。

　　党的十八大报告提出了"建设优秀传统文化传承体系，弘扬中华优秀传统文化"的重大任务。2013年9月26日，习近平总书记在会见第四届全国道德模范及提名奖获得者时，指出"中华文明源远流长，蕴育了中华民族的宝贵精神品格，培育了中国人民的崇高价值追求"。2014年2月24日，习近平总书记在中央政治局第十三次集体学习时强调："抛弃传统、丢掉根本，就等于割断了自己的精神命脉。博大精深的中华优秀传统文化是我们在世界文化激荡中站稳脚跟的根基。"传统手工艺是我国优秀传统文化之一，不但满足了人们生活生产中"吃穿住行"等方面的物质需求，同时也丰富了人们的精神生活，推动了我国文明的发展。传统手工艺文化至今仍影响着人们的生产生活，精湛的手工技艺及其产品是大工业生产无法替代的，传统手工艺文化中蕴含了大量的哲学思想和人文精神价值，值得后人传承发展。

"非遗"展陈是一种对传统手工艺进行保护和传承的方式。"非遗"博物馆的保管和收藏可为传统手工艺提供档案式的保护，展陈则可提供教育和传播功能，以文化和艺术形态向观众展示传统手工艺的精湛技艺、文化价值及其中的意义。通过参观学习，可让观众对传统手工艺产生文化认同，进一步上升到对祖国和民族的热爱。展陈能扩大传统手工艺文化的传播范围，通过展示空间的社会集群功能，为传统手工艺文化资本的经济转换提供一个平台，对传统手工艺的保护和传承有重要的推动作用。我国各地相继以博物馆或展览活动的形式对传统手工艺进行展陈传播，对传统手工艺文化进行宣传教育，让观众对传统手工艺文化有更加全面和正确的认识。"非遗"语境下的传统手工艺展陈要遵循其非物质文化遗产活态性、整体性、传承性的特性。通过传统手工艺的展陈，使观众获得传统手工艺的历史与科学知识，得到艺术和美的享受，进而产生文化认同，增强民族文化自信，产生对民族和祖国的热爱之情。

本书从"非遗"传统手工艺概念入手，分析传统手工艺展陈的核心内容和精神内涵。从展陈理念、内容、形式等方面，发现我国"非遗"传统手工艺展陈现状中存在的问题。从展陈视角对"非遗"传统手工艺展品分类及展陈模式进行探讨。从"非遗"传统手工艺的文化属性、信息传播、观众需求等角度，分析传统手工艺展陈理念和原则。结合空间、展品和观众等要素，提出展陈的内容策划、形式设计和管理服务应符合观众参观行为和自主学习方式，使展陈信息传播的有效性达到更准确、更高效、更生动的效果。展陈策划应兼顾博物馆品牌建设，与博物馆运营相辅相成，从而使传统手工艺借助博物馆的品牌效应和社会资本运作得到更有效的传播。同时，"非遗"博物馆也可利用传统手工艺的文化资源，打造自身独特的品牌价值。展陈空间是一个完整的集群，在这个特殊的建筑场域中展陈所涉各要素可以实现价值转换，这将为传统手工艺的保护和传承发展提供一个宽广的平台。

展陈设计是一种以空间为载体的艺术表现形式。其展陈的对象是展品，服务的对象是观众，观众和展品在博物馆这个建筑场域中发生关系，观众、展品和空间是博物馆展陈设计的三个主要要素。展陈设计在明确展陈目标、展陈定位、展陈理念、展陈原则的基础上，要做好三件事，一是要明白观众观展需求"怎么看"，二是展陈内容要"展什么"，三是展陈形式要"怎么展"，这就是设计要把握的"内容与形式"的问题。展陈设计也主张形式追随内容的设计理念，展陈定位以观众为中心，传统手工艺展陈的目的是提供文化服务，输出意识形态。不管展陈内容是以什么方式叙述、展陈形式以什么方式呈现，都要考虑观众接受信息的学习行为。展陈是通过设计将展陈信息以艺术美的形式呈现，将抽象难懂的信息以形象的方式，简洁明了地表达出来，易于观众接受。并且在信息传播的过程中，通过一定的形式让观众与展品产生共鸣，让观众在接受信息的过程中，产生愉悦的快感，实现展陈的艺术表达。我国传统手工艺相关内容的展陈研究尚处在探索阶段，还不够系统。从事艺术设计的研究人员主要研究形式设计，而从事理论研究的研究人员则主要从理性的角度探讨传统手工艺分类的研究。展陈的内容和形式是一个整体，部分的研究不能达到整体的效果。

传统手工艺展陈设计涵盖了设计学、博物馆学、传播学、心理学、"非遗"学、社会学、管理学等交叉学科知识。传统手工艺展陈策略要从整体出发，弘扬中国优秀传统文化、增强人们的民族自豪感和爱国热情。以非物质文化遗产保护和传承为任务，遵循非物质文化遗产的文化特性，以观众观展和学习需求为中心，将观众、展品与空间结合起来，利用现代高科技技术，对传统手工艺的展陈内容和形式进行整体策划，以艺术性、科学性、系统性的方式将传统手工艺文化信息传达给观众。研究展陈策略的同时，还应考虑博物馆运营管理的发展，博物馆可凭借其社会身份，推动传统手工艺的保护和传承。此外，传统手工艺的文化资源也可推进博物馆的品牌化建设。传统手工艺展陈策略研究是一个具有实践指导意义的应用型研究。

2021 年 10 月

目　录 | Contents

第三章
展陈语境下的传统手工艺分类　055

第四章
传统手工艺展陈理念与原则　101

01 第一章

传统手工艺展陈的对象和目标

传统手工艺作为非物质文化遗产的一部分,记录和承载着人类文明历史,是一个民族文明的传承,也是全人类的共同财富。1972年,在联合国教科文组织公布了《保护世界文化和自然遗产公约》(简称《世界遗产公约》)之后,为了弥补《世界遗产公约》中对非物质文化遗产保护的遗漏,其第一次正式提出了"非物质文化遗产"的概念和"保护非物质文化遗产"的问题,传统手工艺作为非物质文化遗产的一部分也在保护范围内。1989年11月,联合国教科文组织公布了《保护民间创作建议案》,文件中"民间创作"的定义与"非物质文化遗产"的意思基本一致[1]。2003年,联合国教科文组织第32届会议公布了《保护非物质文化遗产公约》,这是一份准则性的文件,确定了传统手工艺是非物质文化遗产的五个类目之一,并提出了保护事项规定。

---

[1] 王文章.非物质文化遗产概论 [M].北京:教育科学出版社,2008.

第一节 传统手工艺的界定

一、联合国教科文组织及国外对传统手工艺的界定

手工艺品指的是纯手工或借助工具制作的产品。制作时可以使用机械工具，但前提是工艺师直接的手工作业仍然为成品的主要手段。手工艺品由自然材料制成，能够无限量制作。此类产品实用、美观，具有艺术性和创新性，能传达文化内涵，富有装饰性、功能性和传统性，同时具有宗教或社会象征意义[1]。传统手工艺比一般手工艺要求更高，有些要达到非物质文化遗产标准。2003年联合国教科文组织《保护非物质文化遗产公约》（简称《公约》）中对非物质文化遗产的内容进行了详解："非物质文化遗产（intangible cultural heritage）指被各群体、团体、有时为个人所视为其文化遗产的各种实践、表演、表现形式、知识体系和技能及其有关的工具、实物、工艺品和文化场所。"[2]《公约》还对非物质文化遗产的内容进行了分类，具体包括以下五个方面：① 口头传统和表现形式，包括作为非物质文化遗产媒介的语言；② 表演艺术；③ 社会实践、礼仪、节庆活动；④ 有关自然界和宇宙的知识和实践；⑤ 传统手工艺[3]。并对传统手工艺提出以下要求：有鲜明特

---

[1] 联合国教科文组织/国际贸易中心1997年10月在菲律宾马尼拉举办的题为"工艺品和国际市场：贸易与海关法典"国际讨论会上对工艺品/工艺师产品的定义。
[2] 王文章.非物质文化遗产概论［M］.北京：教育科学出版社，2008.
[3] 王文章.非物质文化遗产概论［M］.北京：教育科学出版社，2008.

色；在当地影响较大；有突出的历史、文化和科学价值；具有展现广大人民群众文化创造力的典型性和代表性；在一定群体中世代传承、活态存在等[1]。

《公约》中"传统手工艺"是一个广泛的概念，包含了1989年《保护民间创作建议案》中"口头和非物质遗产"定义中的手工艺、建筑术及其他艺术中的美术。广泛的范围包括人类生活中解决人们衣食住行方面的实用技艺和丰富人们精神生活的装饰艺术。基本上，诸多国家对"传统手工艺"的分类都沿袭了联合国教科文组织中的定义和范围，但各国又根据本国文化特征对传统手工艺进行了解释和限定（见表1-1）。意大利对"传统手工艺"的定义是：完全通过手工劳动或者仅仅借助简单设备来制造日常需要或者装饰物品的活动。通过工厂批量生产或者通过机器制造的产品不属于手工艺产品。"手工艺"这个定义仅仅指用来制造产品的传统方式手段。手工艺产品通常具有文化或宗教价值，有时也具有美学价值。从此定义中可以看出传统手工艺文化不仅指技术，还包括蕴藏在技艺中的精神文化。西班牙对"传统手工艺"的解释是：传统生产工艺过程和技术的相关知识。墨西哥对"传统手工艺"的解释是传统古老的手工艺技术。法国在解释传统工艺时提到不同类型：工具、服饰、首饰、传统服饰、节日配饰、歌剧艺术、器皿、储存物件、保护措施、运输工具、艺术装饰品、乐器、家务工具、用于学习和娱乐的玩具、清洁用具。法国对传统手工艺的范围也进行了解说。韩国将"传统手工艺"称为"工艺类"，并指出其包含范围。澳大利亚的传统手工艺聚焦当地原住民文化。

日本对"传统手工艺"的划分较细致，主要包含两部分内容，工艺技术和民俗技能，下设二级细分。工艺技术主要包括陶艺、染织、金工、木竹工艺、玩偶、牙雕工艺、手工和纸、截金及其他工艺方面的技术；民俗技能包含了生产·生业、衣食住及其他方面的民俗活动中所涵盖的手工技能内容。具体如表1-2所示。

---

[1] 王文章.非物质文化遗产概论［M］.北京：教育科学出版社，2008.

表 1-1　部分国家对"非遗"的分类及对传统手工范围的划分

国别	意大利	西班牙	墨西哥	法国	韩国	澳大利亚
非物质文化遗产分类	口头传统和表述	传统口头文化和语言的独特性；音乐表现形式	传统口头表达形式	口头传述的传统和说法	戏剧；游戏	语言与文化（原住民语言，原住民音乐，原住民绘画）
	有关自然和宇宙的认知和实践	社会及组织形式	自然习俗相关知识	关于大自然的知识和实践		宗教信仰
	表演艺术	表演、传统戏剧形式、传统游戏比赛	表演艺术	表演艺术	音乐及舞蹈	
	传统手工艺	传统生产工艺过程和技术的相关知识	传统古老的手工技术	关于传统手工艺的技能	工艺	
	社会风俗、仪式和节庆	食品	社会习俗、节日庆典及仪式	社会和民俗活动以及节日庆祝活动	食品	社会习俗（原住民遵循社会准则和习俗，按血缘关系建立的社会结构）
		信仰、节庆仪式及其他庆典形式			仪式	
传统手工艺范畴	无分类	无分类	无分类	工具、服饰、首饰、传统服饰、节日配饰、歌剧艺术、器皿、储存物件、保护措施、运输工具、乐器、艺术装饰品、家务工具、用于学习娱乐的玩具、清洁用具等	大木匠、小木匠、制瓦匠、器乐传统手工艺匠、弓矢匠、大鼓匠、丹青匠、佛画匠、刻字匠、毛笔匠、镶嵌人丝匠、刻绣匠、木雕刻匠、漆匠、染色匠、玉匠、金属活字匠等	无分类

表1-2 日本"非遗"分类情况

"重要无形文化财"		"重要无形民俗文化财"		
演　艺	工艺技术	民俗技能	民间演艺	风俗习惯
略	陶　艺	生产·生业	略	略
	染　织			
	金　工			
	木竹工艺	衣　食　住		
	玩　偶			
	牙雕工艺			
	手工和纸	其　他		
	截　金			
	其　他			
备　注				
在日本"非遗"文化中还有一项"选定保存技艺"类，从项目的内容来看，基本上都是技艺类项目，分为有形技艺、无形技艺、有形·无形文化财三类。但是，有形技艺中的很多项目都与无形技艺项目性质相似。如唐纸制作属于有形技艺，其描述和表述方式都与重要无形文化财相似，而和纸制作却是无形技艺。上代饰金具制作修理属于有形技艺，而雅乐管乐器制作修理却属于无形技艺。选定保存技艺类下的二级分类中对有形技艺和无形技艺的界定似乎有些模糊				

二、我国对传统手工艺的界定

1. 我国对传统手工艺的定义

汉语语言学上将传统手工艺称为"民间工艺"。《辞海》中对民间工艺的解释是，劳动人民为适应生活需要和审美需求，就地取材，而以手工生产为主的一种工艺美术品。其品种繁多，代表性的有竹编、草编、蓝印花布、蜡染、木雕、泥塑、剪纸、民间玩具等。由于各地区、各民族的社会历史、风俗习尚、地理环境、审美观念的不同，作品也各有不同的特色[1]。我国工艺美术专家张金庚在其主编的《工艺美术手册》中也使用了"民间工艺"一词，对其的定

---

[1] 舒新城.辞海（艺术分册）[M].上海：中华书局，1936.

义：劳动人民，主要是农民、渔民、牧民和手工艺人根据自身的使用和审美需要，就地取材，自行设计和制作，并为自身所享用的工艺美术品[1]。路甬祥总主编、田小杭主编的《中国传统工艺全集·民间手工艺》中将传统手工艺称为民间手工艺，其定义：由广大民众创作与传承的，主要反映民众的生活和思想情感，表现民众的审美观念和艺术情趣的工艺创造及其制品[2]。华觉明等编著的《中国手工技艺》称传统手工艺为"手艺"，指人类早期用双手（以及其他肢体）借助工具（以及简单机械）造物。认为这种旨在造物亦即创造第二自然或者说是人工自然的劳动，可称为手艺或手工[3]。书中也对手艺的性质和类别进行了阐述："手艺是物质的又是精神的，是技术的又是艺术的，是历史的又是现实的。它在社会分工和经济体系中属于手工业的范畴，又可称作为手工技艺、手工技术、传统工艺、传统手工技艺……这些称谓用于不同场合，其间有些微的意涵差别。"[4]

以上虽然对"传统手工艺"的叫法不同，但主体意思是一致的。联合国《公约》分类中的"传统手工艺"在我国常用"民间工艺""传统手工技艺""手艺"等词。创造者是劳动人民，目的是解决生活需求和审美需求，手段以手工生产为主。从其定义和包含的范围可以看出，我国的"民间工艺"与联合国《公约》中"传统手工艺"的定义和范围基本一致，都是指劳动人民根据生产生活所需而动手设计、制作的具有一定实用功能或审美功能的产品。近年来，我国非物质文化遗产学术领域也常采用"传统手工艺"一词，如2015年"京津冀非物质文化遗产展暨传统手工艺作品设计大赛"等。

2. 我国传统手工艺的范围

我国非物质文化遗产的分类基本上遵循联合国教科文组织的分类。但考虑到我国非物质文化遗产的丰富性特征，为了便于非物质文化遗产管理工作的开展，以及大众对传统手工艺的通俗认知，我国对"传统手工艺"有更细致的划分。并随着研究工作的不断成熟，也不断地对分类和名称的命名加以了修正。总体来说，有以下几种分类方法。

---

［1］ 张金庚.工艺美术手册［M］.济南：山东科学技术出版社，1988.
［2］ 田小杭.中国传统工艺全集·民间手工艺［M］.郑州：大象出版社，2007.
［3］ 华觉明，李劲松，王连海，等.中国手工技艺［M］.郑州：大象出版社，2014.
［4］ 华觉明，李劲松，王连海，等.中国手工技艺［M］.郑州：大象出版社，2014.

第一，《国家级非物质文化遗产代表作申报评定暂行办法》指出："传统的手工艺技能和文化创造形式，包括传统的冶炼等传统工艺技术知识和实践，医药知识和治疗方法，书法与传统绘画，保健与体育知识，畜牧产品、水产品、果实的处理，食品的制作和保存，烹饪技艺，传统工艺美术生产、雕刻技术，包含设计、染色、纺织等环节在内的纺织技艺、丝织技术，包含文身、穿孔、彩绘在内的人体传统绘饰技术等。"[1]

第二，2005年中国艺术研究院中国民族民间文化保护工程国家中心编写的《中国民族民间文化保护工程普查工作手册》按学科领域将我国非物质文化遗产分为16个一级类别。其中第三类"民间美术"含绘画、雕塑、工艺、建筑，以及其他5个二级目录。第九类"民间手工技艺"含工具和机械制作，农畜产品加工，烧造，织染缝纫，金属工艺，编织扎制，髹漆，造纸、印刷和装帧，以及其他9个二级目录[2]。

第三，国家级非物质文化遗产名录中的分类。2006年我国第一批国家级非物质文化遗产名录中包含的是"民间美术""传统手工技艺"和"传统医药"[3]。其中"民间美术"和"传统手工技艺"在2008年修正为"传统美术""传统技艺"[4]。总体来说，"传统手工艺"在我国包含的范围涵盖了具有装饰功能的传统美术和具有实用价值的传统技艺。传统美术有绘画、刺绣、剪纸等；传统技艺有锻造、髹漆、造纸印刷、烧造、用具制作、建筑技术、烹饪技术及传统制药技术等。

第四，王文章《非物质文化遗产概论》对传统美术（民间美术）和传统技艺（传统手工技艺）的定义和范围进行了细分。中国民间美术是广大民众在社会生活中创造的各种视觉造型艺术，存在于劳动人民衣、食、住、行等社会生活的各个方面，并广泛传播流传于各民族、各地域，表达了普通民众的理想、愿望与信仰；包含了剪纸、年画、泥人、泥塑、刺绣、编织、风筝、玩具、民居建筑等；可分为民间绘画、民间雕塑、民间工艺、民间建筑四大类[5]。传统

[1] 王文章.非物质文化遗产概论［M］.北京：教育科学出版社，2008.
[2] 王文章.非物质文化遗产概论［M］.北京：教育科学出版社，2008.
[3] 王文章.非物质文化遗产概论［M］.北京：教育科学出版社，2008.
[4] 王文章.非物质文化遗产概论［M］.北京：教育科学出版社，2008.
[5] 王文章.非物质文化遗产概论［M］.北京：教育科学出版社，2008.

技艺，即历史上传承下来的手工业技艺与工艺，它们与人们的衣食住行等日常生活和社会生产劳动密切相关，既具有现实的日用价值、经济价值，又具有很高的审美艺术价值、科学人文价值和历史价值。我国是传统手工技艺大国，流传下来的技艺品类众多，涵盖了人们的衣食住行、生活生产等各个方面。《非物质文化遗产概论》将其分为：① 工具和机械制作；② 农畜产品加工；③ 烧造；④ 织染缝纫；⑤ 金属工艺；⑥ 编织扎制；⑦ 髹漆；⑧ 造纸、印刷和装帧；⑨ 制盐、制笔、制墨、颜料制备、火药制备、烟花爆竹制作等其他工艺[1]。另外，传统医药主要指我国各民族的传统医学药学，包含了两部分内容：一是传统医学，二是传统药学。传统医学主要是指治病之术，如针灸、中医诊法、中医正骨法、彝医水膏药疗法等，也称为中医学。传统药学主要指中国药剂制作技艺，如中医炮制技术、中医传统制剂方法，也称为中药学。传统医药可以治疗人们身体疾病，实用功能强，具有很高的科学价值。它与烹饪、建筑营造、烧造等的功能、技艺和传承方式等相似，可以归为传统技艺的范畴。在我国诸多的非物质文化遗产展览中，也将传统医药归到传统手工艺类中进行展示。

第五，我国举办的国家级非物质文化遗产大展，如2009年的中国非物质文化遗产传统技艺大展、2010年的巧夺天工——中国非物质文化遗产百名工艺美术大师技艺大展、2012年的中国非物质文化遗产传统手工技艺展览、2015年的京津冀非物质文化遗产展暨传统手工艺作品设计大赛等，当中，传统手工艺的分类主要包含传统美术、传统技艺和传统医药。

总之，"传统手工艺"涵盖的范围很广，在各行业中，为解决人们生产生活需要和审美需要而由劳动人民自己动手完成的技艺都属于传统手工艺的范畴。本书中"传统手工艺展陈"的研究内容也是包含了国家级非物质文化遗产名录中的传统美术、传统技艺、传统医药三大部分。从国内外对传统手工艺的界定可以看出，传统手工艺必须具备的前提条件是久远的，至今仍被传承下来的，依靠手工来制作完成的。必要条件是有精湛技艺，能解决人们生产生活中的需求。可以是物质层面的实用性，也可以是精神层面的审美性。实用和审美功能主要依靠手工艺制作过程中的技艺来实现。技艺实现了手工艺的实用和审

---

[1] 王文章.非物质文化遗产概论［M］.北京：教育科学出版社，2008.

美功能，使其能够在历史长河中被传承下来。所以，技艺是传统手工艺的核心价值，也是传统手工艺展陈的重点。

第二节 传统手工艺的核心价值与展陈表达

传统手工艺解决了人们生活生产中的多种问题，涵盖了冶金业、建筑业、机械业、农业、工业、纺织业、食品业、医药业、工艺设计等，满足了劳动人民在物质和精神上的需求，促进了人类文明的发展和社会的进步。传统手工艺不仅有历史价值、审美价值、技艺价值，还有科技、人文等价值。从传统手工艺界定和我国国家级非物质文化遗产名录的评审标准[1]来看，传统手工艺最核心的价值是技艺，技艺是手工艺品实现的基本条件，传统手工艺的技艺价值蕴含了审美价值、人文价值，产生了经济价值。技艺实现了审美和实用功能。技艺使手艺实现物态转化，也是其传承的资本。传统手工艺的技艺及其衍生文化形成了一个完整的文化体系。

如我国国家级非物质文化遗产江西乐平古戏台营造技艺的重点是戏台建造的技艺。营造技艺主要包含了锯工、大木工、小木工、雕工、泥工、漆工、画工等不同工种，涵盖了建筑学、力学、艺术学、美学、哲学、环境学等多学

---

[1] 我国国家级非物质文化遗产传统技艺类项目的评审条件是：一、具有长期民间传承历史；二、有鲜明的民族、地域特色或显著的传统审美意趣；三、以天然原材料为主，采用传统的手工艺和技术，体现精湛的技艺，有完整的工艺流程；四、具有丰富的历史、科技、人文内涵和独特的价值。国家级传统美术的评审标准是：一、具有长期民间传承历史；二、至今仍在民间活态传承，对民众生活起到重要作用；三、具有鲜明的风格和独特的技法；四、体现丰富的文化内涵和群众审美价值。引自：王文章.非物质文化遗产概论［M］.北京：教育科学出版社，2008.

科方面的知识。从建筑学角度来看，戏台营造的特色之处表现为建造结构上的穿斗、抬梁混合架构、屋顶重檐双戗设计，建筑细部构件的浮雕艺术装饰，这些营造技艺赋予了建筑精美的艺术价值。除了其技艺和艺术价值外，戏台空间功能承载了赣剧的艺术文化和历史文化。乐平是赣剧之乡，乐平戏台建筑承载了乐平戏剧和赣剧的发展演变历史。丰富的戏剧文化对戏台建筑的需求，提升了戏台营造技艺。反之，戏台营造技艺又反过来推动了戏剧文化的繁荣。此外，戏台营造技艺中还蕴含了丰富的人文文化。乐平戏台的设计根据筹建对象、场所、服务对象等的不同，又分为乡建、村建、族建、私建戏台，还有庙宇台、祠堂台等不同类型。这些不同类型和功能的戏台在技艺和设计上也采用不同的方式，如族建戏台设计时要考虑男女有别、尊卑有序的礼制等级制度。另外，戏台还兼具祭祖的功能，设计中又体现了祖先崇拜的传统文化。乐平一带多雨，当地的很多民俗活动都较集中在春秋冬雨季节，很多宗族戏台设计成晴雨双面台，以满足不同天气的使用。传统手工艺的价值是多样的，也是相互关联着的，传统手工艺的技艺价值在于其往往能带动一个文化圈的发展，是一个整体性的文化。

一、传统手工艺的核心价值——技艺

技艺是富于技巧性的工艺或艺术等，也是传统手工艺的核心价值。只有技艺被传承下来，其他的价值才能实现，技艺若失传了，其他的价值也随之消失。如刺绣，其核心价值是刺绣的技艺，只有掌握了刺绣技术的基本知识和技术要领，熟练运用各种绣法，处理好技艺和艺术之间的审美关系，才能创造出高水平的绣品。我国的刺绣技艺种类繁多，但是能否选入国家级非物质文化遗产名录、能否流传千古，衡量的重要标准之一就是绣技。以中国四大名绣中的苏绣和湘绣为例，苏绣绣技重"平、齐、和、光、顺、匀"的精美，而湘绣则通过严谨的构图、鲜明的色彩和富于表现力的针法突出形象、质感。江苏省非物质文化遗产——乱针绣，把画理与绣理结合在一起，采用有情理、有规则的"乱"针法，用不同方向、不同颜色的直线条和素描、油画的绘画表现手法，通过重叠、交叉来表现物体的体积感、处理虚实空间关系的变化。乱针绣的独特性是在针法上超脱了传统刺绣"密接其针、排比其线"的特点，将中西绘画技法巧妙地结合，更好地表现出了造型艺术中的立体感和光影变化效果，乱针绣的创新技法开拓了我国刺绣艺术的发展和传播空间。刺绣常以成品的形式向观众展示其艺术价值。然而，刺绣是艺术创作主体利用一定的中介将其实现的，绣技就是中介的核心内容。没有高超的绣技，刺绣艺术品将无法或者不能以如此美的形式呈现在我们眼前，人们也无法感受到刺绣的艺术美。可以说，传统手工艺的技艺决定了艺术美。正因为技艺的精湛和不断创新，传统手工艺才能被传承下来，在技艺传承的岁月中，才衍生出了更丰富的价值。

技艺是手工艺经济价值的软实力。技艺实现了传统手工艺的实用和审美功能，从而带来了手工艺的经济价值；经济价值为技艺的进一步发展奠定了物质基础。特别是我国传统技艺中的手工艺，其经济价值决定了它生存的空间和时间。如传统制药技艺，如果中药不能带来经济价值，那么就很少有人愿意去从事和学习中药制作，中药制作技艺也将失传。传统建筑的营造技艺也一样，城市建设的快速发展，现代建筑的结构和材料及施工的便捷性比传统建筑具有更强的优势，传统建筑逐渐失去了它的市场，营造技艺也面临着失传的危险。但是，烤鸭技艺则一直有着很好的市场，也没有因为西餐的引入而失去光芒。主要原因是烤鸭技艺带来的美味更适合中国人的饮食习惯，而且还吸引了诸多外国食客的青睐。烤鸭技艺能适应现代市场，带来更多的经济利益，也有利于其技艺的传承。全聚德烤鸭不仅在国内很多城市开设了分店，还在美国、墨尔本等海外国家开设了分店。又如，我国古代的出口贸易商品以茶叶、丝绸、陶瓷为主，这些商品能够在海外占有市场，是因为当时我国的制茶技术、陶瓷烧造技术比国外先进。以精湛技艺生产制作出高质量的手工艺品，是实现其经济价值的根本。

技艺也是传统手工艺科学价值的根本。在古代农业社会，生产力主要靠人力、畜力来完成，传统手工艺是生产力发展的重要来源，技艺的发展带动了科学的发展。我国造纸术、活字印刷术、火药制作技艺等都推动了我国乃至世界科学技术的发展。火药制作技艺是枪炮弹药中的核心技术，推动了军事科技的发展。指南针的发明推动了航海技术的发展。传统手工艺技艺是古代科学发展的根源，技艺中的诸多科学原理还被运用到了工业生产中，为现代科技发展奠定了基础。如陶瓷烧造技艺中的瓷土配制、釉料配制、烧造原理等，至今仍影响着现代工业科学技术的发展。

传统手工艺的经济价值、科学价值都离不开技艺。技艺也是传统手工艺活态性和传承性的重点，传统手工艺展陈的核心内容是技艺，这里的技艺包含了材料、技艺工序、技艺传承方式、技艺中蕴含的哲学精神等。技艺的传承发展也离不开经济、社会、人文等因素的影响，传统手工艺具有整体性特征。技艺活态性和整体性特征的展陈，要突出生产制作过程，以及传承过程中的动态性、灵活性、技艺哲理的延续性。

二、传统手工艺核心内容的展陈表现

我国国家级非物质文化遗产中传统美术的评审标准第二条："至今仍在民间活态传承，对民众生活起到重要作用。"[1]由此可以看出，活态性是传统手工艺的重点和核心。活态性除了体现在传统手工艺技艺操作上具有灵活性、技艺形态上具有动态性外，还体现在传承上具有生命的延续性。技艺活态性展陈主要突出技艺过程、技艺方法、技艺传承等方面。

（一）展现传统手工艺技艺的活态性

技艺是指在经验成熟积累前提下，艺人动手熟练、完整、连贯地完成整个制作工序。技艺是一个时间性的过程，从事物发展状态来看，其具有无形性特征。技艺是一个动态过程，无法用固定的物态符号来描述。从技艺的表现和文化传承方式来看，它是活态的。文字描述、图片介绍和视频记录等形式不能真正诠释它。传统手工艺的技艺是无法用语言来描述的，因为传统手工艺的制作过程中有太多的偶然性和不可预测性。除了技艺，工具制作也是手工艺人根据每件作品造型特征来设计制作的。在科学技术不发达的条件下，手工技艺所需的动力装置也要依靠艺人自己解决。如景德镇传统手工制瓷技艺，其中的传统拉坯在没有电力资源的情况下，要将拉坯必备的工具坯车置于水盆中，靠脚力快速搅动盆中的水，产生动力带动坯车的旋转；此外，立坯（也称为修坯）的工具多达上百种，这些工具都是根据器形的不同形态，由手艺人自行研究设计而成的，在使用过程中，也要根据器形的造型需求不断地调整工具的角度、形态和尺度等。因此，在技艺实施过程中，经验尤为重要，只有掌握了丰富的经验才能应对制作过程中突发的各种问题，正因如此，一个学徒工要拜师学习

---

[1]　王文章.非物质文化遗产概论［M］.北京：教育科学出版社，2008.

多年才能出师。技艺经验的获得和传授方式也是一个活态的过程。

1. 对传统手工艺技艺的再现

活态性无疑是传统手工艺展陈的重点。技艺的制作过程、经验和传承方式是活态性展陈的主要内容。如大理的白族扎染技艺，主要步骤有画刷图案、绞扎、浸泡、染布、蒸煮、晒干、拆线、漂洗、碾布等，关键是扎花和浸染两道工序。大理白族扎染技艺有别于其他扎染的独特之处是图案设计精美、造型丰富、寓意吉祥。扎花技艺的精湛让图案艺术效果更强。采用独特的绿色染料配方和成熟的浸染技术使图案的色彩丰富，完成的扎染制品对人体还具有消炎保健作用，且不褪色，既美观又环保。在技艺上，绞扎手法、染色技艺是展示的重点，针对不同图案、艺术效果采用不同的绞扎法，染料配制及浸染方法、经验也不同。动态展陈形式能更有效地表达技艺的时间性特征。动态的展陈方式有多种，最简单的一种手段是先策划录制视频影像，再借助一定的媒介在空间中展示。随着计算机虚拟技术的发展，影像成像技术也出现了不同的方式。例如增强现实（简称"AR"）技术可以通过计算机摄影影像技术，将屏幕上的虚拟世界与现实世界结合，并且能够进行互动。这种形式可以吸引观众的注意力，并带来自主学习行为。也有三维甚至四维计算机成像技术，让观众可以听到技艺制作的声音、闻到技艺过程中产生的气味。现代高科技手段可以更好地表达技艺的动态艺术，其形式甚至比传承人现场展演更能引发观众的好奇心，吸引观众的注意力。

2. 对传统手工艺传承方式的体验

活态展陈的另一方面体现在传承方式上。非物质文化遗产的标准之一是"活态传承下来的"。也就是说一方面要有传承人，另一方面传承方式也是流传下来的，不论是传承仪式、传授方式上，还是精神价值上，都应与传统相一致。技艺是艺人在不断的积累中摸索出来的经验，技艺传授过程需要反复的练习。传统手工艺和现代机械工艺在传授方式上是完全不同的两种模式。后者可以通过说明书、课堂式教学，甚至自学的方式学会。机械技术的科学性往往是可量化、参数化的技术，甚至可以通过电脑设置由机器完成。而传统手工技艺的学习没有书本，只能通过口诀、秘方、领悟等方式进行学习，传授方式由师傅向徒弟口传心授，人在技在，人亡技绝。如果没有师傅亲手亲口的传授，徒弟难以出师。同时，传承人如果在生前没有将技艺传授给下一代的话，他的技艺也将随着他的离世而消亡。如白族扎染技艺中染料母液（老染水）的配方和制作技艺就已失传，现在使用的是前人留下来的老染水和新配的染水。白族扎染技艺传承方式是师徒制，传男不传女。女性通常负责扎花，染料的配制、浸染等重要工艺均由男性来完成。任何一道工序的秘诀都是口口相传下来的。如加工植物染料的配方是将主要原料板蓝根植物和石灰水按照一定的比例浸泡在老染水中。首先，将新鲜的板蓝根割回来，按一定的方法折捋好，放进有老染水的木桶中，浸泡一星期后，将板蓝根渣捞出来，这时染水呈绿色。其次，倒入第二种原料石灰水，配兑比例，50千克的板蓝根配1千克左右的石灰水。最后，用自制的木槌工具按一定的方向打染水，传统方法是打100下。但是在实践操作中有个很重要的经验环节就是要用眼睛观察染水泡的情况。一般情况下先打50下，看水泡情况，如果不行再打几十下。打的次数过多，染料功效会减弱，也会影响浸染效果。

技艺传授的经验是灵活的，不可量化，存在一定的偶然性。通常要通过视觉、触觉甚至味觉等方式获得，语言、文字和视频并不能真正地将其传承下去。因为在具体实践过程中会遇到各种各样的情况，这些情况对应的解决方式也是不同的。如植物染料中，板蓝根浸泡水和石灰水按50：1的比例配制，这是个大概的数值，要达到理想的效果，需要根据染料最终呈现的情况来合理调整配比关系。另外，在打染水的时候，祖传下来的技法是打100下，这也是一个大概的数量，要想得到最好的染料，还要学会用眼睛观察染水泡的情况，并根据经验来判断打到什么程度最适中，多一下或少一下都有可能影响染料的效果。又如，在评定染料质量的时候，传统的方法是用手指蘸染料抹在木桶边缘，染料干后若呈白色，则质量不佳；若呈绿色则是好染料。但是绿色有多种，绿的明度、纯度、色相要达到最佳的状态才能染出高质量的制品来。这些难以用语言符号来记录的技艺经验，只有通过师父的心得传授和徒弟的刻苦练习才能掌握。

技艺的传承是按师父的操作解说、指导来完成的，甚至有些传承方式还具有一定的仪式和习俗。那么，在博物馆展陈中，怎样才能将这种活的经验、活的技艺、活的传承方式呈现出来呢？博物馆展陈怎样才能在脱离原生态环境下将技艺的活态内涵呈现在观众面前，让观众体验到技艺的活态所在呢？首先要确定展陈的活态内容是什么。其次根据活态内容的性质，选择最佳的展示形式，并且这种形式也是观众最佳的接受方式。传统手工艺的活态性主要表现在两个方面：一个是技艺方面，包括工序流程和操作经验；另一个是传承方式的活态性，手口相传等。针对这两方面的展示内容，通常可以采用动态展示、传承现场展演和传授、体验式、互动式、演讲等多种形式来展示。观众在参观的时候可以通过动态展陈来了解技艺的工序流程，通过体验和互动的形式感受技艺的制作过程（见附图3-1）。

　　传统手工艺的技艺完成和传承方式往往都是在同一过程中进行的，师父在技艺操作的过程中给徒弟传授技艺经验或口诀。所以，在展陈中技艺及其传授方式可与工艺一起展示，重点技艺、配制方法和经验口诀等可以整合起来进行重点展陈，具体有虚拟技术（VR技术）、视频、交互技术等形式（见附图3-2）。最有效的方式之一就是通过传承人的现场展演来展示技艺制作和经验传授过程。但是这种形式通常更适宜临时展陈，不适合固定展陈。可以通过开展不定期展陈或节庆习俗活动，邀请传承人来馆进行短期的展演，丰富展陈形式。如端午节开展节庆习俗活动邀请嘉兴五芳斋粽子技艺传承人现场展演不同粽子制作的材料配方和裹粽子的方法口诀等。还有一种方式就是利用高科技技术，专门编制传统手工艺技艺制作和传承方式的动态影像，通过这种虚拟模式来达到活态展陈的效果。目前微软的"全息传递"（holoportation）实验项目，是在三维空间的不同方位安装摄像头，通过AR影像的投射原理在现实空间展示出对方的虚拟三维立体影像，影像中的场景和人以立体形态呈现在现实场景中，还可以与现实中的人进行肢体语言的互动，实现"跨时空"的亲密接触，带来强烈的真实感。如果这一虚拟技术实现，并应用到传统手工艺展陈形式中，可以将传承人在家中传授的现场场景展示出来，并实时与异地展陈中的观众互动，而且展陈内容也可以更新变化。这不仅大大提高了活态展陈效果，还节省了资源和资金，实现了虚拟动态展陈以固定形式呈现，同时与现场展演形成互补的效果（见附图3-3）。

　　3. 对传统手工艺技艺传承的开拓

　　活态性最重要的一面是在新时代背景下如何将传统手工艺传承下来。档案式保护远不能满足传统手工艺传承与发展的保护需求。只有将传统手工艺品销售出去，有了市场，传统手工艺技艺才有被传承下去的动力。失去了市场，技艺终将被社会淘汰。所以，非物质文化遗产博物馆的展陈，还要考虑到传统手工艺的传承性特点。要发挥博物馆平台的宣传功能，达到既有审美教育效果，又能提升传统手工艺的品牌传播力，还能给传统手工艺发展带来更大市场的目的。

（二）体现传统手工艺的整体性

我国国家级非物质文化遗产中传统技艺类项目的评审条件第四条"具有丰富的历史、科技、人文内涵和独特的价值"，国家级传统美术的评审标准第四条"体现丰富的文化内涵和群众审美价值"[1]。由此可见，传统手工艺在其产生、形成和发展过程中，其技艺与社会、文化、经济、哲学等发生关系，形成了一个完整的文化体系。传统手工艺的整体性体现在技艺与自然环境、社会环境、人文环境等相互之间的关系上。如在生产制作过程中技艺与民俗、社会、经济等形成的衍生文化。从展陈效果来说，展陈内容也应紧紧围绕技艺的产生、形成、实施方法、衍生文化和文化内涵来组织策划，才能让观众从表象到深层完整地了解文化。整体性展陈可以让观众在短时间的参观学习中更高效地接受传统手工艺文化。如香云纱制作技艺，展陈内容主要包含了香云纱生产的自然生态环境，生产制作的材料、技术、工序，生产制作过程中的习俗、行规，以及香云纱中蕴含着的文化精神。

第一，在宏观上，展陈分类要考虑传统手工艺文化的整体性。一方面，可以从传统手工艺文化的自然属性差别上进行分类展陈，将复杂多样的传统手工艺内容按逻辑分类，有条理、全面地呈现给观众，使观众可以轻松地对传统手工艺的整体性进行学习。另一方面，可以从传统手工艺的文化属性上，将具有文化共性的名录整合在一起。这种整合展陈分类方式，也能让观众了解到传统手工艺的文化价值。此外，展陈分类也可以根据传统手工艺技艺的形态进行划分，如依据技艺形成的时空关系，在同一空间中短时间内完成的按照点状展陈，在不同空间不同时间完成的按照线状展陈，将适合用数字技术表现的进行数字化展陈，等等。

第二，主题内容要从文化的整体性进行策划。传播传统手工艺文化要注重整体性，避免片面性地解读。传统手工艺展陈除重点突出技艺外，还要展示技艺衍生文化。如行业习俗、行业行规等。传统技艺在历史的长河中与社会文

---

[1] 王文章.非物质文化遗产概论［M］.北京：教育科学出版社，2008.

化、人文文化交汇相融，形成了各自的行业文化，主要表现为与社会文化、民俗文化、人文文化、生产力发展相互关联而形成的行业习俗。传统手工艺在社会环境的竞争和与行业共同发展的进程中，为了约束行业人的行为，使行业发展有更宽广更融洽的环境，也为了调和各种社会关系，使行业内各工种之间可以维护自己的利益，自发形成了行业帮会、行业行规。这些文化是传统手工艺能流传至今的精神载体，也体现了我国传统手工艺中崇尚的行业道德精神。

但是，并不是所有门类的传统手工艺文化的各个环节都需要被展示陈列出来。传统手工艺展陈整体性也要注意轻重缓急的节奏感，可遵循形态构成法则中统一与变化的形式法则，避免千篇一律的重复套路模式。在展陈主题内容策划时，重点展陈传统手工艺文化中具有独特性的或者具有重大价值和意义的内容。这样既突出了传统手工艺文化之间的个性化差异，又可以增强观众参观学习的兴趣。同时可以考虑按照审美和实用功能属性来安排主题内容、结构。具有审美功能的手工艺在精神内涵方面应更丰富些，而具有实用功能的行业可偏重于技艺、行业习俗、行业行规等内容的介绍，对濒临消亡和已经灭绝的技艺要对其现在的保护和传承情况进行重点展示，以唤起观众对传统手工艺文化的保护意识。应当根据每个手工艺行业的不同文化特性，兼顾展陈效果对主题内容进行不同策划，如表1-3所示。

表1-3 不同手工艺行业的展陈主题结构构想

不同手工艺行业	主题内容结构
烧造技艺	自然环境与技艺产生、材料工具、技艺和行业习俗、行规和工匠精神、资源枯竭对陶瓷烧造技艺传承的影响
营造技艺	不同地区有不同营造风格的缘由、材料工具、营造技艺与行业习俗、传承方式、行业行规、营造思想、保护方法与传承现状
雕刻	材料工具、技艺、传承方式、艺术文化内涵
髹漆	产生、材料工具、技艺、传承方式、文化内涵和造物思想、资源紧缺与传承现状
錾刻	技艺产生、材料工具、技艺、传承方式、工匠精神、艺术文化内涵
编扎木作	材料工具、技艺、传承方式、传承现状
织染纫绣	自然环境、材料和技艺、传承方式、文化内涵、工匠精神和传承现状
绘画剪纸	材料工具、技艺、艺术与习俗、艺术的精神内涵

第三节　知识传递与智慧接力

传统手工艺展陈是对非物质文化遗产的一种保护形式，也是审美教育的一种方式。通过博物馆这个平台，以美的形式对非物质文化遗产进行展示，可以让观众在美的享受中获得非物质文化遗产的知识，扩大对非物质文化遗产的传播，增强民众对非物质文化遗产的保护意识，增强人们对中国传统文化的认同，进而增强对国家和民族的热爱。

一、精准传达，智慧升华

目前，我国大多数人对非物质文化遗产了解不多。本书通过问卷调研的方式，就"非遗"传统手工艺展陈设计这一主题，对周边人士、博物馆观众进行调研。本次调研共发放100份问卷，成功收回78份，有效问卷54份，并从问卷中选取了非专业人士的数据进行统计。结果显示，97.8%的人听说过"非遗"文化，能正确列举一些非物质文化遗产名录；只有13.7%的人对非物质文化遗产的分类和涵盖范围有一定的了解；82.4%的人将传统手工艺与手工艺品混为一谈；78.2%的人不能全面认识传统手工艺文化，认为传统手工艺就是技艺。经提示后，仍有84.6%的人对非物质文化遗产保护的内容和原则、方法不了解。但96.7%的人对非物质文化遗产展非常感兴趣，希望能通过观展对非物质文化遗产有进一步的认识（问卷设计见附录1）。

全球一体化导致的文化趋同，外域文化的传入和工业化大生产对我国传统手工艺的冲击很大。在经济体制改革的过程中，一部分经营手工艺的企业，因未能及时与市场做好对接，如景德镇的十大国营陶瓷厂、广东国营新会葵艺厂在20世纪末倒闭。传统手工艺遭遇一定冲击，很多手工艺人改行从事其他职业，传统手工艺的传承出现中断现象。大部分的传统手工艺都是老人在传承，年轻人对传统手工艺文化的了解不深、对传统手工艺文化的认同不够，再加上一些传统手工艺的发展空间小，在经济利益的驱使下，年轻一代愿意去学习传统手工技艺的人很少。经济利益小的传统手工艺只能在传承人家族中传承下来。此外，传统手工艺的整体文化在后一代中能全面传承下来的特别少，特别是传统手工艺中的行业习俗很多被当作落后文化摈弃了，现在很多从事传统手工艺的年轻一代对行业习俗也不了解。传统手工艺的一些行业行规也随着市场经济、电子商务等营销模式的普及而逐步消失，造成行业道德和行为缺乏约束。行业中出现为了追求经济利益而相互打压，为了节约成本，使用现代工业原材料取代原生态材料等行为，这些既违反了行业道德规范，也给传统手工艺品牌的质量和信誉造成了巨大伤害。

所以，传统手工艺展陈需要从整体性上向观众展示我国优秀传统文化的综合价值，精准传达不同传统手工艺的文化特性。对工艺产生的自然、社会环境，所用材料、工具和技艺，传承方式，思想和精神，产生发展的历史，对我国社会发展和人类文明进步的影响，对现代人类社会的促进作用，面临的危机，保护方法、原则和当下情况等方面进行介绍，让观众既能在参观中感受到传统手工技艺的精湛、文化的深远、内涵的丰富，又能激发起他们对我国优秀传统文化的热爱崇敬。

二、思想提炼，提升价值

传统手工艺能传承至今的主要原因之一是传统手工艺的造物思想符合自然、社会及人类发展规律。我国现存最早的手工技艺专著《考工记》提出了"天有时，地有利，材有美，工有巧，合此四者然后可以为良"的造物原则。原则中的"天时、地气、材美、工巧"这四个要素都体现了人与自然、人与社会、人与物、物与物之间和谐统一的造物思想，体现了"尚法天地，天人合一"整体性的造物观。《考工记》中的造物理念、思想与原则与现代设计思想理念吻合。其中的模数制与比例、尺度的关系，美学原则，生态观，总体规划思想，工艺技术的运用等，对现代设计具有非常高的参考价值。又如，大理白族扎染，除了依靠独特的技艺染出实用又精美的产品外，其原材料及加工工艺中的生态思想，体现了技艺与人类、自然环境的和谐发展。来自板蓝根的植物染料调配出来的配方和制作技艺让布匹颜色富有美感、不掉色、越洗越自然。板蓝根清热解毒的药效浸在布匹中对人的身体也有一定的保健作用。此外，这种染料产生的废液不会对自然产生污染。大理白族扎染技艺绿色环保，不仅不会对人类和生态环境产生影响，还能促进社会的进步发展。造物应体现与自然、社会、人类和谐相处的理念，造物思想中的和谐观，能促进社会的发展，提升技艺的价值。

再如造纸术，采用麻类、桑树皮等植物纤维或破旧的渔网、破布等作为原材料，以绿色生态技艺造出的纸张，质量高、保存时间长，对环境几乎没有污染。虽然现代工业造纸技术速度快、产量高，但一些纸张寿命还不如我国传统造纸术。据美国图书馆统计，其藏书近三分之一纸张已严重老化。美国国会图书馆普通类和法律类1 200万卷藏书中有近四分之一的书籍已经脆到不能翻阅。1850年后出版的书籍，平均保存寿命为50～100年，有些书籍只能保存25年，便化为尘土。而我国古籍的纸张寿命是其六七倍，这与造纸技艺有着莫大的关系。现代工业造纸在漂白、浓缩中添加了一些酸性剂，这些酸性剂长时间留在纸张上有腐蚀作用，而且现代工业造纸产生的废水对环境也造成了很大危害。上千年的古书画作品能完好地保存下来，可见我国传统造纸术共生的造物理念值得提倡。

张道一教授说："凡是从事科学技术和设计艺术的人，都应该读一读《考工记》。它不仅记录了2 500年前的一些主要的造物活动，并且其中渗透着丰富的智慧，显示出一种科学与人文精神，能够给人以启迪，至今仍发出璀璨的光辉。"[1]我国传统手工艺造物思想对现代科学技术和设计的重要价值，也是展陈的重点。其在传统技艺、美术、中医药等不同领域有不同体现，具审美功能的手工技艺，其思想往往蕴含在元素、构图的美学思想中，而营造等技艺则在总体规划、选材、制作等方面体现出来。如刺绣题材的设计往往要体现绣品的用途和目的，文人扇子上的刺绣通常选择"梅兰竹菊"等，体现扇子主人高尚的品格。而结婚的绣衣则常采用龙凤、鸳鸯、莲藕题材，寓意成双成对、幸福美满、喜结连理等美好祝福。香山帮传统建筑营造技艺从选址选材用料、房屋构造与形制等诸方面都遵循自然环境，体现人与自然和谐相处。中国传统手工艺

---

[1]　张道一.考工记注译［M］.西安：陕西人民美术出版社，2004.

造物思想中的生态观也是当下国际上所推崇的设计理念。

三、精神推崇，激励后人

传统手工艺能一代一代传承下来，也经历了不断改良、进步的过程。手工艺人坚持不懈的专研，精益求精的态度造就了我国传统手工技艺的辉煌，这就是我们后人要学习的传统手工艺人的工匠精神。工匠精神是指手工艺人对自己制作的产品精雕细琢，追求精益求精的精神理念，以及坚持不懈的钻研精神和持之以恒的专业素养。现在我国传统手工艺市场为了追求经济利益，出现粗制滥造、不符合现代生活生产需要的产品。甚至还有手工艺人为了降低成本违背传统手工艺行业行规，采用现代机械或现代工业原料代替手工制作、天然原料，严重危害了传统手工艺的传承发展。如大理白族扎染技艺很多手工作坊用工业染料代替生态的植物染料，把价格压低。这一方面影响了白族扎染的百年老品牌；另一方面，采用价格低廉的工业染料代替植物染料，不但染品质量下降，还扰乱了扎染市场秩序。

传统手工艺的工匠精神体现在对技艺和品牌精益求精的态度上，不惜花费时间和精力打造完美产品；体现在对产品质量的严谨和一丝不苟的工作作风上，形成不断提升服务和品质的耐心、专注以及对手工艺工作的专业和敬业。李时珍在研制中草药的时候，亲自采药，亲尝草药，判断药性，并将药材绘制下来，编撰了名传千古的医学著作《本草纲目》。也正是有了这样敬业、精益、专注的工匠精神才使得传统手工艺流传千古，造福后代。手工技艺的不断提升和完善，也促进了社会的发明创造。如我国的印刷技术，最早使用的是雕版印刷，后来改良成活字印刷。采用活字的形式，活字可以重新编排重复使用，大大地节省了时间和成本，是印刷技术的一大创新。又如烧造技艺中匣钵工具的发明，将坯装进匣钵中再入窑烧，制品不会黏结，不会相互发生窑变反应，不但能提高装烧量，而且还因匣钵的导热性和热稳定性，确保了制品在烧制过程中的质量，提高了成品率。这种创新、精益求精、专业敬业的工匠精神是值得后人学习的，也是我国当代科技发展的动力和源泉。在2014年国务院召开的常务会议上，李克强总理提出，"实施创新驱动发展战略，发挥好科技创新对经济社会发展的引领支撑作用"。传统手工艺展陈中凸出技艺创新精神，能培养观众的创新思维，激发观众科技创新的信心和动力。

工匠精神还体现在手工艺人的职业道德上。我国传统手工艺行业中都有约定俗成的行业行规，一般用严谨、细致的行业行规来约束手工艺人的从业行为，以促进手工艺行业的发展。手工艺人也以德为尚，不管是在追求质量还是在产品交易中，均时时以行业道德约束自己，重视"德"，以德为先，讲究诚信。甚至很多品牌还以"德"为名，如全聚德烤鸭崇尚"仁德至上"文化。走进全聚德展览馆，第一眼看到的是"全聚德展览馆"六个字镶挂在一面镌刻有100个"德"字的背景墙上，给观众丰富的意象，传达了做人要有品德，做企业更要有经营之德、人品之德、传承之德、创新之德、发展之德的"德"文化。

以博物馆展陈的方式对传统手工艺的整体性文化进行传播，让观众认识到了除技艺之外的人文文化，认识到了传统手工艺的历史价值，也通过展览激发了观众对民族和文化的认同。传统手工艺展陈的目的之一是通过博物馆平台，唤起行业人和观众对我国传统文化的认知，重振传统文化精神，同时也对现在的传统手工艺行业的发展有一定的监督作用。

从展陈审美教育目的达成角度看，我国传统手工艺造物思想、工匠精神是博物馆展陈审美教育的重点，从精神层面上展现了传统技艺的价值。如果仅停留在技艺层面，很难找到非专业观众与传统手工艺文化之间的共性，对不了解技艺的观众来说，从精神上领悟到文化的内涵和价值，有利于增强其对技艺文化的情感认同。正如"民族的才是世界的"，民族文化中的精神内容是能推动世界进步发展的，为全世界所认可的。传统手工艺展陈也要突出这种"民族性"的文化内涵，传统手工艺中蕴含的造物思想是能让全世界人民产生认同，引发共鸣的内容。特别是儿童、青少年或国外观众对传统手工艺文化了解不深，如果仅从技艺、材料、工序等角度介绍传统手工艺的话，展陈内容显得单薄没有深度，要透过表象深挖"非遗"传统手工艺能传承千百年时间的精髓，再上升到造物思想、工匠精神等精神层面，找出传统手工艺传承价值的根源，激励观众对传统手工艺精神价值的认同。此外，博物馆展陈的服务对象是普遍观众，展陈内容和形式要能体现观众对审美教育的普遍性需求。从传统手工艺造物思想、工匠精神等意识形态中找到共鸣之处，可为当下造物活动提供借鉴和启发。

总之，传统手工艺展陈对传统手工艺的保护和传承有着积极的意义。传统手工艺展陈策划要遵循非物质文化遗产的特性及传统手工艺的个性特征。传统手工艺展陈理念要突出非物质文化遗产的活态性、整体性和传承性。传统手工技艺的内容和传承方式是活态性的重要表现，传统手工技艺的产生发展具有整体性，脱离整体，部分将失去文化的价值。

02

第二章

传统手工艺展陈现状

自联合国教科文组织发表了对非物质文化遗产保护的宣言和公约以来，各国对非物质文化遗产的保护采取了不同的方式。21世纪以来，文化部等相关单位对我国的非物质文化遗产保护也采取了适合我国当前形势的政策和措施，2005年12月22日，国务院发布《国务院关于加强文化遗产保护工作的通知》，决定从2006年起，将每年6月的第二个星期六定为中国的"文化遗产日"（文化遗产包括物质文化遗产和非物质文化遗产）。每年文化遗产日我国都举办不同规模的非物质文化遗产展览等相关活动，对该阶段的保护成果进行展示，让大众对非物质文化遗产的认知有了提升，增强了非物质文化遗产的保护意识，有助于技艺文化和保护经验的交流。

第一节　传统手工艺展陈方式

我国非物质文化遗产展览展示主要有三种形式。第一种是在博物馆空间内进行的固定、长期的展陈。这类展陈有的以非物质文化遗产为名，有的以民俗为名，内容主要以各个地区的非物质文化遗产为主。种类比较齐全，除了美术和手工技艺外，还有音乐、舞蹈、戏曲、曲艺类的表演形式等。如宁波非物质文化遗产中心及专题非物质文化遗产博物馆。第二种是在展览馆、博物馆或其他不固定场所开展的临时展览。有定期的，也有不定期的，展期从几天到一两周不等；规模一般较大，有国家级的，也有区域级的；从展览性质来说一般有两类，① 以教育为主，② 以教育兼交易为目的，如成都国际非物质文化遗产节和台儿庄的非物质文化遗产博览会。以上两种形式的展陈，内容主要以可以以展演形式呈现的传统技艺类为主。第三种是生态博物馆的形式，对非物质文化的整个原生态环境进行保护，尽可能地做到保护非物质文化的原真性和整体性。这种形式主要是选择非物质文化遗产保留较全、较真实的民族村落或者寨子，以云贵少数民族地区较多，还通常配合旅游开发的形式完成，如表2-1所示。

我国非物质文化遗产展览的不同形式，不论是非物质文化遗产的博物馆展陈还是非物质文化遗产展览，从展陈内容来看，都主要以传统手工艺为主。在展陈时间上，有固定和临时展陈两种形式，传统手工艺展陈因功能定位不同，在展陈内容和形式上也有不同。本节对我国大型非物质文化遗产展览和博物馆展陈进行调研，对传

表2-1　我国非物质文化遗产展览类型

类 型	性 质	地 点	展 期	内 容	典 型 案 例
博物馆	教育	博物馆	长期	区域性、种类较全	宁波市非物质文化遗产展示中心、南京市民俗博物馆、南京博物院非物质文化遗产馆、生态保护区中的博物馆等
展览/博览	教育兼交易/旅游	展览馆、博物馆（临时）	临时（几天或几周）	以传统美术、传统技艺、表演竞技为主	2006年中国非物质文化遗产保护成果展、2009年中国非物质文化遗产传统技艺大展、2012年第三届中国非物质文化遗产生产性保护成果大展、2015年京津冀非物质文化遗产展暨传统手工艺作品设计大赛、2008年中国非物质文化遗产传承技艺展演等
		博览园、博物馆等（固定）	长期		台儿庄国家非物质文化遗产博览园、芜湖·中国非物质文化博览园、成都非物质文化遗产国家公园等
生态博物馆	旅游与教育	特定村、寨、街巷等	长期	某民族或地域的传统美术、传统技艺、表演艺术、民俗、空间等	10个国家级文化生态保护区，各类生态博物馆［梭戛苗族生态博物馆、广西民族生态博物馆（1+10工程）］、云南民族传统文化生态保护区、福州海峡"非遗"生态园等

统手工艺展陈进行重点分析，发现我国传统手工艺展陈现状中的问题，并针对展陈策划设计提出建议。

一、传统手工艺的固定展陈

（一）功能上达到文化认同

现阶段，我国"非遗"展陈的博物馆有几百家，主要以各区域"非遗"博物馆、某专题博物馆或者博物馆中的"非遗"展厅等形式出现，主要展示某一个区域或某一类"非遗"文化，以固定展览为主。大规模的传统手工艺展陈主要分布在传统文化底蕴丰富、文化保留较完整的地区，如云贵地区，以及浙江、江苏、福建、上海等省市，具体有：宁波市非物质文化遗产展示中心、运河手工艺活态展示馆、南京市民俗博物馆、南京博物院非物质文化遗产馆、世界闽南文化展示中心、上海工艺美术博物馆、广西民族生态博物馆（1+10工程）、西藏非物质文化遗产博物馆等。

这些以非物质文化遗产保护为主要目的的博物馆，展陈功能定位都是以教育为目的，通过不同形式对传统手工艺进行展示，向观众传播中国传统文化，提高民众对非物质文化遗产的认知，提高民众对非物质文化遗产的保护意识，进一步促进非物质文化遗产的传承，激发观众对中国传统文化的认同，由文化认同提升到对祖国文化的热爱。

亚洲第一座民族文化生态博物馆梭戛苗族生态博物馆，位于贵州省六盘水市六枝特区与织金县交界处的梭戛乡，于1998年正式开馆，并对外开放，是中国和挪威的第一个文化交流合作项目。该博物馆将整个梭戛苗族社区作为文化空间，建立资料信息中心来记录和储存整个社区的文化信息，并通过展陈向观众介绍这些文化的基本情况，展陈目的是为了保护和延续独特的苗族文化。

南京非物质文化遗产馆与南京市民俗馆在同一个建筑群中，"非遗"主题展厅包含南京非物质文化遗产综合展示、"非遗"代表性传承人技艺展演、南京传统婚嫁育儿习俗展示以及南京地区"非遗"艺术展演等。该馆的工作目标和宗旨是传承历史，开创未来。凭借"非遗"保护基地、对外文化交流基地，将文化事业和文化产业结合起来，以弘扬和传承中华民族传统文化。可见，展陈目的以教育为主，同时也想借助"非遗"资源来发展文化产业，促进当地经济发展。

世界闽南文化展示中心坐落在泉州博物馆内，展示闽南音乐戏曲、闽南传统建筑、德化瓷烧制技艺、铁观音制作技艺等内容。该展馆的功能是向世界传播闽南文化，给观众提供学术研究和文化交流的空间。该展馆还是爱国主义教育基地和国民终身教育场所，通过教育达到文化认同，增强爱国主义思想。

青州非物质文化遗产博物馆以"保护、传承、研究"为主题，主要展示了青州和潍水地区的非物质文化遗产。展陈分类借鉴国家级非物质文化遗产名录，分为人生礼俗、民间习俗、传统医药、传统美术、手工技艺、综合演艺六个展厅。该馆不但为非物质文化遗产的保护传承提供了良好载体和平台，弘扬了民族历史文化，还进一步繁荣了青州文化旅游事业，为"文化青州"建设起到了积极的推动作用。

运河手工艺活态展示馆是杭州工艺美术博物馆中展示杭州非物质文化遗产传统技艺项目的一个专题展馆。该展馆以"活态展陈"为理念，现场展示了张小泉锻剪、富阳竹纸、蚕桑丝织、西湖绸伞等手工技艺，并在杭州工艺美术博物馆二楼设置了16类大师工作室，可容纳28位大师为观众现场展示文化的活态内容。手工艺活态展馆的展陈为观众提供了艺术交流、创作研究的平台。该馆的展陈性质除了教育研究外，还集艺术、文化、培训和交流为一体。

上海工艺美术博物馆，整合上海工艺美术研究所工艺美术师资源，以工作室、展陈、销售这样的展陈形式，展示上海市剪纸、彩灯、刺绣、雕刻等手工技艺。以教育科研为主，兼展示销售，可谓是传统手工艺生产性保护"基地"。

我国传统手工艺博物馆展陈以教育为主要目的，地方性地兼顾"非遗"文化促进当地经济发展的意图。在展示内容上突出地方或民族特色，在形式上主要以文字、实物或模型为主，在特定时间采用传承人现场展演形式（见表2-2）。

表2-2　部分传统手工艺博物馆展陈介绍

项 目 名 称	主 要 内 容	目　　的
梭戛苗族生态博物馆	完整的生态博物馆	保护和延续独特的苗族文化
南京博物院非遗馆	江苏地区非物质文化遗产资产	教育+发展文化产业，促进经济发展
世界闽南文化展示中心	闽南传统建筑、德化瓷烧制技艺、铁观音制作技艺等	教育+增强爱国思想
青州非物质文化遗产博物馆	青州和潍水地区的传统手工艺	保护、传承、研究+旅游
运河手工艺活态展示馆	浙江地区传统手工艺	教育+艺术交流
上海工艺美术博物馆	上海市传统手工艺	科研教育+展示销售
西藏非物质文化遗产博物馆	西藏各类非物质文化遗产	教育+文化传播+传承

（二）内容上以"非遗"学分类方法为依据

"非遗"博物馆展陈的内容主要有民间文学、绘画和手工技艺、表演艺术、部分民俗，文化空间类基本上不在室内进行展陈，目前"非遗"展陈的主要内容是传统手工艺。传统手工艺文化的形式生动丰富，展陈效果较好。此外，这些展品的分类通常依据联合国对非物质文化遗产的分类标准或我国非物质文化遗产申报中划分的分类项目进行划分。即联合国教科文组织《公约》中的5大

类和我国国务院颁布的国家级非物质文化遗产名录中的10大类的标准来进行
划分[1]（见表2-3）。

表2-3　部分传统手工艺博物馆展陈内容及分类

项 目 名 称	主 要 内 容	分 类
兰溪博物馆非物质文化遗产展厅	工艺技能类	按工艺进行简单分类
天津市非物质文化遗产博物馆	体育美术、传统技艺	展示等级高的项目
广西融水苗族民俗文化展	多彩服饰、民间工艺	展示苗族特色项目
张家界博物馆非物质文化遗产展示馆	按民族进行分类	展示各民族特色项目

　　浙江省金华市兰溪博物馆内设有非物质文化遗产展厅，介绍兰溪市的非物质文化遗产，主要分为工艺技能类、表演类、民风民俗类，在一级分类下没有太严谨的二级分类，仅在工艺技能类中按工艺、材料不同简单归类，如雕刻类分为根雕、木雕、石雕、民间雕刻艺术等。表演类的主要是传统戏剧和曲艺，民风民俗类也没有具体细分。总体上看，该馆的非物质文化遗产展陈分类比较笼统，分类命名也比较宽泛，容易让观众产生误解。

　　2010年成立的天津市非物质文化遗产博物馆，设在庄王府内。该馆展示了当前天津市已有的15项国家级和95项市级非物质文化遗产。分为序、音乐舞蹈、民俗、戏剧曲艺、体育美术、传统技艺、文学医药7个展厅，各展厅内将各单个项目直接进行展示，没有细分。例如将体育和美术归在一个展厅中，体育和美术两者的表现形态差距大，体育更倾向于表演性，展现体育活动中的肢体语言，带给观众的精神感受，甚至一些体育活动还需配合着民俗开展。而美术项目的展演，是为了更真实地向观众展现艺术作品的制作完成过程。在效果上，体育项目的展示可采用现场表演或计算机虚拟技术，这样的展示方式更符合内容的表达，利于观众接受。

　　另外，生态博物馆一般建在生态保护区中，展品多来自各保护区的民族文化，用有形符号展示无形文化，让观众更全面地了解该区域民族文化。如融水安太苗族生态博物馆，该馆的主题展陈是"广西融水苗族民俗文化展"，展陈

[1]　王文章.非物质文化遗产概论［M］.北京：教育科学出版社，2008.

内容共包括六个单元，即生产生活、多彩服饰、芦笙坡会、民间工艺、信仰习俗、苗族婚礼，以习俗、传统技艺及文化空间为主。

此外，非物质文化遗产博物馆还会根据各地强烈的文化特色采用彰显其个性的展陈分类方式。如张家界博物馆非物质文化遗产展示馆的分类就根据湘西地域文化的个性化特征，分为序馆、土寨、苗岭、侗乡、瑶山、白村六大板块，主要以民族文化进行划分，分别通过场景展示了土族、苗族、侗族、瑶族和白族这五个少数民族的非物质文化遗产。

（三）形式上突出活态展陈理念

活态展陈理念源于非物质文化遗产的活态性特征。我国非物质文化遗产的活态概念，是由中央美术学院非物质文化遗产中心主任乔晓光提出的。他于2002年12月发表在《湖北美术学院学报》中的《一个被忽视的活态文化传统》一文，和2004年出版的《活态文化——中国非物质文化遗产初探》一书中都提出了非物质文化遗产是活态文化这一概念。随后，在2008年出版的由王文章主编的《非物质文化遗产概论》一书中，再一次提出非物质文化遗产具有活态性和流变性的基本特点。在设计领域，依据非物质文化遗产的活态性文化特征，诸多专家和学者对非物质文化遗产的展陈也提出了活态展陈理念。如2011年成立的杭州工艺美术博物馆手工艺活态展示馆，则直接将"活态"一词用在展馆名称上，以突出非物质文化遗产的无形性和具有生命力的文化特征。

非物质文化遗产具有无形性、活态性的文化特征，活态更注重"非遗"的传承，可持续发展。动态展陈是对活态性展陈理念较好的一种表现形式，它能生动自然地呈现技艺的制作、传承过程，表演艺术的表演过程，民俗活动的开展过程。传统手工艺具有空间和时间性，其技艺变化性、连续性的表现过程是非物质文化遗产展示的重点，也是非物质文化遗产展陈与物质文化展陈的区别之处。此外，非物质文化遗产展陈还要展示"非遗"文化精神，尽可能利用有限的空间和技术手段，激发观众的研究、学习兴趣。

在非物质文化遗产博物馆展陈中，通常利用多媒体技术和现场展演、观众体验的方式，将非物质文化遗产的无形、活态的特性展现出来。让观众从多维角度感受到非物质文化遗产的特色和核心。现场展演的活态展示也是"非遗"博物馆展陈常用的一种表现形式。现场展演的形式打破了"人"与"物"的交流方式，展演中的传承人及其展示就相当于一个活的"展品"，可与观众沟通交流。传承人的展演可以让抽象不易理解的技艺变得易懂，也是让观众了解传统手工艺精湛技艺和传承方式的最直观有效的形式（见表2-4）。

表2-4　传统手工艺博物馆活态展陈理念表现

项 目 名 称	形 式	方 式
景德镇陶瓷民俗园	欣赏性+体验式	工作人员工作展演+观众体验
运河手工艺活态展示馆	欣赏性+体验式	大师展演+观众体验
扬州中国雕版印刷博物馆	人机互动式	文字介绍+观众展示
天津博物馆书画厅	人机互动性	书法软件触摸屏
世界闽南文化展示中心南音演奏	人机互动性	人像采集设备

另外还有采用观众体验式的展陈方式，如扬州中国雕版印刷博物馆为观众设计了拓印体验。观众可以按照展示设计上的指示说明，自己动手进行刷墨、拓纸、压印、取纸等易操作的拓印工序体验。一方面，让观众切身体会雕版印刷文化中某一部分技能，从情感意识上让观众体会雕版印刷科学技术的伟大和神奇。另一方面，希望激起观众对雕版印刷文化的认同，对雕版印刷技术的学习热情。这种活态的展陈方式有望让非物质文化遗产得到真正的传承。

运河手工艺活态展示馆的活态原则除了通过展演展示技艺的动态过程外，更重视展现器物背后的精神内涵和情感世界。观众在感受中国传统技艺文化的同时，也感受到了手工艺中所蕴含的文化内涵，突出了手工艺价值。如传统制伞工艺，通过展示制伞所需要的原材料、工具和半成品，及工艺过程、装饰风格、功能等基本信息，让观众参与油纸伞骨架半成品的实物拼装，现场欣赏西湖绸伞艺人现场制作及穿花线的工艺展示；让观众认知世界上最早的雨伞制作工艺，知晓现在钢架伞的设计是源于我国传统油纸伞的开合原理改进而来，从而对中国劳动人民的智慧产生敬佩之情。除技艺展陈之外，还展示了油纸伞的精神价值。"伞"的正体字中有五个"人"，寓意"多子多孙"。此外，馆内还设计了体验式游戏装置，让观众在使用或体验时理解手工艺品背后的精神内涵。这种游戏的互动展陈方式，可以让观众在轻松愉快的游戏中体验到非物质文化的知识传播，并且认识到手工艺品与人类社会生活的密切关系。因此，活态展陈形式更高效地达到了展陈的教育功能。这样的方式，从形式到精神，将非物质文化遗产的整体文化呈现给了观众。

除了传承人现场展演外，计算机虚拟技术也是实现活态展陈的重要手段之一。电脑技术模拟文化的动态化过程，可以让观众在机器上通过虚拟的动作、道具和空间看到展示效果。目前这种虚拟技术借助一定的设备来实现，观众在设备上操作获得虚拟体验。三维空间、多维空间或者借助其他自动化装置来完成的虚拟场景设计较少，目前主要有两种。

一种是阅读型设备，最早出现的是电子书。电子书容纳了大量的文字信息，详细地讲解了展品丰富的内容。一方面解决了利用展板进行文字展示的单调性。另一方面，电子屏可点击触摸的功能可以引起观众的注意，增强其观展的兴趣。过去诸多电子书，通篇都是文字，对观众没有足够的吸引力。近年来，电子书设计有了改善，一般采用壁挂式电视屏对展示内容进行播放。观众也可以通过触屏选择内容进行阅读。内容简约，风格活泼。一般是图文并茂或以动画形式出现，文字较少，配以音乐，这样可以有效吸引观众，特别是青少年和老年观众。

另一种是可模拟型设备。观众可以动手在屏幕上操作，展示自己的动手能力，这类模式带有游戏性质，最后能看到自己的实践成果。如书法模拟展示的设备，程序中设计了不同型号的毛笔，观众可选择其中任意一款，在屏幕规定的区域内，用手指进行书法虚拟练习，呈现的笔触和书法效果与毛笔在宣纸上书写相似。

世界闽南文化展示中心主题馆采用多媒体设备，将南音演奏的视频投射到大屏幕上播放，同时还设计了特定的人像采集功能，观众站在摄像头前，可将自己的头像融入视频中，感受自己置身于南音表演场景中的情形，并有按钮可以将自己的"表演"拍摄下来，照片还可以通过电子邮箱发送，在日后回忆时，观众能再次感知南音艺术的魅力。

（四）场景上采用情境还原形式

情境还原的设计形式是将展陈内容中的整体环境和氛围，通过空间场景的方式进行还原设计。非物质文化遗产采用情境还原的形式有利于展示"非遗"的整体性。通过"寓情于景"的唤情手法让观众置身于虚拟现实的场景设计中，更好地发挥观众的想象力，让观众更真实地感受到非物质文化遗产成长的自然和社会环境（见表2-5）。

表2-5　传统手工艺博物馆展陈情境设计方式

项 目 名 称	形　　式
景德镇陶瓷民俗园	真实场景
张家界博物馆非物质文化遗产展示馆	情境还原
天津博物馆	利用空间关系结合绘画技术和高科技，达到听、视多维度的情境

张家界博物馆非物质文化遗产展示馆打破了白墙通柜的展陈方式，将湘西少数民族的自然生态环境在展馆内模拟还原，营造"寓情于景"的空间氛围。展馆含序厅共有六个板块，分别代表湘西的土、苗、侗、瑶、白五个少数民族。在空间设计上以少数民族地区的山峦、峡谷、崖壁、瀑流、村寨、洞穴、田畴、桥梁、民居等为元素，五个民族的展陈内容分别陈列在与本民族环境氛围一致的展厅中。设计上采用疏密有致、动静相宜的手法，将湘西的非物质文化遗产穿插在一个个故事中去叙述，让观众从视、听、触等多维度的观赏和体验中认知湘西非物质文化遗产的生动性和趣味性。如时空隧道的设计，选用湘西地区常用的石头和青砖等建筑材料，用几段残破的古城墙进行场景还原，两侧墙面镶嵌芙蓉龙和剑齿象的化石，搭配幽暗的灯光，营造出绵远悠长的历史感。隧道尽头是一个多媒体播放厅，展厅的三面墙上满墙投影着湘西古代战争的情景，观众似乎穿越到了古代的湘西。情境还原的真实感和亲切感，让观众在轻松愉快的氛围中，感知湘西非物质文化遗产的多元价值。

二、传统手工艺的临时展陈

非物质文化遗产展陈的另一种形式是临时展览。自2006年以来，我国举办了成千上万场不同规模的非物质文化遗产展览活动。规模比较大的如文化部主办的国家级的"非遗"展。这些展览有的是定期的，有的是不定期的，展期为几天到几周不等。由文化部主办的非物质文化遗产大展，几乎每三年举办一次。如2006年中国非物质文化遗产保护成果展陈、2009年中国非物质文化遗产生产性保护展览和2012年中国非物质文化遗产传统手工技艺展览等。这几场展览都是在北京的全国农业展览馆举办的，展览时间基本上都是在正月，包含元宵节在内，配合着年俗等节日民俗及相关表演活动。一方面给民俗类文化提供了恰当的时间和一定的空间，同时也让非物质文化遗产展陈体现出了其文化的真实性和整体性。

在非物质文化遗产保护与文化产业发展的政策激励下，我国有些地区开展了"非物质文化遗产博览会"，如每隔2年举办一次的"中国成都国际非物质文化遗产节"，自2007年开始至2015年，已经举办了五次。又如，"中国非物质文化遗产博览会"，2010年首届和2014年第三届在山东济南举办，2012年第二届和2015年第四届中国·运河流域非物质文化遗产博览会在山东台儿庄古城举办。另外"非遗"临时展中的传统手工艺展陈的内容、形式和目的等也都有其各自独有的特征。

（一）以教育和交易为主的展陈目的

目前，我国非物质文化遗产展会主要由官方主办，民间团体组织的一般规模较小。非物质文化遗产展的举办主要是为了弘扬中国传统文化，展示非物质文化遗产保护成果，一些展览还包含非物质文化遗产保护相关的论坛，其主要目的是以教育宣传为主。此外，也有借非物质文化遗产的软实力功能，将其与文化产业结合，以促进该区域的经济发展，反哺于非物质文化遗产发展的类型，这方面的非物质文化遗产项目主要以可进行生产性保护的传统技艺类项目为主（见表2-6）。

表2-6　传统手工艺临时展陈目的

展 览 名 称	展陈目的
文化部主办的历届全国性"非遗"展和在中国港澳台地区举办的"非遗"展	教　育
2012年中国非物质文化遗产生产性保护成果大展（第二部分　中国传统技艺产品销售订货会）	交　易
中国非物质文化遗产博览会、中国成都国际非物质文化遗产节	交　易

以教育宣传为主要目的的国家级非物质文化遗产大展主要有：2006年"中国非物质文化遗产保护成果展"、2007年"中国非物质文化遗产专题展"、2008年"中国非物质文化遗产展演"、2009年"中国非物质文化遗产传统技艺大展"、2010年"巧夺天工——中国非物质文化遗产百名工艺美术大师技艺大展"、

2011年"中华典籍与非物质文化遗产特展"、2012年"中国非物质文化遗产生产性保护成果大展"、2013年"中国少数民族非物质文化遗产展示周"等。

以交易为目的的"非遗"展会，主要以博览会的形式出现。较大型的展会主要有"中国非物质文化遗产博览会"和"中国成都国际非物质文化遗产节"。2011年首届"非遗博览会"主题是"保护传承、合理利用"，利用政府主导、社会参与、市场运作的方式，以适合生产性保护的非物质文化遗产项目的展览、销售为重点而开展。该活动总共分为七部分完成，第三项是非物质文化遗产产品交易签约活动。2014年在济南举办的第三届"非遗博览会"其主题是"非遗：我们的生活方式"，包含了八项主要活动，其中主要目标是突出"非遗"产品博览交易，第一项是非物质文化遗产项目展示交易，第四项是非物质文化遗产项目对接洽谈和交易签约会。2011年第三届中国成都国际非物质文化遗产节的第二项活动是"国际非物质文化遗产博览会——精神家园"，该博览会的主要项目之二是国际非物质文化遗产商品展销会。

此外，2009年的"中国非物质文化遗产传统技艺大展"虽然是以教育宣传为主要目的，但因此次大展主题提出了非物质文化遗产生产性方式保护的方法，所以，大展的第二部分是"中国传统技艺产品销售订货会"。其销售订货目的是为了推动传统技艺及相关产业发展，促进经济增长。

2009年大陆和台湾共同举办的"国风——中华非物质文化遗产专场演出"在台北中山堂举行。同年，"根与魂——中华非物质文化遗产大展"再次在台北举办，同时，这次大展也是"守望精神家园——第一届两岸非物质文化遗产月"系列活动的重要组成部分。2011年在香港也举办了"根与魂·中国非物质文化遗产展演"活动。目前在中国港澳台地区举办的大型"非遗"展览主要以文化交流为主，以教育宣传为目的。

（二）按自然属性或地域的展陈分类

非物质文化遗产展览多以传统美术、技艺和表演艺术等内容为主。特别是生产性保护方式、非物质文化遗产保护和文化产业发展的政策提出后，以传统技艺类为主的非物质文化遗产展览日益增加。纵观我国大型的非物质文化遗产展览和博览会等，展陈内容主要按自然属性进行分类，也有一些按省、市进行分类。

按工艺自然属性进行分类的大型非物质文化遗产展有：2007年"中国非

物质文化遗产专题展"、2008年"中国非物质文化遗产展演"、2009年"中国非物质文化遗产传统技艺大展"、2010年"巧夺天工——中国非物质文化遗产百名工艺美术大师技艺大展"、2012年"中国非物质文化遗产生产性保护成果大展"、2013年"中国少数民族非物质文化遗产展示周"。

2007年的中国非物质文化遗产专题展，是我国第二个"文化遗产日"（2007年6月9日）的系列活动之一，由文化部、中国艺术研究院中国非物质文化遗产保护中心承办，在中华世纪坛世界艺术馆举办。展会的主题是"保护文化遗产，构建和谐社会"，内容以传统手工艺和表演艺术为主，共分为五个主要专题。

2009年的中国非物质文化遗产传统技艺大展，于2009年2月9日（正月十五）至23日（正月二十九），在北京全国农业展览馆1号馆举行。展陈内容是在2007年和2008年公布的第一、二批国家级非物质文化遗产项目中，选取了国家级和省级非物质文化遗产名录中具有代表性的传统技艺、传统美术项目133项，邀请代表性传承人130名以及国家级工艺美术大师14名参与现场技艺展示活动。参与这次活动的民间艺人共有1 176名，展出珍贵实物共2 322件，是中华人民共和国成立以来规模最大、种类最全的一次传统技艺保护成果展。此次大展分五项活动举行，其中传统技艺按自然属性不同又分为九个版块和一个餐饮专题展演。这次"非遗"展的内容除了传统技艺以外，利用展期中的元宵节，还开展了民俗文化空间活动。

2012年2月5日（正月十五）至15日（正月二十四日），由文化部等相关单位共同举办的"中国非物质文化遗产生产性保护成果大展"在北京全国农展馆举行。展览内容以第一批国家级非物质文化遗产生产性保护示范基地为主，在全国范围内精选了180余项适合生产性保护的传统手工艺项目参加展览，并邀请了160余名国家级非物质文化遗产项目代表性传承人和中国工艺美术大师进行了技艺和工序的现场展演，展品近2 000件。展陈内容主要分为"中国非物质文化遗产生产性保护成果展示区"和"国家级非物质文化遗产生产性示范基地特别展区"两个主题。前者展示内容按自然属性和主题内容不同分为九大类；后者主题为"春色满园"，内容由41个国家级非物质文化遗产生产性保护示范基地单位和山东手艺农村项目组成，共十大板块。

2015年6月13日是我国第十个"文化遗产日"。北京市文化局、天津市文化广播影视局、河北省文化厅在北京农展馆联合举办了"京津冀非物质文化遗产展暨传统手工艺作品设计大赛"。展览以"探寻兼容并蓄的传统与现代化生活"为主题，包含了传统美术、传统技艺、传统医药、传统戏剧、传统体育游艺与杂技等类别的近70个项目，参展参赛作品近200件（套），并邀请了140位"非遗"传承人现场演示讲解，展陈内容按自然属性和文化属性不同主要分为五个单元。

另外，在2011年第六个"文化遗产日"系列活动中，由文化部主办、国家图书馆承办的"中华典籍与非物质文化遗产特展"是一个专题展。虽然规模较小，但是展陈分类井然有序。展览分为三大部分：第一部分为古代典籍与非物质文化遗产馆；第二部分为文津雕版博物馆；第三部分为图说中华百工技艺长廊。在古代典籍与非物质文化遗产馆中主要展示了非物质文化遗产相关的典籍文献，以及中国传统雕版印刷技艺。文献展陈内容依据"非遗"名录的分类，包括民间文学、传统美术、传统音乐、传统戏剧。

按区域进行展陈分类的"非遗"展，一般展陈内容多，空间较大。如2006年"中国非物质文化遗产保护成果展"是我国政府举办的第一场国家级的大型非物质文化遗产展，是对我国之前非物质文化保护成果的一次全面展示。展览由"综合版块"和"地方版块"两大部分组成。综合版块主要展示了我国"非遗"保护的整体情况及列入联合国非物质文化遗产的项目；地方版块则具体展示了当时我国各省、市、自治区的非物质文化遗产保护工作与所取得的成果。

中国成都国际非物质文化遗产节是定期的，每两年举办一届，是全球范围内的非物质文化遗产展，主会场在成都非物质文化遗产国家公园。自举办以来，"非遗"展陈主要按"国际、国家、四川"这种地域性和项目等级的大小关系来进行划分。如2007年首届以区域为单位进行分类展示。2009年第二届活动内容包括"一个重点、三种手段、三项活动、六大展区"。其中六大展区又按主题和区域不同进行分类。2013年第四届共有八部分组成，其中第三部分"国际非物质文化遗产博览会"按级别和区域文化不同分为六大板块。

中国非物质文化遗产博览会在我国山东省举办。2010年首届和2014年第三届在济南，2012年第二届在枣庄古城举办。自第四届始，国家文化部将中国非物质文化遗产博览会永久落户济南。博览会展陈的展品主要以适合生产性保护的非物质文化遗产项目为主，展陈的目的是对非物质文化遗产的展示和销售。

另外，博览会展陈内容的分类有多种。如第二届中国非物质文化遗产博览会分为三大主题，主要按地域进行分类。第四届"中国·运河流域非物质文化遗产博览会"按展品性质、工艺、区域进行分类，其分类方法并不十分严谨。2015年"京津冀非物质文化遗产展暨中国非物质文化遗产传统手工艺术品设计大赛"主要按自然和文化属性不同分类，主要展示了传统美术、传统技艺等项目，参展参赛作品近200件。

目前，我国非物质文化遗产大型博览会主要以交易为目的。展陈内容主要是"非遗"名录中的适合于生产性保护的传统美术和传统技艺类项目，主要按地域或自然属性进行分类（见表2-7）。

表2-7 传统手工艺临时展陈分类

展 览 名 称	分 类 依 据	分 类 名 称
2007年中国非物质文化遗产专题展	按性质和工艺	中国木版年画展、中国民间剪纸艺术展、中国皮影艺术展、中国木偶艺术展、中国传统染织技艺展
2009年中国非物质文化遗产传统技艺大展	按工艺和性质	剪纸画绘、印刷装潢、陶冶烧造、雕镂塑作、五金錾锻、制茶酿造、木作编扎、织染纫绣、传统医药；中国传统烹饪和副食加工技艺展演；元宵节民俗踩街活动
2012年中国非物质文化遗产生产性保护成果大展	按工艺和文化属性	绘饰生活、文明天下、抟泥成器、点石化金、锻造辉煌、品味醇美、经纬天地、锦绣人间、悬壶济世和春色满园
2015年京津冀非物质文化遗产展暨传统手工艺作品设计大赛	按工艺和文化属性	雕錾塑作、扎绘织绣、琴棋书画、传统医药和表演竞技
2006年中国非物质文化遗产保护成果展	按区域	综合版块、地方版块
2007年首届中国成都国际非物质文化遗产节	按区域	国际馆，国家馆，非物质文化遗产公园规划展，全国各省、区、市展区，四川展区，成都分展区，非物质文化遗产项目专题展区
2009年第二届中国成都国际非物质文化遗产节	按等级和专题	国际非物质文化遗产展区、国家级非物质文化遗产名录展区、"5·12"大地震重灾区非物质文化遗产抢救保护成果展区、国家级文化生态保护实验区保护成果展区、非物质文化遗产项目展示产品展销专区、中华老字号传统美食展区

（续表）

展 览 名 称	分 类 依 据	分 类 名 称
2013年第四届遗产节国际非物质文化遗产博览会	按等级和地方特色	人类非物质文化遗产代表作和国家级非物质文化遗产代表性项目展、全国非物质文化遗产生产性保护示范基地保护成果展、四川省非物质文化遗产生产性保护成果展、成都妇女居家灵活就业成果展
2012年第二届中国非物质文化遗产博览会	按区域	山东"非遗"项目主题区、中国港澳台"非遗"项目主题区
2015年第四届中国·运河流域非物质文化遗产博览会	按属性	地方特色食品展区、红木根雕产品展区、紫砂文化产品展区、奇石盆景观赏展区、酒水酿造技艺展区、枣庄"非遗"精品展区、特邀藏族文化展区、运河特色文化展区

（三）图文、实物与现场展演为主的展陈形式

非物质文化遗产展览活动多为临展，展期较短，展览空间有限。同时又必须考虑经济、展台搭建和拆除等诸方面的因素，导致展陈形式较单一，以图文、视频及传承人现场展演的形式为主，少量配合多媒体技术和互动体验的形式呈现。展示空间基本上采用标准展位，网格状进行布局。如第二届中国成都国际非物质文化遗产节采用的是"展览、展演、展销"相结合的形式，不但增强了活动的观赏性，还调动了观众互动的积极性。

2006年"中国非物质文化遗产保护成果展"的展陈内容比较全面，"非遗"项目种类也较齐全，除了民间美术、民间手工技艺和表演艺术外，还对民间文化、民俗等相关内容进行了展示。展出实物2 000余件，图片2 000余幅。在展陈形式上主要采用实物、图片、文字，辅以视频演示，同时还邀请传承人进行了现场展演。对表演艺术的项目除了实物和图文外，还设计了音频和视频，让观众在视听中感受非物质文化遗产深厚的文化内蕴。此外，在本次展览中还借助"闹元宵"的习俗进行了现场表演。这些展示手段都充分体现了非物质文化遗产的丰富性和生动性。

2007年在中华世纪坛世界艺术馆举办的"中国非物质文化遗产专题展"，根据展览空间和展示条件，仍采用了图文展板、实物、现场展演等方式。2009年"中国非物质文化遗产传统技艺大展"，展陈内容主要为"技艺"。这次展陈方式主要采用传承人技艺操作的现场表演为主，辅以相关的实物和图文介绍。

2011年在中国香港中央图书馆举办的"根与魂·中国非物质文化遗产展演"，采用传承人现场演示，辅以图文和实物的形式介绍了唐卡、包头剪纸、苗银锻制、土家族织锦、无锡精微绣、徽州雕漆、万安罗盘制作、泰山皮影戏等项目。

第二节　传统手工艺展陈中存在的问题

　　近年来，我国传统手工艺的展陈相对于早期来说，在内容和形式上都有较大的改善，但也存在诸多需要改进的地方。现阶段，我国传统手工艺展陈的优势主要表现在：首先，展品征集在量和质上基本能达到；其次，活态展陈理念适合传统手工艺展示，采用现场展演、视频或多媒体技术、观众互动等动态形式将传统手工艺中的技艺制作生动地表现出来；最后，展陈目的基本能达到。观众对非物质文化遗产有了基本认识，为中华民族的优秀传统文化感到骄傲。

　　从整体上来看，第一，活态展陈理念遵循了传统手工艺的活态性文化特征。动态的展陈方式增强了观众的互动体验，比静态展陈更生动有趣。从信息的传播角度来看，活态展陈理念更能吸引观众的注意力，展陈信息能以一种简单有效的方式传达给观众。第二，情境式展陈形式更有助于信息的传达。通过对非物质文化遗产的生存环境进行片段式的还原，让观众产生身临其境的感受，从认知到情感上唤起观众对非物质文化遗产的认同，同时，有效地激发观众的想象力。但是，从前期调研到中期策划及后期效果评估上来看，还有很多地方待提升。具体表现如下。

一、思想上：重观念，轻理念

　　目前我国非物质文化遗产展馆或主题馆的展陈设计，在策划时倾向于考察现有的"非遗"展陈的新理念、新形式、新技术，往往忽略对自身项目的深入调研分析。提倡活态展陈理念，主要以"图片＋文字"、"实物/道具＋文字"、"视频＋文字"、情景还原、现场展演的形式完成。如杭州工艺美术馆的活态手工艺展馆专设了"大师工作室"的展示空间，观众可以边学边练来感受传统技艺的制作过程，以教育为主。北京西城区非物质文化遗产展示中心也设计了"传承人工作室"，以"商铺"展销形式陈列，突出销售目的。两者都以"工作室"的形式进行展陈，展陈目的和达到的效果却是不一样的。

展陈理念是展陈策划的指导思想。展陈理念的确定应以展陈主体文化特性为基础。对展陈主体文化的分析是展陈前期工作的重点，其他展陈的观念和形式只能作为借鉴参考，展陈主体不同、空间不同、目的不同，展陈内容和形式也应有变化，不能盲目跟从。

展陈的前期调查分析是展陈理念确定的基础，也是后续工作开展的依据。主要包含对展陈主体的分析、观众需求调研、博物馆空间分析三个方面。一是对展陈主体的分析，包括征集选择有价值的展品，对展品的性质、形态及文化内涵进行深入分析，研究展陈主体的文化特性；二是对观众在观展时的需求进行调研，包括观众对传统手工艺的展陈期待如何，他们对传统手工艺的理解程度如何，对展馆空间有哪些需求，希望能以什么样的方式和心情进行参观学习；三是对展馆空间环境的分析，包括根据展馆内部和外部环境空间的情况，组织和规划展陈及其相关的策划活动，协调空间使用和展品展陈的空间关系，协调处理展馆展陈空间、过渡空间、公共空间、办公空间的关系，把博物馆空间当作一个整体进行规划设计。

二、内容上：重形式设计，轻展陈分类

展陈设计中最重要的两部分是展陈内容策划和展陈形式设计。展陈内容是形式设计的主体，展陈形式设计根据展陈内容、展陈空间、展陈目的和观众需求等进行统筹考虑，可以说展陈形式设计是为内容服务的，应采用适宜内容的展示方式，将展品信息更有效地传达给观众。对我国"非遗"博物馆展陈和临时展览的调研发现，大多数的传统手工艺展陈都更重视形式，而忽略内容。展陈分类上主要参照国家级非物质文化遗产名录中的分类标准，但展陈叙事不生动，没有针对展陈主题文化进行策划。

国家级非物质文化遗产名录中的分类，以学科性质和"非遗"申报管理为

目的，是一种学理性的分类方法。从展陈角度进行的分类，除了要尊重学科性外，还要考虑传播学、心理学、接受学、设计学等因素，从理性和感性角度，将展品内容进行整合，这样才能既不违背"非遗"学的分类大宗旨，又有利于展陈信息的传播，从而让观众更好地理解和接受。

以展陈为目的的传统手工艺分类，要结合传统手工艺文化的整体性、观众接受和展陈效果等诸多因素来考虑。比如，建筑彩绘从艺术表现上属于绘画形式，但从文化整体性和功能上来说，与营造有着不可分割的关系，脱离了建筑载体，建筑彩绘就失去了创作的土壤。建筑彩绘是营造技艺衍生出来的绘画形态，其材料选用、功能、象征意义都与建筑文化是一体的。从展现非物质文化遗产的整体性展陈角度考虑，可将建筑彩绘与营造技艺在一类中展示，以便让观众更容易理解我国传统营造技艺的文化整体性和建筑彩绘的功能和意义。从文化价值角度采用整合分类的方法更有利于展陈效果的表达（见附图3-4）。

三、形式上：重内容性，轻情感性

展陈策划，即展陈内容以简洁明了、生动有趣、富有美感的形式向观众传达展陈主体信息。展陈内容策划的生动与乏味、简明与烦琐都会影响信息的传播效果。目前我国传统手工艺展陈主要介绍材料、工艺及影响，鲜有将技艺、行业习俗、造物思想、工匠精神及自然社会环境等因素进行整合策划的。这种孤立展示工艺文化的方式，缺乏情感交流，难以引起观众共鸣。展陈内容策划要通过记忆符号，唤醒观众的情感，既要展示文化的真实全面性，又要让观众对文化产生认同，达到展陈的教育目的。如陶瓷烧造除了技艺外，还有陶瓷生活生产的民俗文化及行业行规。这些元素是组成陶瓷烧造技艺文化的整体，是文化存在和发展不可缺的一部分。如果没有这些内容，文化就失去了真实环境。在生产力和技术条件较低的情况下，烧窑前的祭窑仪式表达了劳动人民希望劳动成果得到好的回报的强烈愿望。祭拜仪式让团队成员集合在一起，一方面，有利于指导烧窑工作，鼓舞大家的士气；另一方面，祭拜的窑神都是为烧造业的发展做出重大贡献的行业神，祭拜先师，也体现了后世对先人的敬仰和崇敬之情，体现了我国尊师重道的美德。将这些文化融入展陈内容中，可以让观众正确理解祭窑仪式，也突出了"非遗"文化的精神价值，让观众从情感上感受中国传统文化的美德。

四、品格上：泛雷同性，缺个性化

展陈策划要点之一是抓住展陈主题的个性化特征，在内容和形式上突出主题特色。传统手工艺展陈要做到个性化就必须突出展陈的诉求点，突出非物质文化遗产的文化特性。它的活态性、整体性、原真性、传承性这些特性都是有别于其他文化类型的特点。在诸多特性中只有找出最具特色的内容作为展陈主题的诉求点，才能突出内容的与众不同，给观众留下深刻印象。

目前，我国传统手工艺展陈主要抓住传统手工艺活态性的特征，将活态展陈作为"非遗"展陈理念。展陈形式上主要通过现场展演、视频或观众体验的方式来展示传统手工艺的技艺生产制作过程。这种动态形式抓住了传统手工艺无形性的特征，但若每一类传统手工艺展陈活态性都定位在技艺的动态制作上，展陈结构就显得单一，而且对活态性的理解也不够深入。活态性除了外在形态外，还体现在内在思想和精神上。展陈定位也可以从哲理层面对展陈内容进行升华，从而更真实地展现传统手工艺传承发展的原因。如营造技艺的个性化特征可以定位在技艺的营造思想、工匠精神，传承中的行业道德上。书画作品可以突出技艺中的美学和哲学思想等。

独具特色的展陈诉求在内容上有利于凸出展陈主题，能够从个性化、差异化角度抓住观众参观学习的注意力；从展陈质量来说，画龙点睛、言简意赅的内容能让观众记忆深刻。另外，独具特色的展陈诉求也可以根据其特征，选择不同的表现方式，避免形式上重复，缺乏变化。

五、取向上：重物质形态，缺精神内涵

展陈定位要突出展陈主题，定位精准，才能更有效地达到展陈目标。从我国传统手工艺的展陈现状来看，几乎所有的博物馆和展览都将展陈定位在对非物质文化遗产的文化价值上。如萍乡湘东傩面具的展陈主要介绍傩面具的制作及历史文化。对傩面具的精神意义、傩面具技艺传承的目的、对后人生活的影响，及社会发展价值并没有展现出来。观众对傩面具仅停留在初层次的文化形态认识上，并没有真正地读懂傩面具文化的实质。

传统手工艺的展陈定位应在高度上有所提升，展现传统手工艺文化的生命力和传承价值。传统手工艺展陈是对非物质文化遗产保护的方式之一，能促

进传统手工艺文化的传承。展陈定位要抓住传统手工艺传承性的内容和表现形态。一方面要紧扣"非遗"文化价值中值得传承的物质和精神内容。另一方面要研究在展陈中怎样有效地传达传承性的信息，让观众感受到非物质文化遗产的价值，激起观众对非物质文化遗产的学习欲望或对非物质文化遗产的保护。

展陈定位还可以上升到精神层面。虽然传统手工艺展陈提出活态性展陈理念，但只是在形式上展示了技艺的动态过程，没有真正地展示出传统手工艺的活态内涵和传承精神。传统手工艺的传承价值是其生命延续的根本，特别是蕴含在传统手工艺内涵中的精神价值。生产制作过程中衍生出的生产习俗、传承方式、行业行规等传颂了精益求精的工匠精神，天人合一的造物思想，尊师重道的高贵品德等，这些是传统手工艺展陈定位的重点。

此外，还可以定位在传统手工艺的整体性上。从传统手工艺的外在形态与内在精神、辉煌历史和危机现状等因素进行综合考虑，让观众认识到非物质文化遗产的价值，增强对非物质文化遗产的保护意识。

第三节　传统手工艺的展陈需求

一、遵循传统手工艺文化属性的展陈策划

联合国教科文组织在《公约》中对"非物质文化遗产"作了如下定义："指被各群体、团体、有时为个人视为其文化遗产的各种实践、表演、表现形式、知识和技能及其有关的工具、实物、工艺品和文化场所。"[1]从概念中可以看出非物质文化的种类丰富，形式各异。常以一定的物化形式呈现，但其文

---

[1]　王文章.非物质文化遗产概论［M］.北京：教育科学出版社，2008.

化特性是活态、动态的。非物质文化与其他物质文化形态相比有其独特的文化个性。

（一）有形展品展示非物质文化遗产的无形性

传统手工艺的表现形态是活态的，其传播形式具有流变性。技艺的完成过程是动态的，传授都是通过口口相传完成的，传统手工艺精神价值贯穿在传承过程中，通过交流，人们从对文化的认知过渡到对文化精神的认同，由此生发出一种文化、生活方式、审美取向，乃至对一个国家、民族的情感变化。在传播的过程中，由于时空关系、各区域和民族文化差异，以及文化发展程度不同等原因，同一类型的传统手工艺在技艺制作和传承方式、生产习俗、行业行规上都有差异。从发展历程来看，传统手工艺并不是恪守不变的，而是以一种变化发展的形式成长的。

传统手工艺的活态、流变的特征以非固态的形式呈现，只能通过眼、手、耳、口、心去感受和体会。如剪纸艺术非物质文化的实质是对剪纸主题的创作和实现。剪纸技艺经验及剪纸艺术赋予了农民们对农业生产生活的美好憧憬和积极向上的生活态度。剪纸的创作和技艺都是灵活的，剪纸主题创作的构思是建立在对民俗生活有一定了解的基础之上的，物态化的展示不能完全呈现剪纸艺术创作的要领。剪纸艺术是在传承人执剪过程中完成的，构思和制作都在剪的过程中一气呵成。艺术作品随"剪"的动作产生，是一个连续性的动态过程。所以说，传统手工艺是一种无形性的文化形态，对无形性文化形态最好的展示方式就是现场展演和体验，或通过视频播放、网络和虚拟现实技术等手段实现观众与技艺的交流，让观众在多维的空间里身临其境地感受着传统技艺的美。

（二）价值定位突出非物质文化遗产的传承性

传统手工艺是我国文化的瑰宝，经历了上百年的考验，是中华民族的文化精髓。传统手工艺是以世代相传的方式，通过口诀、面授等形式将技艺文化的精华部分传授给下一代的。传授的不仅是传统手工艺的技艺，还包括与文化相关的民风民俗、职业道德、哲学思想和人生哲理等精神内涵。从传统手工艺的展陈内容、传授方式到文化内涵都体现了非物质文化遗产的文化价值、历史价值、社会价值、审美价值与精神价值等。

如我国雕版印刷展陈要突出其价值性。雕版印刷术是世界上最早的印刷技术，它为我国乃至欧洲各国印刷术的发展奠定了基础。从基本的技术功能上看，其具有重要的科学价值。由于当时科举制度的推行、佛教的兴盛、社会对书籍的需求量增大，促进了雕版技术的进步。从其产生发展来看，雕版技术促进了社会文明发展，具有历史价值和社会价值。同时，雕版技术的发明具有科学创新性，不仅激励了后人的创造性，还增强了后人的创新意识。

对非物质文化遗产的保护不仅包括其呈现于外的形式，还包括传承其内在的文化内涵、精神价值。外在的物化形态和内在的精神价值是非物质文化遗产重要的两部分内容，其内在的精神价值是永恒的财富，也是传统手工艺传承的精华。

（三）整体性展陈传达非物质文化遗产的综合性

任何一种文化都不是孤立存在的。文化来源于生活，来源于劳动，来源于宗教等，文化是一个综合体。非物质文化遗产的传统手工艺也一样，它与人们的生产生活息息相关，是集体的财富，是一种综合的表现形式。非物质文化遗产的生存环境是多元的，其创作和传承也是集体行为，蕴含着丰富的价值。如官式古建筑营造技艺是在营造技术的基础上形成的一套完整的、具有严格形制的汉族宫殿建筑施工技艺。在技艺上，这套技术包括"瓦木土石扎、油漆彩画糊"八大作，其下还细分了上百工种；在文化上，营造技艺还容纳了天文、地理、数学、哲学、文学、政治、艺术等多方面知识。官式古建筑营造技艺不仅体现了我国古代高超的建筑技术，还体现了我国封建社会严格的等级制度和伦理观念。对工程和工匠的管理也是官式古建筑营造技艺保护的一部分。我国古代对工匠的培养，采取师徒传授的方式，徒弟向师傅学习之前先行"拜师会"仪式。此外，在施工过程中的重要环节还要举行相应的民俗仪式，如上梁等。技艺、文化、艺术、制度、民俗等内容结合在一起，才形成了完整的营造技艺，它是一个综合的文化产物。

传统手工艺的综合性决定了其文化性质的整体性，整体性包含了传统手工艺产生的自然环境，成长的社会环境，发展的文化环境、商业环境等。传统手工艺的整体性与当地人们的生产生活紧密相关。如杨柳青木版年画产生的基础条件是杨柳青盛产木版年画的原材料杜梨木。运河经济、文化的高效快速发展，南北交通要道为杨柳青木版年画提供了繁荣的市场环境。此外，中国隆重的年俗文化为年画艺术提供了精神土壤。从生产杜梨木的自然环境、运河发展带来的经济市场到年俗文化等社会环境构成了杨柳青木版年画的重要组成部分。这些条件促进了木版年画艺术在杨柳青的形成和发展。杨柳青木版年画在民俗中产生，其发展也必离不开民俗，产生了相应的民俗仪式。如二月二的祭财神仪式等。可见，自然环境、社会环境、技艺、相关民俗等是杨柳青木版年画文化的整体，展示文化的整体性也有助于观众对展陈主题内容的理解。

二、契合传统手工艺保护原则的展陈理念

传统手工艺的展陈目的是进一步促进民众对传统手工艺的认知和热爱，是对传统手工艺进行保护的一种手段。传统手工艺要保护什么，采用怎样的理念，以什么方式进行保护最有效，保护的精髓是什么，等等，这些内容都是传统手工艺展陈的依据。

（一）突出无形性

《非物质文化遗产概论》一书中提出，"非物质文化遗产的概念源于对非遗文化的保护"[1]。非物质文化遗产保护内容丰富，包含文化本身及其自然资源和社会文化的综合体。如仅从技术角度看传统技艺，包含了原材料、工具、半成品、工艺过程。技艺融入社会环境后又衍生出了相关的文化，如生产过程中的相关民俗文化，技艺发展到一定规模后形成的行业行规等。另外，还包括技艺产生发展的必需条件——自然环境和社会需求，这是技艺产生的大背景。然而展陈空间是有限的，怎样在有限的空间中选择有代表性的内容达到展示的效果呢？只有从非物质文化遗产保护的角度分析传统手工艺的展陈内容，才能抓住内容的重点和精华。

传统手工艺展陈内容主要包括两部分：一是其物化的文化形态，二是蕴含在文化中的精神价值。要通过有形的物化形态展示无形的文化内容和内涵。

---

[1] 王文章.非物质文化遗产概论［M］.北京：教育科学出版社，2008.

如桦树皮制作技艺是我国鄂伦春、鄂温克、达斡尔、赫哲等民族在生活生产上必不可少的技艺之一。因为这几个民族所处的地理环境，他们不使用制陶技术，而是根据当地所产的桦树资源制作各种桦树皮器皿用于生活所需。桦树皮制作技艺不仅运用在生活生产中，也可制成如桦树皮画等极具审美价值的手工艺术品，形成独特的桦树皮文化。桦树皮制作技艺不仅仅是一种工艺技术，还代表了一种民族文化和精神。

（二）明确活态性和整体性

从宏观上来看，非物质文化遗产的保护原则要遵循原真性、整体性、活态性。保护方法与非物质文化遗产的特性有着紧密联系。在传统手工艺展陈理念中我们也遵循原真性、整体性和活态性的文化特性，进行活态性展陈、整体性展陈。如杭州工艺美术馆的手工艺活态展示馆，在展厅内设大师工作室和观众体验区，在大师的示范指引下，观众可以亲自动手体验手工技艺的制作过程。活态主要体现在通过传承人现场展演和观众亲身体验来展示技艺完成的过程，用这种最简单、最直接的方式体现了技艺的生命力。

1.整体性展陈理念

传统手工艺文化具有多元性。除了技艺价值之外，还具有文化价值、历史价值、经济价值等。如东阳木雕技艺，其产生发展与东阳地区盛产木材、我国古代崇尚木雕刻艺术等有着密切关系。我国古代木构造营造技艺进一步促进了它的发展，我国古代营造有严格的等级制度限制，而文人园林的兴盛、江南经济的发展、宗教文化的盛行等，使东阳木雕技艺在明清时期得到了突飞猛进的发展。东阳木雕技艺的多元价值促进了社会的和谐，推动了民族的发展。

我国对非物质文化遗产的生态环境保护意识逐步提高，已建立"非遗"保护基地。梭戛苗族生态博物馆和民族生态博物馆都是采用原生态、整体性的保护模式，结合生态和博物馆展陈的方式，从原真性、整体性上对非物质文化遗产进行保护。传统手工艺博物馆展陈可以根据展陈的传播功能，突出传统手工艺的文化特性，强调传统手工艺的精神价值，提升观众对传统手工艺文化的正确认知。从情感上，让传统手工艺的精湛技艺、艺术价值、科学价值和精神价值等感染观众。

2. 活态性展陈理念

传统手工艺活态性特征主要体现为技艺的动态性，传承方式的灵活性和精神价值的生命力。展陈策划可以重点抓住"动""变""传"三个关键词来展示传统手工艺文化特色。

"动"呈现技艺之精湛。传统手工艺的亮点和核心都体现在"技艺"上，技艺是其活态特征之一。技艺是时空艺术，具有流动性、时间性，所以"动"的形式是展现技艺的最佳方式。比如，动态的视频、传承人展演、观众体验等形式是对技艺的最好呈现。同时，"动"的各种形态也可以更好地将技艺中不可言传的经验、传承仪式、行业习俗等活态的内容呈现给观众。"变"是体现展陈活态理念的另一种方式。展陈理念和思想要常新，解决不同群体的需求，在形式上要采用新的展陈技术，达到最佳的展陈效果；在运营上要拓宽不同社会形势下对传统手工艺的传播。只有在展陈内容、形式、模式上不断地创新，满足不同的需要，才能更有效地推动传统手工艺文化传播和博物馆的发展。"传"主要指将传统手工艺内含的优秀传统精神和传统手工艺行业中的习俗传承下来。传统手工艺文化是一个整体的文化，技艺是其核心，但是其衍生文化具有重要的历史价值和文化价值，特别是我国传统手工艺文化中蕴含的好的生态观、道德观等，都是当代社会发展值得传承的。但其具有无形性，这也是展陈的难点。博物馆可以通过一些主题活动策划、展览比赛、评优等对行业精神进行推崇，同时也可以监督手工艺行业内的规范实施情况。

我国传统手工艺展陈提出的活态性展陈理念遵循了非物质文化遗产的活态性、无形性的文化特征，但在实践中并没有全面地传达传统手工艺的活态内涵。首先，表现形式上比较单一，传承人现场展演的形式在诸多博物馆展陈中不能长期进行，影响展陈效果。体验式展陈形式可以更加丰富。其次，展陈分类不理想。展陈分类与"非遗"分类有一定的区别，展陈分类与观众的认知、信息传播情况有着密切的联系，应当按符合展陈需要、便于观众接受的原则作简洁化分类。再次，展陈设计除了要突出技艺的无形性和活态性外，还要突出传统手工艺的文化内涵和文化整体性。最后，要满足展品、空间、观众的展陈需求。总之，近年来展陈效果在不断提升，但仍需改进（见表2-8）。

表2-8　传统手工艺展陈效果分析

难点	创新	展陈情况		现状	存在问题	解决方案
·		原则	展陈定位	以展品为中心	展品是展陈重点，缺乏人性化的展陈理念	以观众为主的展陈定位，围绕人的需求展开（从展陈主题策划、空间需求、人的需求入手）
			展陈功能	达到对非物质文化遗产的基本认知；弘扬爱国热情	没有真正达到对传统手工艺价值、创造性精神的保护和传承	明确传统手工艺的核心价值；设计体现核心价值；通过策划设计促进观众的保护行动或传承行为
			展陈理念	活态理念	展陈实践没有很好地体现活态性；活态性多体现传统手工艺无形性的文化特征，存在一定片面性	丰富展陈形式：借用教育学中的慕课形式解决展演问题；补充整体性展陈理念；内容突出个性化
		展品	展品质量	原材料、工具较全面	缺少重点技艺、精神价值、行业行规、习俗相关内容	增加技艺核心及行业行规、行业习俗方面资料的搜集；不追求泛泛的广，突出精华、关键
·			展品分类	较杂乱	无明晰分类：基本按等级或工艺分，细小项目和交叉项目分类不清	简单易懂的分类；按工艺+文化属性的整合分类
·			展陈主题内容	按部就班	无明确定位：通常泛泛地介绍材料、工具、工艺流程、发展历程	借用广告学中的USP理论突出独具个性的主题定位；重点展示技艺中的创新点；增强行业行规和习俗内容，典型的可重点展陈
·	·		展陈叙述	过于平淡	没有分类的展陈叙述，缺乏整体性；同类展陈缺乏重点或特色	主线清晰，设计有高低节奏的故事性叙述；配合展陈形式和场景设计增强叙述氛围·
·		空间	展陈形式	图文实物+视频或现场展演；情景还原辅助	形式相对单一；展演时间不能保证；以人与展板/展柜的文字或物体交流为主；交互式展具性能不高	（1）内容上：同类可用比较法；相似类可用垂直法（2）形式上：利用计算机虚拟技术、慕课模式互动体验；现场展演或工作室展示模式可用于长期活动中的临时展陈，不同时间段安排不同名录进行交流学习。利用二次传播效果

（续表）

展陈情况 难点/创新			现　状	存 在 问 题	解 决 方 案
·		展陈技术	相对落后	设备老化；呈现效果差，观众体验后低于期望值；数据库内容少，缺乏策划	采用能很好地展示传统手工艺文化的虚拟技术；体验效果要达到观众的期望，能引起观众兴趣。数据库建设要完备，打造可读式的图书馆式博物馆，提升博物馆的研究功能
	空间	展陈空间设计	按基本功能作空间规划，以空间造型设计营造氛围	利用不高，没有考虑展品与人的集群关系；展具设计、空间造型设计存在一定局限性和资金浪费（特别是临时展陈中的展具和空间造型设计）	将线性时间转换成多维度的空间场域；利用计算机技术辅助空间氛围营造，提升空间利用率，引起观众注意；可循环的展具设计
·		展陈策划	主要以临时展览活动、学术演讲辅助展陈	策划没有与长期展陈结合起来；前期策划应与空间规划结合起来	空间、展陈与人的集合关系；考虑不同人的需求（普通观众、专业观众、传承人、企业合作者）；结合博物馆运营与传统手工艺的生产性保护考虑
·	·	场域价值转换	以教育为目的	没有发挥展陈的最大价值	以科技价值、创新意识提升人文精神价值；传统手工艺具有经济价值，生产性保护可实现展陈空间的价值转换；发挥展陈的教育功能，如对祖国和民族的热爱，实现情感价值转换；实现从意识到行为的转变达到行为转换的目的
	·	人	观众需求	基本能满足观众的观赏需求	观众情感、精神需求考虑较少	充分利用空间，满足观众多维度的需求；以展品人文价值的展示满足观众精神需求；处理好展品、空间和观众之间的交流关系，建立观众对博物馆空间、展品内容及中国传统文化认同等诸多方面的情感关系

（续表）

难点/创新 展陈情况			现　状	存 在 问 题	解 决 方 案
·	·	信息	信息传播	被动型学习（灌输型）	展品多，但多数信息没有传达给观众，观众对图文、部分实物信息接受度不高；参观一次能记住的信息较少	开展诱导型学习（主动型）；体验式教育
·			展陈技术	相对落后	设备老套；呈现效果差，观众体验后低于期望值；数据库内容少，缺乏策划	设计能很好地展示传统手工艺文化的虚拟技术；体验效果要达到观众的期望，能引起观众兴趣。数据库建设要完善，打造可读式的图书馆式博物馆，提升博物馆的研究功能
	·	博物馆运营	博物馆品牌建设	无明确定位；效果不好；推广面窄	品牌意识不强、理念不新；宣传渠道窄；缺乏主动传播意识；缺乏品牌文化形象	（1）可观可研的策划，满足专业研究人员的需求，建立完善的电子数据库，一方面做好非物质文化遗产的数字化保护，另一方面建立无限广的互联网虚拟平台，扩大传播渠道，更广泛地传播中国传统文化。专业资料可以收费（2）活动策划、文化产品销售区与传统手工艺生产性保护结合（3）虚拟技术的展陈方式可提高空间的使用率也可减少展具的制作经费，同时与观众的心理和行为吻合，能更有效地体现传统手工艺的无形性、整体性、历史性的文化特征（4）多利用互联网平台，扩大文化的传播渠道

03 第三章

展陈语境下的传统手工艺分类

分类一直是非物质文化遗产学讨论的重点问题。非物质文化遗产的分类与非物质文化遗产管理、研究及政策制定等工作紧密相关。文化、教育等各界人士也从各自的角度和学术背景出发，对非物质文化遗产进行了不同目的的分类研究。近年来，在我国发展文化软实力的政策下，各省市自治区的非物质文化遗产展馆或展示中心相继问世，以展陈为目的的非物质文化遗产分类研究尤为重要。但是，目前我国"非遗"展陈分类仍以国家级非物质文化遗产名录或物质形态的博物馆藏品分类为主，还没有研究出比较完善的、适合非物质文化遗产展陈的分类方法。

第一节 现有传统手工艺的分类

传统手工艺分类形式多样。从研究成果来看，主要有三种：一是文化部门中从事非物质文化遗产和民间艺术研究的学者们的研究成果，主要从非物质文化遗产保护、非物质文化遗产管理、非物质文化遗产临时展陈等角度进行阐述；二是从事博物馆管理的研究人员的成果，主要针对本地区非物质文化遗产中的博物馆或展厅传统手工艺的分类进行研究；三是高校教育系统中从事非物质文化遗产或文化产业研究的教师和学生，基本上以工艺、材料、功能等自然属性为分类标准。

一、基于工艺的分类

按工艺不同进行分类是传统手工艺中最常用的一种分类方法。技艺是传统手工艺的核心，诸多传统手工艺也按工艺来命名，如维吾尔族印花布织染技艺、德化瓷雕塑烧制技艺等。按工艺不同进行分类，一方面符合观众对传统手工艺的基本认识，另一方面也符合分类的逻辑思维。

目前，我国"非遗"展陈主要按工艺进行分类，主要分为烧造、织染、锻造、髹漆、编扎、雕刻、造纸印刷、剪纸绘画、工具制作、营造、食品加工等，但是在类目命名上各有不同。一种是以工艺名命名，如田小杭主编的《中国传统工艺全集·民间手工艺》一书对民间手工艺采取了十四分法，直接以工艺名命名[1]。中国艺术研究院中国民族民间文化保护工程国家中心的重要研究成果"非物质文化

[1] 田小杭.中国传统工艺全集·民间手工艺[M].郑州：大象出版社，2007.

遗产分类代码"对传统技艺采取了十分法，收录于王文章《非物质文化遗产概论》中[1]。张敏在《论非物质文化遗产的分类》一文中对其进行了两级分类，共分十三类[2]。华觉明等编著的《中国手工技艺》一书对我国手工技艺采取了十四类分法[3]。具体如表3-1所示。

表3-1　国内相关资料基于工艺对传统手工艺的分类

按工艺名分	按工艺+性质分	按工艺+性质分		按工艺+性质分
田小杭	王文章	张　敏		华觉明等
编织工艺	编织扎制		编织扎制	编织扎制
编结工艺	工具和机械制作		工具和机械制作	工具器械制作
捏塑工艺	农畜产品加工		家畜产品加工	农畜矿产品加工
纺织工艺			织染缝纫	雕　塑
印染工艺	织染缝纫	民间手工技艺	装　裱	刻　绘
刺绣工艺			造纸印刷	
雕刻工艺	烧　造		烧　造	陶瓷烧造
埏烧工艺	髹　漆		置　漆	髹　漆
髹漆工艺	金属工艺		金属工艺	金属采冶和加工
冶锻工艺	制盐、制笔、颜料制备、制墨、火药制备、烟花爆竹制作	民间特色品牌制作技艺	饮　食	造纸术和笔墨砚制
				印　刷
轧制工艺			服　饰	家具制作
剪贴工艺	其　他		生活用具	营　造
印刷工艺			生产用具	特种技艺
其　他				其　他

［1］王文章.非物质文化遗产概论［M］.北京：教育科学出版社，2008.
［2］张敏.论非物质文化遗产的分类［D］.杭州：浙江大学，2010.
［3］华觉明，李劲松，王连海，等.中国手工技艺［M］.郑州：大象出版社，2014.

从展陈角度来看，按工艺分类及命名，优点是观众直观易懂；缺点是指代性强，包容性较差，分类项过长、过细，有些细分项名录少，而笼统地归到"其他"类中。如田小杭主编的《中国传统工艺全集·民间手工艺》一书中将纺织、印染、刺绣工艺都单列一类，导致中式服装制作技艺、盛锡福皮帽制作技艺等缝纫技艺找不到明确归类。冗长烦琐的分类造成展线过长，展陈空间占有量大，观众观展疲劳等现象。另外，过细的分类在展陈中容易造成记忆混淆的状况，不符合整体性的展陈理念。

另一类也是按工艺不同划分，但按文化属性进行命名。这种命名法的优点是包容性较强，可以将与工艺或文化、功能相似的名录归到一类。由文化部、中国艺术研究院主办的全国性的非物质文化遗产展览中常运用这种分类。如我国国家级非物质文化遗产大展中的传统手工艺展基本上是按工艺进行分类的，类别命名突出工艺和技艺文化特色。在命名时，将工艺相近、文化接近的组合成一类，并用通顺易懂的文字表达出来，既容易理解，又可以避免按工艺分类容易出现的冗长烦琐的弊端（见表3-2）。

表3-2 我国传统手工艺展览中常用的分类

中国非物质文化遗产传统技艺大展（2019）	中国非物质文化遗产生产性保护成果大展（2012）	京津冀非物质文化遗产展暨传统手工艺作品设计大赛（2015）
剪纸画绘	绘饰生活	琴棋书画
印刷装潢	文明天下	
陶冶烧造	抟泥成器	雕錾塑作
雕镌塑作	点石化金	
五金錾锻	锻造辉煌	
制茶酿造	品味醇美	
木作编扎	锦绣人间	表演竞技
织染纫绣	经纬天地	扎绘织绣
传统医药	悬壶济世	传统医药

从展陈角度分析，按工艺不同分类，按文化属性命名的方法，能将工艺上相似、文化属性接近的归在一起，改善了分类不全面、某些工艺因杂乱找不到合适归类点的现象，还能够减少展陈面积，不失为一种良好折中的分类方法。

但分类命名要恰当，应既能突出技艺特征又能涵盖文化属性，易于观众理解，最好还能让人记忆深刻。如2012年中国非物质文化遗产生产性保护成果大展的分类命名中，"悬壶济世"这个成语是颂誉医者救人于病痛的，用它代表传统医药，观众较易接受。"文明天下"是歌颂我国古代四大发明中的造纸术和印刷术对人类文明发展的贡献。"点石化金"出自《列仙传》的"许逊，南昌人。晋初为旌阳令，点石化金，以足逋赋"，化用在这里，形容一个人的技艺高超，能将普通的东西变成精美的作品，这与传统手工艺中的雕刻技艺的形态相吻合。在参观初时，名称可能会给一些观众留下悬念，参观后会加深观众的记忆。

总之，按工艺分类，要避免杂乱。最好能将工艺和文化性质整合起来进行思考。主体内容以工艺为主，细节上将差异整合到大类中。这种整合思路也可以从分类命名上进行考虑，将工艺和文化融合在一起，解决传统手工艺范围丰富复杂的问题。中国工艺美术馆副馆长王辉对传统手工艺展陈分类，建议采用以工艺不同为主，兼顾文化属性的分类法，如宗教文化可以作为一个主题单独展出。

二、基于材料的分类

按材料分类，主要是对传统手工艺进行二级分类。如锻造工艺中按材料的不同分为金、银、铜、铁、钨、铝等。材料是实现技艺的基础，材料不同，加工工艺也不同。如锻造技艺，有金、银、铜、铁等不同的材料，材料的属性不同，各种材料的锻造技艺也有差别。如累丝工艺多用金、银等较软的金属，不适宜较硬的铜、铁等。传统手工艺一级分类多按工艺，二级分类多按材料。

在展陈保管上，常根据材料分门别类地对藏品进行保护管理。通常博物馆库房都是按材料不同进行入库登记存放的。这样做，一方面在管理上相对规范，在入库、出库的登记管理上比较方便。另一方面检索时较便捷，展品或馆藏品按材料不同也容易找寻。另外，在维护上措施较统一，同一类藏品或展品对环境条件的要求相似，如温度、湿度、光照以及对柜体、包装的环境要求等。

20世纪80—90年代，我国诸多博物馆研究人员从对文物或价值高的工艺美术品的收藏保管角度出发，提出了藏品按材料分类的观点。目前我国各省市自治区的博物馆展陈中也体现了这一点。故宫博物院、首都博物馆、天津博物馆等展馆依据的就是便于收藏的材料分类法（见表3-3）。

表3-3 我国部分博物馆展陈分类情况

博 物 馆	展陈分类情况						
故宫博物院	青铜器	陶瓷器	玉 器	金银器	书 法	绘 画	织 绣
首都博物馆	青铜器馆	陶瓷馆	玉器馆	金银器馆	书画馆		/
天津博物馆（馆藏文物精品）	青铜器	陶瓷器	玉 器	/	书 画		/
中华世纪坛艺术博物馆	专题陈列		基本陈列		数字艺术技术陈列		

从展陈设计来看，按材料分类可以展示材料及其技艺、文化发展的历程，有利于以时间为序展示技艺的发展历程，引导观众参观学习。不足之处表现在同类材料的展品由于功能、工艺不同，归在一起展示显得混乱，而且文化差异大。如木材，可以用于营造的大木作工艺，也可用于建筑装饰的小木作构件，还可以用于家具设计、家居陈列、造桥、造车等；工艺上有雕刻、营造工艺等之分；体量上，差别较大，在空间、氛围、文化上相差较远。此外，从整体上来看，传统手工艺使用的材料比较广泛，还有些是不常见的，如果单独分类显得烦琐，若笼统归类又显得牵强。如桦树皮制作技艺，虽然属于木材类，但其工艺和文化属性与通常的木作技艺相去甚远。

三、基于收藏的分类

收藏是博物馆的主要功能之一，也是对藏品的保护和管理办法之一。因为诸多博物馆的藏品都是国内外文物或珍品，价值高，且具有不可复制性。所以对藏品的收藏保护是博物馆的首要职责。这类展品的展陈形式也多采用安全系数高的玻璃展柜，一方面可以满足观众的观看需求，另一方面有利于藏品的安全。

从展陈角度来看，基于收藏的分类常采用的方法是材料+文化属性的组合分类法。按材料不同进行分类，便于对藏品的科学管理和检索，如对展馆和库房环境的温度、湿度、光照的控制。按文化属性进行分类的方法弥补了按材料或工艺分类的不足，可以将一些找不到合适类的名录整合起来。另外从观众观展的心理来看，按文化特性来展示，内容会比较丰富，内容之间既有独立性又有联系性，可以引发观众的想象力，达到更好的展陈效果。

四、基于功能的分类

传统手工艺的存在，是为了生产出劳动人民在生活生产中需要的产品，实用性和审美性是其主要的功能。依据功能进行分类，也符合传统手工艺的文化性质。传统手工艺服务范围广泛，可以满足人们物质和精神多方面的需求。如陶瓷烧造技艺既解决了人们生活中最基本的生活需求，如取水、盛食物，又满足了人们的精神和审美需要。陶瓷除了实用功能外，还具有陈设功能，艺术价值高，具备审美性。徽派建筑室内陈设中，常将瓷花瓶和镜子置于厅堂中，寓意平静安宁之意，寄予了人们对生活的精神追求。

目前我国一些研究者对传统手工艺按功能进行了分类。如田小杭在《中国传统工艺全集·民间手工艺》一书中，从功能性上进行思考，对民间手工艺的分类认为大体上分为实用性和审美性[1]。于平在《中国传统工艺全集·传统技艺》中将传统手工艺分为实用性、审美性和农副产品培植加工类[2]。李宏岩在《传统手工技艺研究的理论综述》中将传统手工艺分为实用类、审美类和宗教类三类[3]。另有，华中师范大学2011年国家文化科技提升计划项目"国家非物质文化遗产保护与传承技术体系的构建"课题组成员对"非遗"一级分类中的各个类别进行了再分类研究，特别是对传统医药类和民间音乐进行了分类的探讨。该校的姚伟钧在《中国传统技艺类非物质文化遗产的分类研究》一文中提出，对传统技艺分类宜采取二级分类法，且一级和二级的分类可采用不同的标准[4]。王朝闻主编的《中国民间美术全集》对民间美术就进行了二级分类[5]，一级分类主要按功能分，二级分类中按性质、功能等综合属性进行划分，如此分类名称通俗易懂，科学合理又符合文化属性。以上分类如见表3-4所示。

［1］ 田小杭.中国传统工艺全集·民间手工艺［M］.郑州：大象出版社，2007.
［2］ 于平.中国传统工艺全集·传统技艺［M］.济南：山东友谊出版社，2008.
［3］ 李宏岩.传统手工技艺研究的理论综述［J］.民间文化论坛，2012（2）：59-64.
［4］ 姚伟钧.中国传统技艺类非物质文化遗产的分类研究［J］.三峡论坛：三峡文学·理论版，2013（6）：69-72.
［5］ 王朝闻.中国民间美术全集［M］.济南：山东教育出版社，1995.

表3-4　传统手工艺基于功能的分类情况

按功能所作一级分类法		
田小杭	于　平	李宏岩
实用性	实用性	实用类
审美性	审美性	审美类
	农副产品培植加工类	宗教类

姚伟钧对传统技艺的二级分类法											
一级	传统服饰工艺			传统饮食技艺			传统建筑技艺				出行与交通工具制作工艺		传统器物制作工艺	
二级	传统服装制作工艺	饰品制作工艺	其他饰品工艺	食物烹调技艺	饮料酿制技艺	烟叶烤制技艺	其他传统饮食技艺	木质传统建筑工艺	竹质传统建筑工艺	土石传统建筑工艺	其他传统建筑工艺	桥梁建筑工艺	舟车建造工艺	其他出行与交通工具制作工艺	社会生产器物制作工艺	社会生活器物制作工艺

王朝闻《中国民间美术全集》中的二级分类法										
一级	祭祀编		起居编		穿戴编		器用编		装饰编		游　艺　编			
二级	神像卷	供品卷	民居卷	陈设卷	服饰卷上	服饰卷下	用品卷	工具卷	年画卷	剪纸卷	面具脸谱卷	木偶皮影卷	玩具卷	社火卷

　　姚伟钧按照衣食住行的需求来进行二级分类，虽然简单明了，但也有可提升之处。比如兵器制造技艺就没有合适的归类项。每一类中不好划分的都归在"其他"类，如饮食下的传统糕点制作与制盐、制碱等差别较大的项目都放置在"其他"中。"传统器物制作工艺"下分为"社会生产器物制作"和"社会生活器物制作"两类，分类较笼统。生产、生活器物制作的种类很多，材料不一、工艺各异、用途也不一。如生活容器，材料可以是竹、木、陶瓷土、金属等，工艺又有编扎、木作、陶瓷烧造、锻造、髹漆等，此类内容比较繁杂。总体来说，姚伟钧的三级分类法更适宜学理性研究，未考虑展陈信息传播有效性，不适宜展陈分类法。

　　从展陈角度分析，按功能性质分类的方法归纳性比较强，可以将一些另类名录整合到大类中。而且按功能分类，分类的标准也不一样，一般都会有一个主题。如《中国民间美术全集》中的祭祀编，可以由祭祀文化转入技艺的介绍，而后可以延展出祭祀仪式或祭祀变化对技艺传承的影响。按功能分类的方法可以借鉴到对展陈主题内容的策划上，主题性叙事与功能分类在结构和脉络组织上有一定的相似性。但是，按功能进行分类，类别中包含的内容比较广，有不同材料的，也有不同工艺。如与祭祀相关的技艺有青铜器的铸造錾刻技艺，也有陶瓷器的烧造技艺，另有植物纤维的编扎技艺等。按功能和性质不同的展陈分类适宜于小型主题展陈。我国有56个民族，民族信仰、宗教信仰、节日祭祀等丰富多样，相关的祭祀技艺也呈现多样化。若以祭祀为主题展陈，题大而不精，展线长，分支多，容易给观众的参观学习带来疲劳感。如果将主题划得更小、更专一，往往能达到更好的展陈效果。比如，策划一个宗教文化艺术的专题展，像王辉提出的宗教文化专题展，专门介绍宗教相关的技艺，主题内容联系性强，又存在一定的差异性，是一种很好的对比展陈法，有助于提升观众参观学习的质量。

第二节　传统手工艺展陈分类的原则

分类是以事物的性质、特点、用途等作为区分的标准，将符合同一标准的事物聚类，将不同的分开，是一种认识事物的方法。具体有交叉分类法、树状分类法等。各学科领域都有适合本学科的分类方法，如我国有适合图书陈列和检索的中国图书馆分类法。传统手工艺的分类方法多种多样，从目的上看，有出于博物馆收藏的、有出于非物质文化遗产名录管理的、有出于非物质文化遗产学理论研究的。对传统手工艺分类的原则和方法也是不同的。以收藏为目的的分类主要是出于对藏品保护和管理的需要；从非物质文化遗产名录管理角度的分类则是出于管理的便捷、规范，及申报工作的有条不紊考虑。从非物质文化遗产学理论研究的角度分类则是出于社会学、民俗学和人类学等多方面的考虑。

以展陈为目的的分类原则既要考虑博物馆的收藏管理，又要考虑观众的参观学习需求；既要考虑非物质文化遗产文化特征，又要考虑展陈设计原理；既要考虑展示内容的传播，又要考虑展示形式的接受。

一、遵循非物质文化遗产的文化属性和特性

对传统手工艺分类首先应遵循传统手工艺的独特性、整体性、接近性与流变性等特点，兼顾文化综合性、民族性等特征。从非物质文化遗产展示角度对传统手工艺进行分类应考虑以下几点。

（一）独特性

传统手工艺的价值，不仅表现在精湛的技术、高超的艺术表现力上，最重要的，还有隐藏在这些技艺中的劳动人民的创造力、民族精神及影响人们生活方式、民俗礼仪的独特的文化。如木版年画技艺是我国民间特有的一种手工艺术，伴随着年俗节日产生。人们通过在家里张贴不同题材的年画，表达对新的一年的美好愿望。年画作品色彩丰富，过年的时候贴在白墙灰瓦的建筑上显得特别喜庆，与过年吉祥美好的氛围相呼应。年画成了过年民俗中独有的一种艺术形式。人们对年画的需求也形成了年画艺术创作和制作年画的行业。年画技艺有其不同于其他年俗艺术的特色，它融合了艺术创作、木板雕刻、套印、彩绘、装裱等多项技艺，其中既有艺术又有技术的成分。在其形成发展的过程中，又形成了年画行业的习俗。如将鲁班视为本行业的行业神，还有祭财神、拜师习俗等。四川的绵竹年画，新入行学艺的徒弟都要参加绵竹年画的行业组织伏羲会，请前辈吃两桌酒席才能拜师。拜师后，还要参加一个徒弟行，也要备两桌酒席招待徒弟行的老板，为的是学成之后能找他们帮忙推荐工作。另外，兴盛的年画市场还形成了严格的行规。如绵竹年画行业规定年画制作不能偷工减料，不许做假货欺骗买主。冬月初一挂望子（即把样品挂出来供客商订货），腊月初一出摊子。绵竹年画因技法不同分为南路和西路，两路的货不能互相侵犯，各路按各路的做法做。正因为年画艺术与我国民族文化相融合，大家公平竞争、积极进取，不断提升创造力，才使得这门艺术在我国流传下来。

从展陈效果和观众认知角度来说，传统手工艺分类要考虑其文化独特性。

除了按材料属性、工艺特性、文化属性等进行分类外，还要挖掘其个性化特征，如年画，按文化性质，它可与剪纸、彩扎、龙档等归为年俗艺术；按技艺，因其呈现形式和主要工序中绘画占多，可以归为美术类。具体看展陈需要，如果想以年俗为主题作展陈，则可以将年画、剪纸等归为一类，让观众学习到年俗文化区别于端午、中秋等其他习俗的个性特征。

（二）整体性

传统手工艺分类的整体性表现在以下两方面。

第一，多种衍生文化的融合。如杨柳青木版年画除了技艺文化外，从历史角度来看，与天津漕运文化有密切的关系；从社会学和民俗学角度来看，其与本地区民俗文化融合共生。

第二，与其他文化之间的联系性。如传统手工艺名录中，建筑彩绘从工艺性质来说属于绘画，但因其运用在建筑物体上，其图案设计、色彩运用和表现手法都与建筑物体有着紧密的联系。石雕类的如惠安石雕、曲阳石雕、嘉祥石雕、雷州石狗，砖雕类的如徽州三雕、临夏砖雕、甄城砖雕，从工艺上来看都属于雕刻类，但制品是运用在建筑构件上的。这些建筑彩绘、建筑石雕和砖雕与传统造园技艺、古建筑修复技艺、各种营造技艺可以说是同一个类别，其中一些是建筑装饰，具有审美价值；另一些是建筑构造，具有实用价值、科学价值。如果将其归为一类，更能体现我国传统建筑文化的整体性。又如，景德镇传统瓷窑作坊营造技艺，如果以非物质文化遗产项目申报管理为目的，可以将其归为营造类，这是从工艺上进行的分类。如果从文化整体性来看，可将其与陶瓷烧造技艺归在一起，建窑与烧造本是一体文化，瓷窑作坊的营造技艺是为陶瓷烧造服务的，建窑的技术和结构也是考虑到烧造的需求，窑是陶瓷烧造必不可少的一部分，将两者归在一类，既可以全面地展示陶瓷烧造技艺过程，又可以从建窑技术上展现我国陶瓷烧造技艺的成熟，更全面地展示烧造文化。再如，金石篆刻在我国国家级非物质文化遗产名录中属于传统美术类，其工艺与石刻相似。从其功能上看，常用于书法、绘画、公文、书籍等之中，但从文化属性上看，其又与笔墨纸砚等文房用品是一个范畴。

（三）接近性

接近性主要表现在技艺的相似性与文化属性的接近上。

第一，技艺的相似性。每种技艺的操作都会随工具、材料、器形等表现手法变化而不同，其技艺在性质上、主要表现手法或文化属性上具有相似性。如雕刻技艺，雕和刻的工具大体相同，但也有差别；在技法上不完全相同但具有相通性；在技艺上因原材料的不同，使用的雕刻手法也不一样。但是雕和刻属于同一技艺范畴。又如，木版水印技艺和雕版印刷技艺、木活字印刷技术，虽然雕版的制作方式不一样，但都属于印刷术。苗族银饰锻制技艺、芜湖铁画锻制技艺与龙泉宝剑锻制技艺，因材料、器形等不同，采用的锻造工艺有差异，但工艺制作和原理也具有相通性。

第二，文化的接近性。接近性原则除了体现在技艺相似性外，还可以从属性上考虑其文化的归属，将同一文化范畴的归为一类。传统手工艺文化丰富，具有多样性的特征。同样是绘画类，有的是通过刺绣形式，有的是通过剪纸形式，还有的通过年画形式表现，其艺术呈现形式、表现手法都有很大的差异，但其本质都是二维造型艺术，只是使用的材料、工具不同，最终呈现出的是风格不同的艺术作品，都属于绘画艺术。如织造、编织、扎染等技艺，尽管它们使用的材料不同、技艺也不尽相同，但其艺术形态、工艺原理、原材料都有一定的相似性，可以归属于纤维艺术。

（四）流变性

在传统手工艺的传承岁月中，因受到外来文化、科技进步、材料改进等因素的影响，其技艺也会随之发生一些变化，这也是非物质文化遗产流变性的特征之一。如苏绣中的乱针绣，就是随着油画艺术在我国的传播，刺绣艺术在图案创作上吸收了油画中的绘画技巧及光影表现手法而创造的用针方法，让传统的苏绣艺术呈现了别样风格，乱针绣法也成了苏绣的一种新的表现形式。另外，从地域上看，在文化的传播过程中，一种文化从一个地方传播到另一个地方，必然要与当地的社会文化、人文环境相适应，因而会有些许的改变。如绵阳的南路和北路年画，技艺有所不同，它们并没有改变其文化属性和核心技艺，仍然属于同一类别的年画。

总之，传统手工艺以展陈为目的的分类，在符合文化独特性、整体性、接近性、流变性等特征外，还要考虑博物馆管理、展陈形式、观众接受、展陈效果等专业因素。如果从博物馆管理来讲，采取按材料分类的原则可能更便于管理。按材料分类又可能会与文化性质不相符，相应的展陈形式会影响展陈效果。如果按文化性质不同而分，处理不当又会出现内容杂乱的现象等。所以展陈分类一定要以观众的接受度和展陈效果为最终目的，应从全方位考虑，遵循科学分类原则。

二、符合观众文化习得和审美经验

观众是展陈的接受者，也是展陈服务的对象。观众接受是展陈分类要考虑的主要因素之一。传统手工艺展陈分类可以从观众对传统手工艺文化的了解程度入手，通过通俗简单的分类，让观众轻松愉快地接受展陈信息。展陈分类要考虑与观众的情感沟通，引发观众的联想，提高展览质量。

调研结果显示，84.7%的人对传统手工艺的认知程度停留在自我知识的积累上，是一种习惯性、通俗化、片面性，甚至是误解的认识行为。如通常人们将木工、金银匠、泥水匠、裁缝所干的活儿以及剪纸、刺绣等认为是手工艺，但对中医药、食品加工等则不能肯定。

调研中大多数人对传统手工艺名称习惯采用传统口语化的表达，对专业的名称很陌生。如对从事木材加工行业、家具制造的人多称为"木工"，而不叫"木作"；"髹漆"常称为"漆艺"等。从调研结果来看，80%的观众认为一整天参观一个博物馆，内容过多，能回忆起的内容较少，希望博物馆展陈内容能够简洁，突出重点或特色。根据观众对传统手工艺文化的初步认识和对博物馆展陈内容的期望，传统手工艺展陈分类应考虑以下几个分类建议。

（一）整体性分类

传统手工艺分类中也可以根据文化属性不同，进行有序、灵活的归类，尽可能地将庞大、繁杂的名录通过一定的秩序，有序地组织起来。对有明显特征的名录进行归类，而个别、边缘的名录则通过化繁为简、化整为零的秩序关系组织到一个大的类别中。如2012年中国"非遗"生产性保护成果大展中的"锦绣人间"类中，就将我国用于丰富人们生活，为人们创造美好生活的技艺都归在一起，包括营造、木作、造船、造桥等名录项目。又如该展中的"文明天下"类，主要内容为我国古代的四大发明。四大发明中造纸术、印刷术、火药、指南针这四类在工艺、形态、功能上等关联不大，但这是我国文明发展的突出标志，闻名于世，推动了全球科技的发展。四大发明是人人皆知的通识，将其归在一起，也可以展现我国古代文明的先进性、创新性，激发观众的创新意识和爱国热情。按文化属性不同分类，可以以专题展的形式进行展陈，展示同一主题文化。

（二）通俗化分类

通俗化表现在内容上就是易于为观众所理解。如"琴棋书画"类中的名录项目在工艺、材料上基本不同，但其在功能和文化上接近，都属于精神陶冶的类型。而且琴棋书画是我国传统的优秀文化，观众对它们并不陌生，其展陈内容也能展现我国古代文人的生活、学习状况。通俗化展陈分类能让观众感到亲切，引发观众对展陈内容的好奇和探索心理，展陈新知识与观众已掌握的知识相碰击，易使观众产生共鸣。

在分类命名上，要兼顾观众接受和传统手工艺的专业性。传统手工艺经过流变，命名也发生变化，在命名上要尊重专业性。如髹漆，是专业用语，漆艺是口语。在分类命名时，用髹漆，在展示中，要补充说明髹漆为漆艺。

展馆或展厅名称一般都会以分类名称进行命名。分类名称是观众接触展陈内容的第一印象。科学、正确、通俗的名称能引发观众的想象，观众可以从名称上了解到展陈内容的基本信息，根据名称选择自己喜欢的展览进行参观学习。如果名称太生僻，容易造成理解不到位或误解，若在第一时间给观众留下失望甚至反感的印象就不好了。名称的生僻也会给博物馆的咨询带来更大的工作量。

通俗化的命名能引发观众的兴趣，让观众带着新奇和接受新知识的心态去参观，既充满着向往也对自身文化修养有一定的自信。如果分类命名与观众的认知产生歧义，观众会对展陈内容产生怀疑，甚至对展陈产生厌恶感。分类命名采用通俗化的名词能满足观众的知识经验，引发观众的联想，在心理和情感与观众更亲近。

（三）简洁化分类

调研结果发现，参观大型博物馆时，由于时间有限，展馆内容较多，若观众自身对展陈内容知识了解不深的话，通常会出现走马观花、仅拍照收集资料、边看边忘等现象。一天观展下来，真正对展陈内容有记忆的是前言文字介绍的内容，能引起观众注意的是较为有趣的展品造型或文化内容。展馆内容过多容易引起观众的视觉疲劳，在展陈内容分类的时候应尽量简洁、不宜太过庞杂。

传统手工艺如果按工艺来分，有雕、刻、剪、画、书、贴、锻、铸、编、扎、织、染、绣等，多达几十种。如果每一种工艺都规划一个展厅的话，量太多。按材料来分，有木、竹、藤、石、牙、陶、瓷、纸、砖、金、银、铜、铁、钨等，也有几十种。这些繁杂的名录应采取有序的组织形式，将其归拢到一个门类中，比如，竹和藤材料在我国传统的工艺中有编造成形的共性，那可以将这两种材料归在编造类。又如，雕与刻在技艺上有共同性，两种技艺在同一件作品中常一起使用，广泛应用在木、竹、牙、石、砖、漆器等材料中。分类时可以结合工艺、材料、功能、文化等因素综合考虑，将具有相似性或接近性的名录项目整合在一起。

三、适应现代展陈理念和科技手段

展陈内容和形式是统一变化、协调发展的关系。展陈内容为主体，展陈形式是为内容服务的。展陈内容的规划尤为重要，展陈形式要体现传统手工艺活态性、整体性特征。首先在传统手工艺内容策划上就应体现文化的趣味性，规划好类别与类别之间的秩序性。根据展陈内容在方式上的不同形态作展示。展陈内容与形式只有相得益彰才能使展陈达到最佳的效果。

展陈分类有逻辑性、秩序性，展陈形式才能更有序地呈现传统手工艺文化。展陈分类能让传统手工艺文化显得更丰富，高科技的展陈形式能让文化更有趣味性。展陈分类考虑展陈设计的因素主要体现在以下两方面。

（一）展陈叙事性与内容组织的秩序性

展陈叙事性犹如讲故事，指展线的组织有条理、循序渐进地将展陈内容有序地组织串联在一起，让展陈内容有情节、有节奏地贯穿在观众观展的过程中。展线与展陈内容通过秩序性的安排，以讲故事的手法向观众展现传统手工艺的整体文化和传统手工艺促进我国社会文明进程发展的意义。如陶瓷烧造类、织染刺绣类等展陈内容策划可以依据人类文明的进程，先安排陶瓷烧造再布局织染刺绣。因为陶瓷烧造是人类进入文明的标志，然后才是将植物纤维变成布。陶瓷烧造又可以按先陶后瓷的时间顺序来规划。这种以时间为序的叙述手法，既符合文化的科学性，又符合观众的阅读习惯。分类的秩序性还体现为同一类文化中的有序性。这种秩序或以时间、年代为序，或以地区、方位为序，或时空交替。也可以按科技或文化内在的组织关系为序。如织染纫绣之间，先有布再进行染、纫。造纸印刷之间的联系性体现在先有造纸术，后带动了印刷术。

（二）展陈趣味性与内容的文化内涵

以往的展陈以灌输的方式陈列，观众被动地接受；现在的展陈主要通过互动、体验等形式让观众主动地学习。在内容和形式上都要求能引起观众的注意。展陈分类也要考虑内容的丰富性，用生动的形式展出，以获得最好的展陈效果。

传统手工艺文化本身含有丰富的知识，展陈分类可以结合展陈形式突出其文化中的趣味性。传统手工艺的活态性不仅仅是指其技艺的动态性，技艺流传过程中也存在一定的流变性。如果能将这些内容整合在一起进行对比展陈，可以让观众更直观地感受到传统手工艺的活态性。

传统手工艺的整体性既体现在单一技艺及其衍生文化上，又体现在技艺与技艺之间的关联性或承启性上。文化与文化之间有一定的共通性，逐渐形成一个文化域。如有了织布技艺才产生了染布、刺绣、缝纫等技艺；造纸术、制墨技艺的高速发展推动了印刷技艺的产生；造船技艺的精湛衍生了指南针的发明，等等。文化的整体性表现在分类上，可以考虑一种整合的分类形态，将工艺、材料、功能等物质形态结合文化属性来进行研究。

第三节　传统手工艺展品分类方法

"分类"一词在我国远古时代就已经使用并运用。在《虞书·舜典》中记载："帝釐下土，方设居方，别生分类。"描述了四方诸侯按姓氏家族进行分类管理。在其他领域中也有各自不同的分类。明代宋应星《天工开物》的中卷和下卷按工艺不同，分类介绍了我国手工业制作技艺。在国外，古希腊的柏拉图对知识也进行过分类。17、18世纪，英国培根、法国百科全书派对近代自然科学的早期发展作了初步系统的分类。这些多属于科学体系的分类，属于逻辑性较强的一种分类方式。传统手工艺展陈分类与自然科学从学科性质上进行的分类有着差异性，前者偏向于感性，后者则更偏向于理性。传统手工艺文化之间具有交融性特征，纯逻辑的分类方法并不适合。

分类是指按照种类、等级或性质分别归类。《马克思主义哲学大辞典》对分类进行了定义：分类（classification）指根据事物的共同点（主要是本质特征）和差异点，将事物区分为不同的种类，它以比较为基础，通过比较识别出事物之间的共同点和差异点，然后根据共同点将事物综合为较大的类，根据差异点将事物划分为较小的类，从而将事物区分为具有一定从属关系的不同等级的系统[1]。可见，分类常采用比较分析和概括归纳的方法，以事物的本质特征为划分标准，按层级进行归类，将庞大的体系变得条理化、系统化。传统手工艺具有丰富性、多样性特征，各名录之间既有鲜明的行业特征，有些文化之间又有千丝万缕的内在联系。对传统手工艺展品分类，既要从理性的科学角度，又要从感性的文化角度去分析；既要考虑技艺的本质特征，又要考虑技艺文化之间的渊源关系。

一、科学认知分类法

分类是抽象思维中由多个基本逻辑方法构成的复合性逻辑方法，通常有经验分类、形式分类与具体分类[2]。分类的科学性特征之一就是体现被分类文化之间的逻辑关系。逻辑是思维的规律、规则。对传统手工艺展品分类，一方面要考虑名录之间的本质特征和规则，另一方面也要顾及人们对传统手工艺文化的理解习惯。

科学认知是人认识外界事物的过程的反映，这种反映是一个能动、复杂的过程，不是直观、直线式的。科学认知是一个系统，它由认知主体、认知客体和实现主客体相互作用的中介三个要素组成，是这三个要素密切联系和有机

［1］金炳华.马克思主义哲学大辞典［M］.上海：上海辞书出版社，1998.
［2］苏富忠.文化的分类体系［J］.烟台大学学报：哲学社会科学版，2004（3）：17.

统一的动态过程。传统手工艺的认知主体，是指对传统手工艺文化实践、认识或研究的个人或群体，包括传承人、观众、研究人员等。对传统手工艺进行分类要从认知主体对传统手工艺文化进行认识的过程入手，分析他们利用思维、想象、感觉、知觉、记忆等对传统手工艺文化信息进行处理的心理过程。这一心理过程包括对传统手工艺分类内容的接收、提取、储存、重建和概念形成等。

采用科学认知法对传统手工艺进行分类，与兼顾观众文化习得和审美经验的分类原则达成了一致。科学认知中的非直线式的认识方式，与分类中的多种复合性逻辑方法也达成了一致。从展陈角度分析传统手工艺展品的分类，要厘清传统手工艺名录之间的本质关系，要考虑人们对传统手工艺文化的认知心理，不能以一分为二的割裂法对其进行划分。每一项传统手工艺在文化上均有个性和普遍性特征，有的表现不一，但本质相同，有的外在与内在都有一定的联系性，因此，传统手工艺之间存在着多元、复杂、丰富的交织关系。如剪纸艺术，其材料和工具等外在表象没有大的区别，各区域的技艺却充满了浓郁的地方特色。陕西民间剪纸多为窗花、墙花、团花等，多用于居室或日常生活中，火红的剪纸与黄土地形成鲜明的对比，体现了人们对美好生活的追求，风格上质朴、喜庆。潮阳剪纸源于祭祀、婚娶等民俗活动，人们寄予了剪纸美好生活的愿望。剪纸题材中通常将物的谐音与寓意结合起来，类似比兴手法的运用，如"蝠"寓意"福"、"蝴蝶"代表"福叠"之意等，这种创作方法既有质朴的情趣，又有浪漫的高雅。所以，对传统手工艺进行分类应从整体性入手，对传统手工艺的诸多特性进行综合分析，着重分析它们之间的内在联系。先根据文化的共性和个性进行类的划分，再从共性和个性中找出文化接近性进行细分。

1. 科学认知分类构想

传统手工艺的分类通常有以下多种方式。从使用功能角度可以分为实用类、审美类、宗教类；从社会属性角度可以分为民间、宫廷、少数民族手工艺等；从社会生活角度可以分为实用类、节庆类、叙事抒情类；从行业角度又可分为雕塑、皮影、剪纸、织染、刺绣、中医药等；传统手工艺根据不同的标准有不同的分类。以科学认知法对其进行分析，可以选择一种既有逻辑性又符合观众认知心理的分类方法。

1）从定义范畴上分析

不论是《辞海》还是《工艺美术手册》等专业书籍，对传统手工艺定义的共性是：满足劳动人民的生活功能。这个需求包含使用和审美两种。功能性是传统手工艺文化的基本特征，其具有实用性和审美性。从分类的类属关系来看，可以先按其基本特征划分，将功能作为一级分类标准。

2）从分类的逻辑关系上分析

传统手工艺的分类有各种标准，有些分类标准逻辑合理，有些标准的分类却显得模糊。如百度百科上将传统手工艺按社会属性分为宫廷手工艺、民间手工艺和少数民族手工艺等。这种分类标准打乱了传统手工艺的整体性，各个种类下面会出现雷同项，分类会出现繁缛的属类。传统手工艺文化的范畴包括了人们的衣食住行等方面，不论何种群体都会有这些方面的需求。如营造，有皇家宫廷建筑，也有地方上的香山帮营造技艺、乐平古戏台营造技艺。不同民族也有各自的建筑营造技艺，如蒙古包营造技艺，侗族风雨桥营造技艺等。如果按社会属性将其分类，就会破坏营造技艺文化的整体性。中国传统建筑营造技艺有诸多的相似处，如榫卯结构、梁架结构、减柱法、彩绘技艺等。如果营造技艺按社会属性分类的话，不但会将营造技艺文化和艺术的共性割裂，还会出现各类并列项现象，不符合简洁分类原则。

分类要逻辑性强，一级分类与二级分类中不要出现包含项或者并列项。传统手工艺若按社会属性分为宫廷、民间和少数民族的话，民间和少数民族就出现了概念模糊。相对于宫廷手工艺来讲，少数民族也属于民间手工艺范畴，同一级之间出现了包含项。

此外，非物质文化遗产文化的本质并没有等级区别，不会因其服务对象不同而有高低之分，现在评定其等级依据的是其历史文化价值或科学技术价值，艺术价值也不会因其材料的名贵而受影响。如景德镇传统手工制瓷成为国家级"非遗"是因其技艺精湛和社会影响力大。

3）从观众的认知心理分析

人们认识事物常凭借自己已有的经验，通过记忆来拉近对新事物的了解。经验逻辑是人们认识事物的第一表现，也是人们对客观事物获得初步认识的概念形式。在观展过程中，观众思维在信息传播的刺激下，将获取的新信息进行初步的比较、分析综合、抽象概括，并与已有经验材料进行分辨、选择、整理，将孤立、零碎、片段的原始材料加工成为系统、相互联结的整体，从而对展示信息有了整体性的认识，并以相应的词汇表达出来，形成对展陈内容的经验认识。

观众对展陈内容的认知也通常从记忆联想开始。对传统手工艺展品分类应尽量接近观众对传统手工艺的经验认知。经验是理性认识与感性认识直接联结的环节，在思维活动过程中，它既有直接的感性认识，又有经过一定分析概括后的理性抽象认识。经验认知行为在信息接收的初步阶段能较快融入认知中。但是，经验认知也具有一定的片面性。观众根据自己已有经验对展陈内容分类进行认知的话，有时候这些经验认知是表象认识，经验中可能存在一些错误的或者不全面的认知。

科学认知分类法是对传统手工艺进行整体的分析，找出名录之间的逻辑关系，通过比较分析、归纳概括等方法，找出分类对象之间的共性和个性。同时还要考虑观众对分类的接受度。分类时将具有共性特征的名录归在同一类，再根据其个性进行二级、三级甚至更多级的划分。传统手工艺文化丰富多元，涵盖范围广，考虑简洁性原则，分类也不宜繁复。另外，还要考虑各级分类的和谐关系，标准可以不同，但应确立一个统一的方向。如传统手工艺的一级分类按功能可分为实用、审美、宗教三大类。二级分类中根据工艺和性质再分为如烧造、编扎、刺绣、髹漆、绘画、雕塑等。三级分类中还可以根据材料、地域、工艺、性质等进行细分（见表3-5）。

表3-5　传统手工艺展品-科学认知分类法构想

| 传统手工艺 | 实用类 | 烧造（工艺） | 陶：宜兴紫砂陶制作技艺、界首彩陶烧制技艺、石湾陶塑技艺、傣族慢轮制陶技艺、维吾尔族模制法土陶烧制技艺等
瓷：景德镇手工制瓷技艺、耀州窑陶瓷烧制技艺、龙泉青瓷烧制技艺、磁州窑烧制技艺、德化瓷烧制技艺等
砖：苏州御窑金砖制作技艺、临清贡砖烧制技艺等
料器：琉璃烧制技艺、料器等
陶瓷修复：古陶瓷修复技艺等 |
| | | 锻造錾刻（工艺＋材料） | 铸造：铜器制作技艺、金溜槽堆石砌灶冶炼技艺、阳城生铁冶铸技艺等
锻造：南京金箔锻制技艺、龙泉宝剑锻制技艺等
金银细工：金银细工制作技艺、成都银花丝制作技艺、花丝镶嵌制作技艺等
金工修复：古代钟表修复技艺、青铜器修复及复制技艺等 |

（续表）

传统手工艺	实用类	髹漆 （工艺＋ 材料）	线漆：厦门漆线雕技艺等 雕漆：雕漆技艺等 镶嵌：金漆镶嵌饰技艺等 髹饰：扬州漆器髹饰技艺、福州脱胎漆器髹饰技艺等 其他：天台山干漆夹苎技艺等
		编扎 （工艺）	竹：嵊州竹编等 藤：怀远藤编等 草：草编等 柳：柳编等 棕蒲：棕编、新会葵艺等
		织染缝纫 （工艺）	织：南京云锦木机妆花手工织造技艺、宋锦织造技艺、苏州缂丝织造技艺、蜀锦织造技艺、地毯织造技艺等 染：南通蓝印花布印染技艺、苗族蜡染技艺、白族扎染技艺等 缝纫：鄂伦春族狍皮制作技艺、盛锡福皮帽制作技艺、维吾尔族卡拉库尔胎羔皮帽制作技艺等
		工具器械 （功能）	交通工具：蒙古族勒勒车制作技艺、传统木船制造技艺、水密隔舱福船制造技艺、龙舟制作技艺等 生产工具：聚元号弓箭制作技艺、拉萨甲米水磨坊制作技艺、兰州黄河大水车制作技艺等 生活用具：明式家具制作技艺，灯彩、万安罗盘制作技艺，浏阳花炮制作技艺、伞制作技艺等 娱乐玩具：风筝制作技艺等
		表演器具 （功能）	乐器制作：苗族芦笙制作技艺、玉屏箫笛制作技艺、民族乐器制作技艺等 戏装道具制作：剧装戏具制作技艺等
		营造园冶 （工艺）	建筑：香山帮传统建筑营造技艺、客家土楼营造技艺、侗族木构建筑营造技艺、苗寨吊脚楼营造技艺、官式古建筑营造技艺、蒙古包营造技艺、古建筑模型制作技艺、景德镇传统瓷窑作坊营造技艺、古建筑修复技艺等 园林：传统造园技艺等 桥梁钻井：木拱桥传统营造技艺、石桥营造技艺、坎儿井开凿技艺等 建筑装饰：建筑彩绘、嘉兴灶头画、砖塑、灰塑等 建筑文化：古建筑模型制作技艺等

（续表）

传统手工艺	实用类	文房印裱（工艺）	造纸：宣纸制作技艺，铅山连四纸制作技艺，皮纸制作技艺，傣族、纳西族手工造纸技艺，藏族造纸技艺，维吾尔族桑皮纸制作技艺，竹纸制作技艺，纸笺加工技艺，宣笔制作技艺，楮皮纸制作技艺等 制笔：湖笔制作技艺、白沙茅龙笔制作技艺、毛笔制作技艺等 制砚：歙砚制作技艺、端砚制作技艺、金星砚制作技艺、砚台制作技艺等 制墨：徽墨制作技艺、一得阁墨汁制作技艺等 印泥：印泥制作技艺等 篆刻：金石篆刻等 颜料制作：国画颜料制作技艺、藏族矿植物颜料制作技艺等 印刷：木版水印技艺、雕版印刷技艺、木活字印刷技术、衡水法帖雕版拓印技艺 装裱：装裱修复技艺、古书画临摹复制技艺等
		食品加工（工艺＋属性）	酿造：茅台酒酿制技艺、泸州老窖酒酿制技艺、杏花村汾酒酿制技艺、酱油酿造技艺、豆豉酿制技艺等 腌制：豆瓣传统制作技艺、腐乳酿造技艺等 烹饪：传统面食制作技艺、素食制作技艺等 制茶：武夷岩茶（大红袍）制作技艺、花茶制作技艺等 糕点：周村烧饼制作技艺、月饼传统制作技艺、五芳斋粽子制作技艺等 其他：贡井盐深钻汲制技艺、晒盐技艺、传统制糖技艺、奶制品制作技艺等
		传统医药（工艺＋属性）	传统医学：中医生命与疾病认知方法、中医诊法、针灸、中医正骨疗法等 传统药学：中药炮制技术、中医传统制剂方法等 综合医药：蒙医药、畲族医药、瑶族医药、苗医药、侗医药、回族医药、藏医药等 传统医药文化：同仁堂中医药文化、胡庆余堂中药文化、传统中医药文化等
	审美类	书法（技艺＋属性）	汉字书法、藏文书法、蒙古文书法、满文书法、锡伯文书法等
		剪贴版绘（技艺＋属性）	版画：杨柳青木版年画、武强木版年画、桃花坞木版年画等 绘画：衡水内画、瓷板画、软木画、古书画临摹复制等 剪贴：蔚县剪纸、丰宁满族剪纸、中阳剪纸、麦秆剪贴、堆锦、布糊画等

（续表）

传统手工艺	审美类	刺绣 （技艺）	丝绣：顾绣、苏绣、湘绣、粤绣、蜀绣、苗绣等 毛绣：水族马尾绣、察哈尔毛绣等
		雕塑 （技艺）	雕刻：可根据材料进行细分，如象牙雕刻、扬州玉雕、阜新玛瑙雕、夜光杯雕、青田石雕等 塑：可根据材料不同进行细分，如泥塑、面人、面花、糖塑、瓯塑等
	宗教类	绘画 （属性）	绘画：唐卡、东巴画、毕摩绘画、水陆画、彩砂坛城绘制、热贡艺术等
		经文 （属性）	贝叶经、金陵刻经印刷等
		雕塑 （工艺）	酥油花等

2.科学认知分类法的展陈优劣分析

科学认知分类法以事物的自然属性为主，以工艺、材料、功能等为分类标准，条理分明，逻辑性强，是常见的分类方法。工艺美术博物馆、民间美术、各省市自治区博物馆的展陈分类主要以这种形式为主，在藏品管理上比较便捷。同一工艺的材料和工具有相似性，便于按材料不同进行分类保管，出库入库也比较方便。可以直接以工艺名或材料名等分类标准为名，名称和分类合一，直接呈现出所要表现的内容。从观众接受程度上来看，科学认知分类的条理性、逻辑性及命名都容易被观众理解。从内容上看，以工艺为主的分类，同一技艺的方法基本相似，可以进行统筹策划，也可以节省展陈空间。另外可根据工艺的差异性，采用对比的展示方式，更形象地表达工艺的丰富性。在展陈形式上，同类技艺的展陈技术、展具可以进行一体化的设计，展陈方式也可相互协调。

科学认知分类法在展陈上也存在一定的不足。主要表现在：按技艺进行分类会出现一些小众的技艺，或者一些名录的技艺特征不明显，比如贝叶经制作就不好归类。另外，技艺相似但是文化差异较大的也不适宜展陈。如绘画类中有一部分是建筑装饰类，这类绘画技艺从文化属性来讲离不开建筑载体，如果将建筑装饰类绘画与衡水内画、布糊画、年画等在一起展陈，又忽略了其文化背景，建筑装饰的绘画与营造归类更能突出文化整体性。从展陈角度出发，采用科学认知分类法要兼顾文化属性。

二、文化价值分类法

文化价值由人在社会实践中创造，为人服务，不仅能满足个体文化需求，还能推动社会进步。它反映了一定文化形态的属性或具有满足一定文化需要的特殊性质。人是文化价值的需求者和承担者。文化的复杂性形成文化价值的多元性。根据对象不同，文化价值可能是积极的，也可能是消极的。如印刷术中雕版印刷的技艺价值对活字铜版印刷是促进的，但是活字铜版印刷的先进技术对雕版印刷技术来说却是反面价值，因为活字铜版印刷术的进步让雕版印刷技术逐渐失去了市场。

文化价值关系是文化的特性之一，它不同于文化的外在显性特征，如材料、技艺、性质、功能等，而是更趋向于两种文化之间的内涵关系，与两种文化发展的历史渊源、社会关系、文化属性，甚至时代关系等有着更重要的关系。这种价值之间的关系表现了人在创造活动中的某种轨迹，也隐示了人类社会发展的历程和关系，甚至体现了不同社会体制、不同宗教信仰、不同经济体制、不同民俗习惯等的国家和民族之间的文化共性或个性。

将文化价值关系作为文化分类的一个标准，可以让我们进一步了解文化的内涵以及文化产生的渊源。如传统手工艺中的造纸术、指南针、火药、活字印刷术，这几种技艺从材料、工艺、属性、功能等外在特性来看都不存在关联。但从文化价值来看，这四种技术都代表了中国古代的科学技术在世界上的地位，这四项发明是中华文明的代表，不但对中国古代而且对世界文明发展起到了推动作用，因此这四项技术被称为中国的四大发明。这四种看似毫不相关的技艺，通过历史分析，也能找到其文化价值的共同性，即它们具有推动世界文明进步的技术文化价值。

1. 文化价值对传统手工艺分类的作用

传统手工艺文化在几千年的文明发展进程中，在文化与文化的碰撞融合中，形成了一种和谐共生的文化形态。这种共生的文化价值关系通常体现为历史上的文化同源、种类上的文化并进、形态上的文化衍生、技艺上的文化创新等。从文化价值视角对传统手工艺进行分类，可以从中国传统文化发展进程中了解我国优秀传统文化知识的价值及丰富的精神内涵，以及认知我国古代文化中体现的创造精神和创新思维。从文化价值关系角度进行分类，有利于知识体系的全面化、系统化。抓住文化之间的契合点，将不同行业的知识聚拢到一起，强调知识之间的衔接性或技艺之间的关联性，便于人们更便捷、更全面地了解知识。

对传统手工艺文化的认知也应该梳理非物质文化遗产的历史渊源，厘清各类文化之间的共性和个性，剖析文化现象背后的本质，找出文化共性和个性的判断标准。这种思维方法可以更透彻地了解传统手工艺文化的形式和内涵，从文化价值角度找出划分标准，也有利于用科学的方法对传统手工艺进行分类。

文化价值分类法是科学认知分类法的一种互补，可以将科学认知分类法中出现的交集项、零散项或分类不均衡等现象进行再调整，从文化价值角度将它们整合。如从科学认知角度按照工艺进行分类，传统手工艺大体可以分为烧造技艺、髹漆、金属锻造、编染织纫、传统医药、剪纸书画、编扎、木作、营造、雕塑等类。一些比较小的名录项目如制香、制伞、制扇、风筝制作、火药制作、印刷、指南针、地震仪、插花、造纸、制笔、凿井等名录就可能找不到合适的归类。

又如，目前国家非物质文化遗产名录分类传统美术中的雕塑类根据材料可以分为砖雕、木雕、石雕等。砖雕类的有临夏砖雕、徽州三雕、甄城砖雕；石雕类的有灰塑、惠安石雕、曲阳石雕、嘉祥石雕、雷州石狗；木雕类的有东阳木雕、宁波朱金漆木雕、潮州木雕。如果按工艺不同进行分类，可以找到其相应的归类项，但是其文化又与营造类贴近，且与玉雕、竹雕、牙雕等雕刻艺术差距较大。另有绘画类的建筑绘饰也出现了类似的情况。如白族民居彩绘、陕北匠艺丹青、炕围画等，如果从文化属性上看，与营造技艺文化更接近，与年画、内画等绘画类在使用范围上有着较大的差距。因为这些装饰艺术一旦脱离了建筑实体将失去其艺术生命，建筑是其存在的物质载体，其艺术创作也与营造制度和文化有着密切的联系，是营造衍生出来的装饰艺术。

这些名录与类别之间存在着一种交集关系。这里的交集借用数学概念，对于给定的两个集合A和B的交集是指含有所有既属于A又属于B的元素，而没有其他元素的集合。如白族民居彩绘可以归为绘画类，又可以归为营造类；

灰塑可以归为雕塑类也可以归为建筑类。从展陈需求看，如果将这些有交集关系的项目按照文化价值进行分类，能更全面地展示不同项目之间的文化关联性，也可以让观众更加直观地了解传统手工艺文化的多样性和整体性。这些交集名录如果按照文化价值的柔性特征分类，在一定程度上能综合科学认知分类法直线刚硬的性格。如2012年中国非物质文化遗产生产性保护成果大展、2015年京津冀非物质文化遗产展暨传统手工艺作品设计大赛中就采用了此分类法。

2. 文化价值分类法分析

文化价值分类法与科学认知分类法相比，前者包容性更强，可以将一些小的项目归到接近的类别中，易于理解。后者逻辑性更强，分类之间泾渭分明，分类标准可以将模糊名录项目完全撇开。对传统手工艺从文化价值视角进行分类，符合非物质文化遗产丰富性、多样性的文化特性，文化价值关系可以简化传统手工艺烦琐杂多的逻辑分类。主要可以用以下两种方式进行思考。

（1）从文化价值角度发现"交集项"之间的个性，将具有共性特征的项目进行归类。目前国家级非物质文化遗产传统手工艺名录中，存在分类交集的名录主要有建筑绘饰与"营造技艺—绘画类"；年画与"雕刻—绘画类"；篆刻、砚台雕刻与"雕刻—文房类"；灰塑、雷州石狗与"雕塑—营造类"；修复技艺与"原类别技艺—修复类"；戏曲服饰制作与"缝纫—曲艺类"等。这些名录与类别的交集关系主要是因为文化的多视角性，可以从不同的角度将文化划为不同的类别。

比如，建筑绘画中的白族民居装饰、炕围画等，从技艺角度分析，其表现技法与中国绘画中的勾绘晕染如出一辙，只是建筑绘画是在墙上、木梁上作画，而中国绘画多在宣纸上作画。与此相似的还有瓷板画和瓷微书，其表现技法与中国传统绘画、书法基本一致，但因为绘画材料的不同，其表现手法也有差别。建筑绘画的载体是建筑，如果没有建筑，它就不复存在。建筑物是艺术和技艺存在的载体，它的艺术美也因建筑而存在。同时，建筑绘画也是为建筑物服务的，其功能除了展示建筑美外，还对建筑起到保护作用。从建筑文化来看，建筑绘画也体现了建筑的等级规格，体现了建筑及建筑拥有者的地位。可以说，建筑绘画是建筑文化价值中不可分割的一部分。如果将建筑绘画归到绘画类，其个性体现在绘制材料不同，技法也不同。如建筑材料的白灰、木材、油漆等与宣纸材料的物理性能不同，吸水性、晕染效果也会有不同。另有建筑上有时使用的油漆颜料和宣纸上使用的矿物质颜料也会有不同。但从绘画的基本表现技艺，如运笔、用墨、设色、表现形式来看，两者大同小异。此外，如果从文化共性来看，建筑绘画具有更多的建筑文化特性。从文化个性上来说，建筑绘画与绘画技艺有着更多的相通性。

从文化整体性来看，将建筑绘画归到营造类，展现了营造技艺的整体性。建筑绘画是中国传统建筑营造技艺和文化艺术不可分割的一部分。但从展陈角度，将建筑绘画与营造类归在一起，在展陈空间上能更好地利用营造类展品的资源，也体现了营造技艺的秩序性、整体性。所以说，从文化的整体性、展示空间和展品资源的有效性利用及观众对建筑文化的整体理解角度看，建筑绘画归入营造类更为科学合理。

又如，修复技艺。在华觉明等撰写的《中国手工技艺》一书中，将青铜器修复技艺、陶瓷器修复技艺和书画装裱修复技艺归入"特种技艺及其他"类中。不同材料的器、物进行修复时，其材料、修复工艺都与器物的原材料和工艺有着相似之处。如青铜器修复中的整形、补配、雕刻花纹、化学腐蚀、连接加固、做旧等修复技艺，都是在了解青铜器铸造的基础上，了解青铜材料工艺性能、錾锻工艺才能完成修复的，特别是在铜上錾花，与青铜器铸造中的錾刻技艺类似。在陶瓷器的修复工作中对图案和落款的修复都要有高超的陶瓷绘制技艺。书画装裱修复技艺中的润揭画芯、补画芯和托画芯等，都要对书画材料，如宣纸、绢的性能非常熟悉，才能完成高难度的修复工作。每种材料的修复技艺都不一样，修复工艺与原初的制作工艺有着紧密的联系，甚至一些材料和工具也是一样的。虽然古代修复技艺成了一门独立的技艺，但是陶瓷器修复仍是陶瓷文化的一部分，并没有成为独立的"修复文化"。故而，从文化之间的关联性或非物质文化遗产的原真性和整体性来分析，各种修复技艺与其本体文化归为一类更有整体感。因此，传统技艺名录中存在交集关系的交叉项，从文化的整体关系或文化价值关系对名录进行分类思考可以化解这种文化间存在交集的模糊关系。

（2）从文化价值角度发掘"零散项"名录的个性，找出其与其他类的共性进行归类。如印泥制作、常州梳篦、郯城木旋玩具、制扇、制伞、贝叶经制作、罗盘制作、地震仪制作、火药制作、印刷术、制笔、造纸术、凿井技术、颜料制作、修复技艺、制香、赏石艺术、传统插花、盆景技艺、乐器制作、象棋制作、赫哲族鱼皮制作、鄂伦春族桦树皮制作、剧装戏具制作技艺、聚元号弓箭制作、苏州御窑金砖制作技艺、钻木取火等，这些名录在工艺、材料、属性等方面与大多数主体名录之间共性不多，有着各自比较鲜明的特点，形成了本身的鲜明属性，但在非物质文化遗产中的量又较少，这种情况要依据分类标准进行科学分析。

首先，按照接近自然属性共性的原则分类，如从功能、材料、工艺等角度进行分析，找"小众"名录与"大众"类目的契合点。以制伞、制扇、常州梳篦制作为例，三者之间从属性、材料、工艺上都没有太大的共性，但如果从功能上来看，三者都是人们日常生活用品，可以将其归在工具器械制作类。

例如，聚元号弓箭制作。弓箭是我国古代军事活动中和游牧民族生活中必不可少的工具之一，弓箭的主要材料多为竹木、纤维、皮革或金属等，工艺与木作有较多的共性，但结构工艺更注重力学原理。从功能、材料、工艺、文化等多方面分析，可以将其归到木作类，也可以将其归为工具器械类。在执行中，还要考虑聚元号弓箭制作与木作类、工具器械类、其他类之间的共性和个性，尽量从整体性角度出发，将其归到共性强的那一类，同时也要避免其文化价值与其他名录之间的孤立性。

砖是建筑装饰中的基础材料，金砖是高规格的建筑材料。从功能上来看，制砖可与营造归为一类。但是，如果从金砖的制作工艺来看，金砖的制作、烧造与陶瓷烧造有着更大的共性。金砖制作中最重要的是其科学原理，由原材料的泥土转变为建筑材料的金砖。由泥土变为砖发生变化的最根本的原因在于其烧造技艺过程中发生的化学和物理反应。从本质上来说，按照工艺将其归为烧造类更为合适，其材料、工具、制作过程和原理都与烧造有共同点。苏州御窑金砖制作技艺与烧造类归在一起，还可以丰富烧造的种类，扩展观众的固有思维，突破陶瓷烧造的狭义思维。

赫哲族鱼皮制作技艺，其制成品主要为服饰和装饰陈列品。主要材料为鱼皮、木缂、针等。工艺主要是鱼皮处理、鱼皮线制作、染色、裁剪缝制。从制作工艺来看，与"织染纫绣"的工艺共性大，只是材料不一。因此将其归在"织染纫绣"类，还可以使这一类别品种更丰富。

鄂伦春族桦树皮制作是在地域文化、民族文化中产生形成的技艺。桦树皮制品涉及衣食住行各方面。可以考虑展陈空间面积和文化特殊性，单独开辟专题展陈，如"鄂伦春族桦树皮制作技艺展"。

剧装戏具是戏曲或民俗活动中表演类文化的服饰道具，如果从文化范畴来分析，可与表演归类。但是剧装戏具制作是一门手艺活，重要的是制作剧装戏具的过程，与戏曲的视听表演艺术形态完全不同。剧装戏具工艺主要为纤维材料、金属配饰等。从工艺上来看，主要通过缝纫、刺绣、锻造等形式来完成。因此，剧装戏具制作从工艺材料上来分析，可与"织染纫绣"归为一类。另一方面，从艺术属性角度，传统手工艺中的乐器制作和剧装戏具制作都是为表演艺术服务的，两者种类比较丰满，也可以作为一个专题展陈，如"表演器具制作技艺展"。

其次，依据文化的历史性和整体性进行思考，将这些"小众"的名录与"大众"的名录进行整合分析。根据中国传统文化知识，历史发展历程、文化的形成等因素之间的联系性，找到两者之间的纽带，在小众之间或者小众与大众之间找到契合点，将两者整合起来，归为一个大类。

比如，颜料制作、印泥制作、制笔、印刷术、造纸术这些技艺之间的共性是其制成品都属于文房用品。文房用品还包括砚台、墨、水洗、笔架等。颜料制作、印泥制作、制笔、印刷术、制墨、砚台制作的种类较小，如果按工艺或材料来分类，不能单独成为一类。砚台制作可以归在雕刻类，而其他技艺找不到合适的类别。但是从功能来看，这些技艺都服务于文房用品。从文化价值角度来看，科举制度的兴盛，文人对文房用品的讲究，逐渐形成了我国独具特色的传统文化，即文房文化。文房用品中最有名的笔、墨、纸、砚，被称为文房四宝，这四种用品也是文房中最基本的必备用品。与文房文化相关的还有字画装裱和修复技艺。将这些技艺归为一类，可对其产生发展的历史作更好的介绍，可将传统手工艺的历史价值、文化价值、艺术价值及科学价值更全面地展示出来。因此可将颜料制作、印泥制作、制笔、篆刻、印刷术、砚台制作、制墨、造纸术归为"文房技艺"。从展陈上分析，颜料制作、印泥制作、制笔、制墨、砚台制作、篆刻，占用空间相对较小，内容上名录项目相对也不多。而造纸术名录相对较多，空间需求较大。

又如，琴棋书画艺术文化在我国历史悠久，均起源于文献所称的"三皇五帝"时期（大约在中原龙山文化时期），被称为四种古代艺术性文物或技艺。长久以来，"琴棋书画"是我国文人推崇的、必须掌握的四门艺术，因而也被称为"文人四艺"或"秀才四艺"。文人四艺也展现了我国古代文人的交流形式，将人们的情感需求与精神需求结合在一起。在展陈氛围上可以表现文人文化。乐器制作、棋类制作、书法、绘画及其字画装裱和修复技艺可以根据文化价值和字画的完整性归为一类。但是乐器制作、书法、绘画的种类多，而棋类目前相对较少。在展陈时，要协调各类目之间的比例关系。

从文化价值角度进行分类，各名录项目的材料不一，工艺不一，会给展品检索和保管工作带来一定的不便。不过，通过现代博物馆的数字化管理技术，只要展品编号准确，就可以查询展品的入库位置，展品的保管和检索工作也变得明朗清晰。

此外，属于文房范畴的造纸术，是我国古代科技闻名于世的技艺之一。我国造纸术与活字印刷术、指南针、火药被称为古代四大发明。珠算也列入了世界非物质文化遗产，如果设计一个"文明天下"专题展，就可以将指南针、火药等推动世界文明发展的技艺整合在一起。因这几类技艺个性明显，又与其他名录共性较少，分类不易，但以科学价值性的贡献大小为参照，以众人皆知的常识为背景，从分类命名上就能引发观众对内容的认知或联想。

"文房技艺"与"文明天下"在分类中存在交集项，即造纸术和印刷术。这个问题可以通过展陈秩序，以过渡的形式来解决。如"文人艺术"中展出制笔、制墨、颜料制作、砚台制作、印泥制作、篆刻、造纸术、印刷术。造纸术和印刷术在空间上将两个专题内容进行转换，也就是造纸术和印刷术只展一次，但是因为排列秩序的关系，让观众能很好地将思维从"文人艺术"向"文明天下"转换。"文明天下"紧接着展示指南针、火药等项目。

另有，钻木取火等特殊项不能自成一类，其自然属性和文化属性跟其他类目又相差甚远。此时可以从历史角度找到其与其他类目共性之处。火的发明使用是人类步入文明的第一步，钻木取火技艺带动了其他文明的发展。可以从展陈策划角度，从文化价值视角将人类文明初始的技艺策划成一个专题，如"文明起源"。

人类文明起源多始于传统手工艺的发明创造，并在衣食住行等诸多方面都有体现。其一，钻木取火的发明是人类在生存能力上高于普通动物所掌握的一项重要技能。在饮食方面可以不用吃生食，能抵抗生物细菌的感染，还可以抵御大自然的寒冷，使人类在险恶的环境下生存下来，并推动了人类生活生产的发展。取火技艺还带动了其他行业的产生和发展，如陶瓷烧造业、冶炼业、金工细作等。其二，火的使用使我国餐饮方式发生了变化，特别是对器皿的需求催生了陶器的烧造。例如我国海南黎族至今还保留着原始的制陶技艺。其三，在衣着方面，中国人从植物纤维中发明了织麻技艺，麻布有遮羞和保暖的功能，这也是人区别于动物的明显特征。其四，在居住方面，根据各地地理环境特征，中国出现了"北人穴居，南人巢居"的居住方式，营造技艺让人类有了抵抗险恶环境的避身之所，是人类生存下来的基础条件之一。其五，在行方面，马车的发明制作，借助了畜力和机械原理，方便了人们的出行，增强了区域之间的交流。其六，我国古代以农业文明著称，农业生产工具制作技艺也推动了我国文明的进程。风车（立轴）和耕犁工具制作，利用了大自然和动物的力量，推动了农业生产。

钻木取火、黎族原始制陶技艺、制麻、营造技艺、马车制作、风车制作，是象征人类进入文明的标志性技艺，可以作为一个主题来进行展示，从历史学、人类学角度突出传统手工艺在人类发展进程中的重要性。同时也指出了传统手工艺涉及人们生活的各个方面，展示了传统手工艺的范围，以及传统手工艺的科学价值、人文价值及历史价值等，突出强调了人类在生产生活技艺发明中的创新意识。这个主题可以在序厅中展出，打破序厅常规文字性介绍的传统，通过故事性的展陈叙述，引导观众的思维，从视觉等多感官角度将观众引入传统手工艺的主题参观中。

3. 按文化价值分类的展陈优劣分析

文化价值分类更注重文化的整体性和联系性。文化价值分类可以为科学认知分类中"其他"的名录找到合适的类别。在展陈内容策划上，文化价值分类与主题性展陈非常接近，同一文化价值的内容可以根据其主题进行策划，在内容上较之科学认知分类要更丰富。文化价值分类可对展陈内容进行整合性策划，将文化的整体性展示得更加全面，对同一主题的文化之间的联系性也可以介绍得更加清晰，文化价值分类中的故事性也有助于观众的联想学习。

文化价值类别中的名录其技艺或材料等差异较大，而藏品的管理通常按材料进行统一管理，所以文化价值类别中的展品在库房管理的时候，一定要做好计算机录入工作。通过计算机检索减少藏品入库和出库时的差错。此外，文化价值分类运用在展陈实践中，内容大多会显得杂乱，因此适合主题范围更小的展陈。文化价值类中的内容通常由于技艺不同，需要占用更多的空间。不同文化其展陈方式也不同，要注意不同展陈方式的协调，以免处理不当造成散乱的印象。

总之，科学认知分类法和文化价值分类法是相互补充的分类方法，两者之间可以扬长避短。传统手工艺展陈分类，应定位于观众的接受度，兼顾保管检索的工作需要，整合两种分类方法的优势，以科学认知分类为主，文化价值分类为辅。本文以现有国家级非物质文化遗产名录项目中的传统手工艺为例，采用这种整合分类方法，对"非遗"传统手工艺的展品提出分类构想（见表3-6）。

表3-6 "非遗"传统手工艺展品分类构想

分类名称	细分	名 录
剪纸书画	剪	剪纸（蔚县剪纸、丰宁满族剪纸、中阳剪纸、医巫闾山满族剪纸、扬州剪纸、乐清细纹刻纸、广东剪纸、傣族剪纸、安塞剪纸……）
	绘	杨柳青木版年画、武强木版年画、桃花坞木版年画、漳州木版年画、杨家埠木版年画、高密扑灰年画、朱仙镇木版年画、滩头木版年画、佛山木版年画、梁平木版年画、绵竹木版年画、凤翔木版年画、木版年画、纳西族东巴画、衡水内画、麦秆剪贴、堆锦、布糊画、瓷板画、软木画、镶嵌、苗画、永春纸织画……
	书	汉字书法、藏文书法、蒙古文书法、满文、锡伯文书法……
织染纫绣	绣	顾绣、苏绣、湘绣、粤绣、蜀绣、苗绣、水族马尾绣、土族盘绣、挑花、庆阳香包绣制、瓯绣、汴绣、汉绣、羌族刺绣、民间绣活、彝族（撒尼）刺绣、维吾尔族刺绣、满族刺绣、蒙古族刺绣、柯尔克孜族刺绣、哈萨克毡绣和布绣、上海绒绣、宁波金银彩绣、瑶族刺绣、藏族编织、挑花刺绣工艺；侗族刺绣、锡伯族刺绣、京绣、抽纱……
	织	南京云锦木机妆花手工织造技艺、宋锦织造技艺、苏州缂丝织造技艺、蜀锦织造技艺、乌泥泾手工棉纺织技艺、土家族织锦技艺、黎族传统纺染织绣技艺、壮族织锦技艺、藏族邦典、卡垫织造技艺、加牙藏族织毯技艺、蚕丝织造技艺、传统棉纺织技艺、毛纺织及擀制技艺、夏布织造技艺、鲁锦织造技艺、侗锦织造技艺、苗族织锦技艺、傣族织锦技艺、地毯织造技艺、滩羊皮鞣制工艺……

（续表）

分类 名称	细分	名　　录
织染 纫绣	染	维吾尔族花毡、印花布织染技艺、南通蓝印花布印染技艺、苗族蜡染技艺、白族扎染技艺、香云纱染整技艺、枫香印染技艺、新疆维吾尔族艾德莱斯绸织染技艺、蓝夹缬技艺……
	纫	布老虎、鄂伦春族狍皮制作技艺、盛锡福皮帽制作技艺、维吾尔族卡拉库尔胎羔皮帽制作技艺、赫哲族鱼皮制作技艺、内联升千层底布鞋制作技艺、中式服装制作技艺……
雕镌 塑作	雕　刻	象牙雕刻、扬州玉雕、岫岩玉雕、玉雕、阜新玛瑙雕、夜光杯雕、青田石雕、石雕（陈设）、寿山石雕、核雕、椰雕、葫芦雕刻、琥珀雕刻、萍乡湘东傩面具、竹刻、常州梳篦、木雕、藏族格萨尔彩绘石刻（陈设画）、漳州木偶头雕刻（木偶戏+陈设）、惠安石雕（建筑+壁画）、曲阳石雕（建筑+环境）、潮州木雕（陈设+建筑）、宁波朱金漆木雕（家具+建筑）、乐清黄杨木雕（陈设）、东阳木雕（陈设+建筑）、徽州三雕（建筑）、临夏砖雕（建筑）……
	塑	泥塑、面人、面花、糖塑、彩扎、龙档、北京绢花、瓯塑、平遥纱阁戏人、砖塑（建筑）、灰塑（建筑）、清徐彩门楼（营造、绘等）……
烧造 技艺	烧　造	宜兴紫砂陶制作技艺、界首彩陶烧制技艺、石湾陶塑技艺、傣族慢轮制陶技艺、维吾尔族模制法土陶烧制技艺、景德镇手工制瓷技艺、耀州窑陶瓷烧制技艺、龙泉青瓷烧制技艺、磁州窑烧制技艺、德化瓷烧制技艺、澄城尧头陶瓷烧制技艺、定瓷烧制技艺、钧瓷烧制技艺、唐三彩烧制技艺、醴陵釉下五彩瓷烧制技艺、越窑青瓷烧制技艺、建窑建盏烧制技艺、汝瓷烧制技艺、淄博陶瓷烧制技艺、长沙窑铜官陶瓷烧制技艺、枫溪瓷烧制技艺、广彩瓷烧制技艺、陶器烧制技艺、藏族黑陶烧制技艺、牙舟陶器烧制技艺、建水紫陶烧制技艺、邢窑陶瓷烧制技艺、婺州窑陶瓷制技艺、吉州窑陶瓷烧制技艺、登封窑陶瓷烧制技艺、当阳峪绞胎瓷制技艺、潮州彩瓷烧制技艺、陶瓷微书、琉璃烧制技艺、料器、苏州御窑金砖制作技艺（砖）、临清贡砖烧制技艺、古陶瓷修复技艺……
髹漆	按工艺	雕漆技艺、平遥推光漆器髹饰技艺、扬州漆器髹饰技艺、天台山干漆夹苎技艺、福州脱胎漆器髹饰技艺、厦门漆线雕技艺、成都漆艺、金漆镶嵌髹饰技艺、漆器髹饰技艺、彝族漆器髹饰技艺、宁波泥金彩漆……
锻铸 錾刻	按工艺	黄金溜槽堆积石砌灶冶炼技艺、阳城生铁冶铸技艺、铜器制作技艺、南京金箔锻制技艺、龙泉宝剑锻制技艺、张小泉剪刀锻制技艺、芜湖铁画锻制技艺、苗族银饰锻制技艺、阿昌族户撒刀锻制技艺、保安族腰刀锻制技艺、景泰蓝制作技艺、锡雕、斑铜制作技艺、铜雕技艺、藏族金属锻造技艺、维吾尔族传统小刀制作技艺、蒙古族马具制作技艺、铅锡刻镂技艺、乌铜走银制作技艺、银铜器制作及鎏金技艺、藏族鎏钻技艺、金银细工制作技艺、成都银花丝制作技艺、花丝镶嵌制作技艺、刻铜（杜氏刻铜）、错金银、古代钟表修复技艺、青铜器修复及复制技艺……

（续表）

分类 名称	细分	名　　录
编扎 木作	编　扎	嵊州竹编、草编、柳编、新会葵艺、棕编、灯彩、风筝制作技艺……
	木　作	聚元号弓箭制作技艺、明式家具制作技艺、蒙古族勒勒车制作技艺、拉萨甲米水磨坊制作技艺、兰州黄河大水车制作技艺、传统木船制造技艺、水密隔舱福船制造技艺、龙舟制作技艺、伞制作技艺、传统玩具、桦树皮制作技艺……
营造 技艺	营造、 园冶	香山帮传统建筑营造技艺、客家土楼营造技艺、侗族木构建筑营造技艺、苗寨吊脚楼营造技艺、官式古建筑营造技艺、木拱桥传统营造技艺、石桥营造技艺、婺州传统民居营造技艺、徽派传统民居营造技艺、闽南传统民居营造技艺、窑洞营造技艺、蒙古包营造技艺、黎族船型屋营造技艺、哈萨克族毡房营造技艺、俄罗斯族民居营造技艺、撒拉族篱笆楼营造技艺、藏族碉楼营造技艺、北京四合院传统营造技艺、雁门民居营造技艺、石库门里弄建筑营造技艺、土家族吊脚楼营造技艺、维吾尔族民居建筑技艺、庐陵传统民居营造技艺、古戏台营造技艺、坎儿井开凿技艺、古建筑模型制作技艺、传统造园技艺、景德镇传统瓷窑作坊营造技艺、古建筑修复技艺、建筑彩绘、嘉兴灶头画……
表演 器具	乐器、 戏装、 道具	苗族芦笙制作技艺、玉屏箫笛制作技艺、民族乐器制作技艺、剧装戏具制作技艺……
传统 食品 制作	按工艺	酿制：茅台酒酿制技艺、泸州老窖酒酿制技艺、杏花村汾酒酿制技艺、绍兴黄酒酿制技艺、蒸馏酒传统酿造技艺、酿造酒传统酿造技艺、配制酒传统酿造技艺等；清徐老陈醋酿制技艺、镇江恒顺香醋酿制技艺等；酱油酿造技艺等；豆豉酿制技艺…… 腌制：豆瓣传统制作技艺、腐乳酿造技艺、酱菜制作技艺、榨菜传统制作技艺、泡菜制作技艺、火腿制作技艺…… 制茶：武夷岩茶（大红袍）制作技艺、花茶制作技艺、绿茶制作技艺、红茶制作技艺、乌龙茶制作技艺、普洱茶制作技艺、黑茶制作技艺、白茶制作技艺…… 烹饪：传统面食制作技艺、素食制作技艺、同盛祥牛羊肉泡馍制作技艺、烤鸭技艺、牛羊肉烹制技艺、天福号酱肘子制作技艺、六味斋酱肉传统制作技艺、都一处烧麦制作技艺、北京便宜坊烤鸭、聚春园佛跳墙制作技艺、真不同洛阳水席制作技艺、仿膳（清廷御膳）制作技艺、直隶官府菜烹饪技艺、孔府菜烹饪技艺、辽菜传统烹饪技艺、上海本帮菜肴传统烹饪技艺、德州扒鸡制作技艺、蒙自过桥米线制作技艺……

（续表）

分类名称	细分	名　　录
传统食品制作	按工艺	<u>烘焙</u>：周村烧饼制作技艺、月饼传统制作技艺、五芳斋粽子制作技艺…… <u>其他</u>：贡井盐深钻汲制技艺、晒盐技艺、传统制糖技艺、奶制品制作技艺、土碱烧制技艺、豆腐传统制作技艺、龙口粉丝传统制作技艺、凉茶、老汤精配制……
传统医药	医、药	中医生命与疾病认知方法、中医诊法、中药炮制技术、中医传统制剂方法、针灸、中医正骨疗法、同仁堂中医药文化、胡庆余堂中药文化、藏医药、中医养生、传统中医药文化、蒙医药、畲族医药、瑶族医药、苗医药、侗医药、回族医药、壮医药、彝医药、傣医药、维吾尔医药、布依族医药、哈萨克族医药……
文房技艺	文　房	<u>造纸</u>：宣纸制作技艺、铅山连四纸制作技艺、皮纸制作技艺、傣族、纳西族手工造纸技艺、藏族造纸技艺、维吾尔族桑皮纸制作技艺、竹纸制作技艺、纸笺加工技艺、宣笔制作技艺、楮皮纸制作技艺…… <u>制笔</u>：湖笔制作技艺、白沙茅龙笔制作技艺、毛笔制作技艺…… <u>制砚</u>：歙砚制作技艺、端砚制作技艺、金星砚制作技艺、砚台制作技艺…… <u>制墨</u>：徽墨制作技艺、一得阁墨汁制作技艺…… <u>印泥</u>：印泥制作技艺…… <u>篆刻</u>：金石篆刻…… <u>颜料制作</u>：国画颜料制作技艺、藏族矿植物颜料制作技艺……
	印刷装裱	<u>印刷</u>：木版水印技艺、雕版印刷技艺、木活字印刷技术、衡水法帖雕版拓印技艺…… <u>装裱</u>：装裱修复技艺、古书画临摹复制技艺……
文明天下	整　合	万安罗盘制作技艺、浏阳花炮制作技艺（空间秩序可整合文房技艺中的造纸术、印刷术两项）……
生活艺术	文　化	传统插花、盆景技艺、赏石艺术、传统香制作技艺、藏香制作技艺……
文明缘起	文　化	黎族钻木取火技艺、黎族原始制陶技艺、黎族树皮布制作技艺……
宗教文化	文　化	<u>绘画</u>：湟中堆绣、藏族唐卡、水陆画、毕摩绘画、彩砂坛城绘制…… <u>雕塑</u>：塔尔寺酥油花、热贡艺术…… <u>经书制作</u>：金陵刻经印刷技艺、德格印经院藏族雕版印刷技艺、贝叶经制作技艺……

第四节 "非遗"传统手工艺展陈模式分类构想

自20世纪八九十年代以来，博物馆安全保护水平不断提高，高科技的进步，对展陈设计产生了一定的影响，博物馆展陈理念也有了很大的变化。博物馆展陈的服务对象由展品变成了观众，博物馆功能由以收藏、保护为主，变成以展陈、教育为主。20世纪八九十年代开始，国际上提出"新博物馆展陈"，其探索实践主要体现在展陈活动中，可通过技术、设备做到与观众进行互动，带来除视觉外的触觉、听觉等多维度感官感受，从而更易于观众主动地接受展陈内容。

博物馆展陈的新理念一是体现在展陈定位上，由以展品为主转为以观众为主；二是体现在展陈教育功能的达成方式上，即展陈形式以灌输式的被动学习，转向诱导式的主动学习。在这一背景下，展品分类也应考虑这两种展陈理念，一要考虑观众的接受度，遵循通俗易懂、简洁明了的原则；二是对博物馆管理人员，要考虑其对展品保管和检索等的工作需要，分类设计时要遵守科学性、便捷性、整体性等原则。此外，传统手工艺展陈分类还要考虑博物馆的临时展陈策划，固定展陈与临时展陈相互补充。

首先，传统手工艺展陈的首要因素是人，即以为观众提供服务为主，兼顾管理员管理工作。第一，要尊重传统手工艺技艺性、艺术性的特征，按技艺或文化价值分类。第二，要考虑观众的接受度，分类命名应通俗易懂，分类类目和内容应简洁明了。第三，分类还要兼顾展陈设计表现，分类内容可以根据展陈叙述方式的需要协调一致，达到"场"的效应，与观众产生共鸣。

其次，传统手工艺展品特性是展陈模式分类的客观因素。传统手工艺文化具有多样性的特点，即使从工艺上来分析，不同类的技艺也存在很大的差异性。

如剪纸、雕刻、刺绣、编织等工艺重点在手上的剪、雕、绣、编的功力。在同一空间位置中，传承人的手头动作随时间的推移，达到作品的制作完成，是对一个点状态的完善过程，由一个人在一个空间中完成。而陶瓷烧造、木版年画、造纸等技艺的重点则不仅仅是一个点上的运动，而是由多个点组成的线的过程。陶瓷烧造的主要工序有拉坯、画坯、喷釉、烧窑等，每道工序都在不同的空间中进行，每道工种也由专门的匠人完成，各道工序之间差距较大。通常情况下，一个人难以完全精通各道工序。这类技艺是在不同时空中由不同人的技艺串联起来的，是整体与部分的关系，任何一个环节出现了问题都会影响成品的效果。另有一些名录项目注重的是文化的整体性，只有还原到时空情境中才能让观众更加容易理解，需要结合民俗等空间文化才能体现其真正的价值。如包粽子。

文化的多样性对展陈来说是复杂的，多方面的。对传统手工艺的重点内容应进行深入分析，从展陈手段、展陈空间、展陈叙述等角度将具有共性特征的名录项目进行同一展陈形式的展示，并从展陈角度将传统手工艺进行展陈分类细化。

此外，博物馆展陈空间也是影响传统手工艺展陈模式分类的因素之一。传统手工艺文化内涵丰富，项目多，信息量大，而展陈空间有限。应考虑怎么在有限的空间中展示大量的展品，并且要考虑展陈内容在一定时间内的更换。可以说，在有限的空间中要满足传统手工艺多样的展陈需求是很难的。在高科技支持下，计算机技术在展陈空间上开辟了二次空间，数据库建设和虚拟技术打破了固有三维空间的限定，可以在虚拟技术中最大限度地实现展品信息的传达。多媒体和虚拟技术既可以达到展品内容多样性，展品信息多变性等展陈需求，还可以提高展陈空间的利用率，让空间重复使用或者交叉使用，减少展具设计与制作的过度消费。如传统手工艺中的营造技艺等项目可以通过虚拟技术的动态表现来展示建造营造的过程和氛围。在无形文化的展示上，新媒体动态技术能更加形象地展示营造技艺过程；在空间利用上，新媒体技术或艺术的三维动态展示可以在同一空间中展示不同主题的内容。

"非遗"传统手工艺展陈模式分类是基于传统手工艺展品科学认知和文化价值的整合分类，根据传统手工艺的技艺特征、传统手工艺的文化特征及展陈表达的需要，出于展陈主体信息的传播、展陈形式的表现、展陈空间的约束及展陈更新和管理等各方面的需要，在传统手工艺展品分类的基础上，对其展陈分类进行的进一步的模式探讨。

一、点状展陈，突显活态性

点的特性在空间上是相对静止的，在时间上可以是运动的也可以是静止的。在固定的某一位置上将内容表达出来，可以称为点状展陈。传统手工艺名录中具有点状特征的技艺，指核心技艺具有点的运动特征，且工序较少，基本上集中在同一空间中制作完成的情况。正如中国艺术研究院吕品田老师所说，传统手工艺的精华都凝聚在手尖上，手带来艺术美、功能美和精神愉悦。由艺人手的运动轨迹来达到手工艺品的完成。技艺的实现是时间过程，也可以是空间形式转换。传统手工艺中适合点状展陈的名录项目如篆刻，只需要一张桌子一把椅子，艺人坐在工作台前，用手中的工具在一定的时间内将一块石头雕刻成一件艺术品即完成；剪纸所需要的条件则更简单，只要一把剪刀和一张纸，艺人站在那里都能剪出栩栩如生的图案来。

点状展陈分类的优缺点表现如下。在空间上，点状的特征是占有量小，可以突出展示技艺的精华部分。在展陈形式上，适合现场展演。凝聚在一点上的技艺过程，可以让观众在短时间内直观地感悟到技艺的过程，传承人鬼斧神工的精湛技艺现场展示，也是一种有效的展陈方式。在展陈更新上，点状在内容和形式上便于更换，特别是现场展演时，不同时期更换不同内容的展陈主题，可以引起观众的关注，提高博物馆的重复参观率，也有利于博物馆品牌建设。但是，点状展陈分类下要考虑细分，避免杂乱无章。因此，可将科学分类法借用到点状展陈分类中对其进行细分。每类细分中，选出既具有代表性，又具有差异性的技艺进行对比展陈（见表3-7）。

表3-7　点状展陈细分构想

类　别	内　　　容	展 陈 方 式
剪纸书画	剪纸（按技法）、书法（按技法）、绘画（按技法）	总体概述 （图文、视频、交互式等） ＋ 工作室形式 （现场展演、传授）
雕镌塑作	雕（按材料）、塑（按材料）	
编织纫绣	织（按技法）、纫（按材料+功能）刺绣（按技法）	
五金錾锻	錾刻（按材料）、金银细作（按技艺）	
编　扎	编扎（按材料）	

从策划角度来看，点状分类展陈可以采用固定展陈和临时展陈相结合的形式。固定展陈的内容主要是对每个细分项主题展陈进行总体性概述，从工具、材料、技艺、习俗、行规、文化精神、意义、现状等宏观角度，让观众对每种技艺文化有整体性了解，可以采用图文、视频或交互式等形式。固定展陈的内容可以让观众整体、全面地了解传统手工艺文化，又可以避免临时展陈中的一些突发事件，如临时展陈不能按期进行，对展陈整体效果的影响也不会太大。我国传统手工艺名录丰富，为了兼顾传统手工技艺的文化整体性、观众的求知欲以及展陈更新的需要，可以定期（如隔一个星期或者两个星期）邀请不同的传承人到馆进行现场展演，有条件的还可以采用网络预约的方式，让观众接受现场传承学习，这就属于临时展陈。总之，兼顾固定和临时的展陈的方式是最佳的。

点状的临时展陈要从全局出发，名录少的项目，展览时间可以相对长点。展陈内容并不限制在国家级名录中，省级、市级甚至县级的，只要代表性强的或者符合展陈主题的都可以纳入征集范围。固定展陈的展期也可根据各类名录的量及其具体情况来制订。每期的展陈内容之间可以是技艺和文化有接近性的，也可以是技艺和文化差距大的。比如"剪纸书画"主题展区，主要是展示技艺的审美功能，下面又可分为剪纸、书法、绘画三个单元，分别进行展陈，可以采取点状的固定+临时展陈模式。固定展陈和临时展陈可安排在同一个区域，简单的主题介绍信息可以用投影的形式，因为临时展陈的内容更换快，投影展陈可以节约成本、空间和时间。形式上可主要以传承人现场展演+观众体验为主，定期或不定期的。临时展陈也可以兼顾三个单元展厅的情况进行协调，避免过于拥挤或冷清。

以刺绣类为例，固定展陈可以介绍刺绣的由来，我国刺绣的种类、绣法，刺绣审美及文化、传承现状。每期的临时展陈都要有目的地进行选择或拟定合适的主题，如端午节前后的刺绣主题为"端午香包绣"。内容可以介绍香包与端午节日习俗的关系、香包的药用功能和提神功能、不同地区香包的制作材料、工艺的区别等。在展陈形式上可以采取对比的手法，如挑选庆阳香包和潮州香包，一南一北，辨别其在技艺、造型和香料上的差异，突出刺绣技艺的丰富性、地域性等。其他时间的临时展陈主题可以选择在风格、绣法、材料、题材、文化上有一定差异的，采用比较的方式使观众加深对展陈内容的记忆。对传承人来说，相互学习对方的优势，是一种很好的交流方式。如将四大名绣或不同民族的两三个名录并列呈现在观众面前，让观众从不同派别的针法中发现刺绣技艺的差异，增强其对不同刺绣技艺的辨别度，同时展示我国传统刺绣艺术的精美绝伦和刺绣技艺的精湛丰富。这种对比展陈的方法，将技艺、文化和风格不同的同类技艺归置在一个空间中，激发了观众的好奇心，观众能主动地去观察每种技艺之间的差异，还可以通过传承人的解说或交流，领悟同一工艺，不同技艺之间的文化、艺术差异。临时展陈每期展出的名录不宜过多，否则影响观众学习记忆的效果。此外，出于展陈更新和观众的可持续性学习平台的搭建考虑，"年年新、期期新"的思想，层出不穷的新话题能够吸引观众继续学习的欲望，对"非遗"博物馆品牌建设也是好的策略。

二、线性展陈，展现完整性

线是具有方向性的点的集合。线在空间上是点的延伸，随着点的延伸，形成了时间轨迹，每个点联系起来，就成了线的连续过程。这是线的特征。在传统手工艺中有很多的技艺也具有线的这种点的集合的特征。各个点之间的差异性，就像技艺中各道工艺具有个性化一样。如传统手工艺中，有些名录项目在重要的工序上都有个性鲜明的技艺特征和工具、材料、空间文化环境，这些工序环节具有时间性和顺序性。然而每道工序与技艺之间的关系亦如线中的点与线的关系一样，是部分与整体的关系。虽然各有特征但又是一个整体，有区别又有联系，是不可分割的整体。手艺人按照工艺的先后顺序在不同的时间和空间中完成手工艺品的制作。如陶瓷烧造工艺，主要展出陶瓷烧造过程中最重要的几道工序：炼泥—拉坯—修坯—画坯/雕刻—施釉—烧窑。观众在观看和行走过程中，按照一定的顺序完成参观的过程就是对陶瓷烧造技艺学习了解的过程。观众在展陈空间中行动的路线就是陶瓷烧造技艺线性展陈的路径。

线性展陈也要把握整体与部分的关系。这里的整体不仅仅指技艺的完整，还包括文化的完整性，线性的时间性和方向性，让观众在参观行进过程中感受传统手工艺技艺的先后顺序，感受技艺的时间美，感受瓷土变成精美瓷器的精湛技艺。线性展陈可以采取总体概述和个案诠释的模式。总体概述部分主要考虑技艺（含材料、工具、经验和口诀等），行俗行规，造物精神、思想、意义和现状等内容。在技艺内容的介绍上，可以采取普遍性技艺展陈和个别性技艺展陈并列展开的模式。普遍性技艺展陈是介绍一种技艺最通常的工序过程，在形式上可以借助影像、道具和VR技术让观众进行虚拟体验。个别性技艺展陈是指个案展陈，可以生动一些，互动性强些，有条件的情况下还可以邀请传承人进行临时性的展演活动。同一类别的技艺由于文化差异，工艺也有差别。普遍性技艺各个名录的详细介绍可以采用电子资料的形式在图书展馆展出，具有代表性的名录可以以个案的形式在总体展陈中并列展出。个案也可以采用更新的方式，根据名录的数量调配更新的期限。个案可以选择有代表性的案例，如景德镇传统青花瓷制作技艺、傣族慢轮制陶技艺、宜兴紫砂陶制作技艺等，作为期一至三个月的临时展陈，便于更新，改变固定展陈常年不变的旧模式。此处以陶瓷烧造技艺的线性展陈为例进行展陈内容策划和形式设计的构想，详见附录二。

线性展陈相比点状展陈而言，需要的空间要大些。但在展陈叙事表达上会更有故事性，可以引导观众的思维。但是线性展陈分类内容较多，对线性展陈分类的细分不但要考虑其科学性，也要突出其个性化。在展陈形式上，可以采用VR技术结合网络资源，通过虚拟现实，营造传承人与观众跨时空的展演交流。某些技艺在条件允许的情况下，可以邀请传承人进行现场展演。两种形式可以调配使用，丰富展陈方式（见表3-8）。

表3-8　线性展陈构想

类　别	内　　　容	展　陈　方　式
烧造技艺	自然环境、技艺（含原材料、工具、重要工序）、习俗行规（含工匠精神）、意义与危机	按工艺或文化共通性细分；按技艺的工序进行展陈；利用虚拟技术和网络资源或现场展演形式展陈
髹　漆	缘由、技艺（原材料、工具、重要工序）、漆艺与生活、工匠精神、原材料危机	
染　织	自然环境、技艺、生态文化、发展现状	
表演器具	材料、技艺、技艺与文化	
营造技艺	自然环境、技艺、营造思想、当代价值、面临危机	
造　纸	自然环境、技艺、当代价值	
印　刷	缘由、技艺、国内外影响	
年　画	由来、技艺、年画与年俗	
制　笔	自然环境、技艺、工匠精神、传承价值	

三、场景展陈，体现整体性

场景还原是指根据展陈主题的需要，在展陈空间中设计与展陈主题内容相呼应的历史时空环境，包含自然环境、文化环境等。将观众置身于展陈主体的原貌环境中，通过时空穿越的二次空间设计，让观众从情感上对展陈主体生长的成长环境、历史沿革等背景有切身的体会，体悟到展陈主体文化的整体性，在参观中对展陈主体有更深刻、更直观的认识。在设计表现手法上可以采用绘画、雕塑、装置等；在技术上可以采用模型复原、计算机虚拟等；在尺度上可以根据空间和氛围营造的需要，采用等比、缩小或放大等的比例关系，达到不同的展陈效果。如十三陵明皇蜡像宫，整个场馆主要采用场景还原的模式，模拟比例比真实的要略大一点，约为1：1.05的关系。在比例稍大的场景中，让观众感受到时空穿越，产生一定的距离感，从而营造历史时代感。再如上海广富林文化遗址的展厅中，通过缩放比例的场景还原展示了广富林文化遗址考古场景、晚清民国时期松江商业街场景（见附图3-5、附图3-6）。

场景展陈的优点，一是常利用声效、光影、透视关系等技艺从多维空间营造逼真的生态场景；二是用蒙太奇构成手法达到了多层次的时空转换效果。蒙太奇的艺术手法将不同文化的场景以构成的方式整合在一个空间中，一方面在设计上增强了空间的层次性，另一方面用时空转换的艺术表现形式将不同文化背景的内容在同一个空间中协调展示，节省了空间面积，以错综时空的场景效果给观众带来不同的身心感受，吸引了观众的注意。这种场景还原或文化氛围营造，增强了观众情感体验，达到了展陈效果。

场景展陈的劣势：首先，不同时空转换的场景关系处理起来有一定的难度，技术的制作需要大量的资金，技术更新快可能会导致展陈形式的落后；其次，场景展陈分类要求考虑展陈内容的文化背景，最好具有一定的相似性。

场景展陈指将相关联的项目规置到同一个空间场景中进行展示，类似古代城市规划"东市买骏马，西市买鞍鞯"的分类法，将展馆当作一个街市进行规划，将传统手工艺回归其原真的市场环境中。将文化的整体性、历史性和传统手工艺之间的行业关联性、贸易交流等方面的因素，与线性展陈综合起来，均衡考虑，让场景展陈效果增强。对场景展陈的考虑如下：古代手工业街铺场景展陈可以将点状的编扎、刺绣、剪纸、书画等名录设计在一个场景中；亦可将线状的扎染、烧造技艺、髹漆等名录设计在特定的空间中。整合展陈分类中不同科学属性的名录营造一个和谐的展陈空间，为不同工艺又具有共性文化价值的名录项目提供一个共生的文化空间，如还原传统书房装饰空间，对文房文化类别进行展陈。另外，场景展陈适宜在局部空间进行片段式的展陈设计，重点展陈部分要从视觉和心理上调动观众的观展积极性。场景展陈还可以安排在展线的中部，这样有利于缓解观众观展的视觉和身体疲劳。

四、整合展陈，叙述文化价值

整合展陈主要是考虑到传统手工艺丰富性、多样性的特征。也正因为此特征，传统手工艺名录中出现了一些细小的名录项目。在量上，这些名录项目不足以形成类。从整体性角度出发，从传统文化的价值属性视角出发，采用整合方法，找出"小众"名录项目之间，"小众"与"大众"名录项目之间文化价值的共同性，将它们进行归类（见表3-9）。

表3-9　整合展陈构想

类　别	内　　　容	展　陈　方　式
文房技艺	社会背景、技艺（含原材料、工具、重要工序）、社会价值、存在危机	可以结合场景、线性或点状等模式
生活艺术	人文环境、技艺（原材料、工具、重要工序）、生活方式	
宗教文化	宗教文化概况、宗教艺术（技艺为主）、艺术价值	
文明天下	社会文化背景、技艺、当代价值、面临危机	
文明起源	文化渊源、社会价值	

整合展陈的优点：首先，从文化价值角度分类，整合具有较强的故事性，增强了展陈叙事性功能。其次，主题性的展陈分类，有助于临时展陈策划活动的开展。再次，有助于对中华传统文化历史的普及教育。最后，协调了展陈分类的整体性，兼顾了"小众"名录的展陈分类。

从文化价值角度思考，采用整合化的展陈分类方法，将文化价值或文化功能具有相关性的名录归在一类，打造文化整体性。整合传统手工艺在材料、工艺、功能、文化价值等方面的特点，结合展馆主题规划进行思考，采用故事性叙述手法，丰富展陈内容。整合展陈分类在考虑科学性的基础上，也可依据文明的发展历程来组织内容进行分类，将传统手工艺内容当作一个整体，有序、分门别类地向观众呈现。

如序厅的策划可以向观众介绍一个"文明起源"的故事。内容有：钻木取火、黎族原始制陶技艺、织布、风车、制车、窑洞/地坑院营造技艺。在场景设计上，可以还原衣食住行某个片段、具有代表性的视角，将传统手工艺促进人类文明发展的重要性和价值展示出来。可以根据技艺产生的先后顺序，以时间性将这几个技艺联系起来，编成一个完整的故事。如场景一：清晨，穿树皮的原始人使用钻木取火，带动陶器烧制。场景二：上午，古人用陶器炊饮场景，周边是制陶技艺展示。场景三：晚上，着衣妇女在织布。场景四：傍晚，着衣男人在犁田，周边场景是大风车和坐马车的行人。传统手工艺序厅的介绍，以情景还原营造一种氛围，也从视觉和心理上激发了观众对传统手工艺的了解和兴趣。场景之间相互融合，没有界限，观众溶于场景中，引导观众体验、互动。如耕犁，耕犁造型立在场景中，不设计牛的造型，犁把上面设有按钮，观众手握把上按钮，耕牛的投影出现，地上场景移动，虚拟耕地的动态。后面展墙上是电子交互式屏幕，介绍耕犁的结构和零部件，观众可以根据展示说明自行组合。马车的展示也是电子技术和实物结合的方式，马车，一半为半成品形态，一半为成品形态。在半成品形态那面有电子设备，介绍构造、工艺和原理及其价值。

整合展陈的缺点：首先，要对整合对象进行历史考据，厘清对象之间的文化关系，避免传播不实信息。其次，要把握好文化关联之间的尺度，避免牵强组合。

五、数字展陈，呈现多元性

数字展陈是一项高新技术，也是当下比较提倡的一种展示技术和方式，主要运用计算机数字化技术，如三维虚拟、新媒体等，对展陈主体进行设计处理，通过设备在展厅空间中播放展示。数字展陈依赖于空间中的墙体、地面、特定的设备及辅助道具等，以影像、投影、游戏等形式动态呈现出来。通过采用人机界面交互，观众参与互动的体验式方式达到展陈目的。数字展陈可以采用演播室的模式，也可以结合场景展陈的方式，用三维或多维虚拟技术来实现。

数字展陈适用于时空动态变化的展陈，如时空跨度大、工序复杂的营造技艺。数字展陈可以通过影像、声音、身心感受体验将传统手工艺中核心的技艺工序具象生动地呈现在观众面前，甚至可以设计成游戏式的体验形式让观众在无形的空间中感受到有形的技艺操作。

数字展陈的优点是可以将复杂、难以理解、难以现场展演、难以在博物馆空间环境和条件下进行展示的主体内容，以具象、生动、易于接受，甚至是引人注意或有兴趣的方式呈现在观众面前，以一种简单、直观的甚至是游戏娱乐的方式，让观众主动地对展陈主体内容进行学习、接受。可以节省空间造型、道具等有形设计的成本。

数字展陈的缺点是设计制作费用高；数字化文本虽可更改，但修改需要花费一定的时间、人力和经费，所以数字展陈对设计策划的要求较高。数字展陈在内容和设计形式的策划上要深思熟虑，既要能达到展陈主体内容信息的传达，又要能在形式上有一定的创新性，经得起时间的推敲和考验。

传统手工艺的数字展陈首先要选择最适宜、最需要数字化展陈的名录项目。其次要结合展厅空间面积、功能分区、动线设计等空间规划因素合理设计数字展陈与空间功能的关系。最后，数字展陈策划可以采用互联网形式，通过不同时间的安排或自行选择性的学习模式，在一个空间中展示多个展陈主体内容，以达到空间的有效使用。如营造技艺的展陈可以采用数字媒体技术，可以在休息空间、共享空间或者过渡空间中展出。营造技艺也可以与其他内容的展陈结合，如木作技艺和营造技艺的展陈结合。木作与营造技艺有很大的关联性，将两者结合起来，有文化共通性，技艺操作和技巧及原材料和工具也都有相似性。在空间中展示两者，将建筑技艺、建筑装饰结合起来，也是很融洽的展示方式。

营造技艺采用数字展陈是一种很好的表达方式，可以将大体量的展具和复杂的工序、丰富的习俗通过三维虚拟现实技术的影像，以等比例的方式在展厅中呈现，让观众以身临其境之感体验营造技艺的过程。还可以以人机互动的形式，在虚拟空间中让观众根据说明，自行体验榫卯木结构、房屋搭建的全套流程。数字技术可以延长实物模型的使用寿命，且观众体验和提示同时进行，易于观众学习。数字化模式的搭建和插接等以动画的形式呈现，直观感也更强。

04 第四章

传统手工艺展陈理念与原则

展陈设计是为展陈内容服务的，展陈理念和原则也应遵循展陈内容的文化特性。展陈理念是从思想上为展陈策略提供指引，展陈原则是在实践上规范展陈秩序，两者的设定目的都是做到展陈内容与形式的统一，有效地传达展陈信息。只有对展陈内容进行全面深刻的剖析，厘清它的脉络，归纳它的特性，才能对其进行科学的展陈分类，并根据具体的展陈理念和原则，设计适合内容表达的展陈形式。从内容到形式达到完全统一，才能吸引观众对展陈内容进行主动学习，这样展陈信息才能得到有效传播。

传统手工艺展陈应该符合传统手工艺文化范畴，也就是要遵循非物质文化遗产的文化特性。王文章的《非物质文化遗产概论》第二章第四节中，总结了非物质文化遗产的活态性、原真性、整体性、传承性、民族性等文化特性。传统手工艺最鲜明的特征就是活态性和原真性，其次是整体性和传承性。传统手工艺的重点内容是技艺价值，技艺中最重要的两点是技艺制作过程和技艺发展过程中形成的衍生文化。技艺是一个动态的变化过程，如何对变化着的动态技艺进行展示是传统手工艺展陈的重点。然而，传统手工艺并不是一个孤立的文化，其在成百上千年的发展、成熟过程中，在各行业中都形成了自己独特的文化，如行业行规、行业习俗、生产习俗等。在这些衍生文化中又富含了传统手工艺传承性的文化特征，如师徒传授的方式和礼仪等。可以说传统手工艺衍生文化带来的文化价值与其核心的技艺价值构成了一个文化整体，整体性是传统手工艺的另一个重要特征，也是展陈的难点。所以，对传统手工艺展陈，最应该遵循其活态性、整体性、传承性的文化属性，遵循活态性展陈、整体性展陈和传承性展陈理念。

第一节 传统手工艺展陈理念

一、活态性理念

传统手工艺展陈主要包含以下几部分内容：原材料、工具、工序、衍生文化、发展历程。从原材料的开采到工具制作、工艺生产以及民俗行规，这些环节基本上都是通过特定的动作来完成的，手工艺品的制作完成过程是一个变化的、时间性的过程。传统手工艺技艺可以说是一门时间艺术，原材料随着艺人的手上动作，在时间进程中逐步形成精美的艺术品。如杨柳青木版年画制作，从原材料杜梨木的挑选和粗加工，到技艺制作的主要工序，创稿、分版、刻版、套印、彩绘、装裱，每道使用的技艺都是不同的，要使用不同的工具，按照一定的方法和技巧在不同的时间和空间内完成。在制作过程中，所有的技巧都藏在两只手里，这些技艺最好的学习方式是观摩、体验。技艺中的技巧是一种活形态，文字、图片和视频不是最好的表现方式，不能将技巧的微妙之处表达出来。另外，杨柳青木版年画的生产习俗及传承方式、年画艺术中赋予的文化精神等也是年画"活"的价值。

在展陈实践中，活态展陈理念可以通过现场展陈、动态的物化形态、开展相关的活动来完成。在不考虑任何因素的情况下，传统手工艺最好的方式是传承人现场展演传授，让观众能亲自体验传统手工艺的技艺操作和文化。但是将时间艺术搬到空间艺术中进行展陈，必然会受到多方面的限制，如空间、时间、经济等。当然展陈的目的不是开班授课，是传播文化。鉴于展陈和传授技艺两方面的考虑，如果能短期地安排传承人进行现场展演，同时让观众可以现场体验技艺过程，是比较可取的展陈形式。因为传统手工艺的传承人来自全国各地，让他们汇集到一个博物馆中长时间展演，从客观条件上来说不可行。从非物质文化遗产保护发展角度来讲，也违背了传统手工艺原真性的文化特征。为了让观众能更直观地感受技艺并亲身体验尝试，可以采用临时性、短暂性的展览活动来进行展陈安排。

随着科学技术的推陈出新，特别是计算机虚拟技术的进步，为展陈时空转换设计带来了可实施性的条件。利用计算机虚拟技术辅助展陈设计，是现代展陈中常用的一种表达方式。计算机虚拟技术可以实现二维、三维甚至声、色、嗅、触等多维度的空间环境塑造，还可以实现静态和动态的表现形式。在当前情况下，计算机虚拟技术无疑是传统手工艺展陈设计中行之有效的一种展陈手段。但是展陈的核心问题并不是技术，技术只是一个辅助条件，其核心是将传统手工艺的活态特征在博物馆中展示陈列出来。所以，活态展陈理念最重要的是，将活态性内容与先进的技术进行有目的的组织策划，构建传统手工艺需要活态展陈的核心内容和脉络，并提出合适的展陈形式和技术，以达到展陈的目的。主要操作体现在以下几个方面。

（一）利用高科技技术实现动态的技艺展陈

传统手工艺展陈内容的核心是技艺，可借用新材料，运用计算机虚拟技术、红外线技术、遥感技术等传达技艺的活态性特征。如动态的计算机虚拟技术可以让无形的技艺在没有传承人现场展演的情况下呈现。在形态上为观众呈现传统手工艺制作过程。但是，高新技术虽好，也不能滥用。一方面是成本较高，另一方面从观展心理来看，如果整个展馆只重视形式而忽略内容，会让整个展陈显得空洞，展陈的教育功能也会受到影响。

1. 采用虚拟技术展示重点工序

计算机虚拟技术运用在展陈中的一大优势是其动态技术可以模拟时间和空间艺术的展示。传统手工艺展陈核心部分是技艺，技艺是一个动态过程，计算机虚拟技术解决了传承人不能现场展演却又能让观众感受传统手工艺技艺表现过程的难题。此外，新的展陈技术本身就有一种吸引力，容易被观众关注，有助于观众的体验学习。

这种虚拟技术可以有多种形式。一种是将传承人的操作工艺流程动态视频文件投放到展厅的场景还原空间，重点的操作过程通过视频投影来实现，也可伴有声音介绍。这种形式主要以观看欣赏为主，动态方式也能吸引观众的兴趣。还有一种是虚拟现实技术（也称VR技术），现在诸多计算机科技公司都推出了各种各样的虚拟现实技术，有的能达到百分之百的效果。只需要一个VR眼镜或者带有芯片的道具就可以实现跨空间的互动，甚至还可以加上触觉、听觉、味觉的模拟，让观众实现感官上的体验。如杨柳青木版年画的雕版技艺，就可以通过计算机设计几款常用的刻刀、铲子、钻子等工具和简易图案，让观众在虚拟屏幕上通过人机互动体验每种工具的用法及效果，感受简单的刻板技艺。

虚拟技术对技艺的展陈，在形式上有助于效果的表现，在空间和经济上也可以带来很大的便利。虚拟技术可以通过后台技术的更新进行再设计和制作，可以根据技术的进步不断更新，也是一种生态、可持续性的展陈形式。现有的可用技术有红外线技术、遥感技术、三维影像技术等。随着科学技术的发展，虚拟技术也在不断更新，VR技术已不能满足人们的需求。AR技术（增强现实技术）等更先进技术能以更佳的形式呈现展示效果。

2. 建立数字图书展馆

许多传统手工艺技艺的工序复杂，少则十几道，多则上百道，在有限的展陈空间中，不可能实现技艺还原式的展陈。但是对传统手工艺的展陈应该是整体性的。对传统手工艺全过程的记录是很重要的资料。传统手工技艺全程展示内容不仅可以满足专业观众的研究需求，业余观众的求知需求，还有利于传统手工艺的档案式保护。新材料、新技术的不断更新，让观众的审美和需求也在不断地提升，许多传统手工艺几乎失去了市场，面临消亡的危险。全面性的传统手工艺视频展示，一方面可以对这些传统手工艺进行更广泛的传播，为其未来发展提供一定的机会，另一方面也是对传统手工艺的一种保护。

传统手工艺全程视频制作策划主要可包含以下内容：发展概况，使用的原材料、工具，工序（配口诀和经验介绍、常用技法介绍、技艺过程中的生产习俗），行业文化。重点介绍工序和行业文化。工序可按照常用的技法分类叙述，如陶瓷烧造技艺中施釉的方法，要介绍蘸釉、荡釉、浇釉、刷釉、洒釉、轮釉、喷釉七种，并且按坯体的不同形状、厚薄，采用相应的施釉方法。拉坯工序中可以介绍圆器、琢器、镶器等不同形态的制作方法。这些视频，可配以简短的文字概述，做成电子图书。电子图书参照古书技艺记录的方式，以短小精悍的文字记录下技艺及其文化。

电子图书有丰富的博物馆科研教育的功能。目前，各图书馆和书店关于非物质文化遗产方面的书籍主要是介绍通识性文化或保护与传承的研究。以文字为主，配少量图片，也有的附光盘，视频资料中谈到技艺、传承方式和精神等实质性内容的不多。这些书籍对于专业研究人员来说，无法满足他们对非物质文化遗产的深入研究，对于非专业读者来说又显得枯燥。非物质文化遗产博物馆可以利用传承人、档案资料等资源的优势，对电子图书进行精心策划，突出"非遗"图书个性化特色。内容上可以分为专业版和科普版，满足不同群体的需要。从展陈形式上来看，博物馆展陈空间是文化空间，除了通过展品传达知识，也可以通过电子图书形式对知识进行传播。电子图书占用空间小，信息容量大，可设计成不同的形态，既能够展现传统手工艺的整体，又能对各主题展陈内容进行补充。而且，计算机技术还能通过人机互动的形式，吸引观众自主学习。如2015年米兰世博会的德国展馆，通过电子设备采用交互式演示，向观众展示了德国对食品与自然资源管理的观点与见解。将原本很平淡的科普知识和乏味的管理条文，通过新颖的科技手段展示出来，引起了观众的关注。又如广富林文化遗址展厅，通过场景还原与数字投影形式叙述历史故事（见附图3-7）；沧州博物馆通过数字影像技术科普春夏秋冬的常识（见附图3-8）等。

传统手工艺文化丰富多元，特别是活态性中的传承方式和精神价值等很难用展品表现出来。如果设计成交互式，以动态活泼的形式或专业性强的图书形式展示出来，让观众自行学习，将会大大提升展陈效果。电子图书展馆空间规划可以根据内容作不同划分，也可以兼顾儿童和研究人员的需求，再开辟两种人群的专属空间。在空间设计上营造传统手工艺文化的氛围。

另外，电子图书积累到一定量可做成数据库，还可以通过新媒体技术与观众进行线上交流，扩大文化传播范围，这种形式也符合数字化博物馆的管理理念。此外，将电子图书展馆设计成APP的形式，观众可以利用网络在自己的手机或馆内设备终端上进行学习，这样就给观众提供了可持续性学习的平台和空间。此外，考虑到版权和博物馆运营情况，部分电子书下载可以适当收取一定的费用。

（二）物化形态演绎技艺的无形价值

传统手工艺的活态性不仅体现在技艺的动态性上，还体现在技艺成熟发展过程中形成的造物思想、行业道德、工匠精神等文化上。如我国传统手工艺中的设计原则就体现了我国哲学思想中的和谐自然观。传统手工业中的诸多行规体现了我国生产商业贸易中的诚信法则。

对精神文化的展示是展陈中的难点。视频解说是常用的一种展陈方式。通过展陈让观众在精神上受到我国优秀传统文化的熏陶和感染，帮助改善不良的道德行为。这种最好是通过专题讲座、体验活动等，让观众在参与活动的过程中切身体验，从身心和行为上去接受。如举办一场"拜师会"，让观众参与拜师的活动仪式，切身感受传统手工艺的传承方式及尊师重教的传统（见附图3-9）。有时一项工艺是一个团队共同完成的，每道工序由不同工种的人来做，这种团队合作精神也体现了我国传统文化中的和谐观。

二、整体性理念

传统手工艺文化具有整体性特征，从文化内容来看，包含文化产生的自然环境、社会环境、技艺、衍生文化、行业行规、行业精神文化等。传统手工艺展陈要针对其整体性特征，在内容、空间、形式等方面进行统一策划。

（一）展品：整合展陈分类与主题内容策划

传统手工艺名录丰富，在遵循传统手工艺文化整体性特征的前提下，展陈分类要从科学认识和文化价值角度进行整合。展陈主题策划方面，在内容上要兼顾技艺与衍生文化之间的整体关系。任何一种文化都具有多维性，传统手工艺也不例外。除技艺之外，传统手工艺的衍生文化与民俗学、社会学、历史学等学科有着密切的联系，要厘清不同传统手工艺文化之间的关系，重点展示特色内容，结合文化的交叉性进行整合性策划。如年画和剪纸等与年俗相关的技艺，都应该结合年俗文化空间进行展陈才能更好地传达年画和剪纸技艺文化的生存空间和创作背景。

（二）观众：兼顾不同群体的需求

每个个体都有各自的身份。根据观众所从事的工作或学习的研究领域，可以将观众分为专业观众和业余观众。专业观众主要指从事博览行业或者展览主题相关行业的群体。业余观众则是指非从事以上工作或学习的群体，他们参观的目的是以科普认知为主，提升自己的综合知识能力。专业观众与业余观众的概念多用在会展领域。本文借用这两个概念对参观者进行细分，更细致地分析不同群体的参观者对展陈内容和展陈设计的需求。非物质文化遗产展馆的专业观众主要是指从事非物质文化遗产或展陈领域相关的工作人员或学生；业余观众主要是指不从事上述工作的人员。专业观众与业余观众参观传统手工艺展的目的和要求是不同的。现代展陈的服务对象是以观众为首，那么展陈应该紧抓观众需求来组织策划。对观众进行细分分析，对展陈内容和形式的整体策划有重要的意义。不同类型的观众对展陈空间、展陈内容、展陈形式有不同的需求。传统手工艺展陈策略应该对观众需求做深入的调研分析，将观众需求作为策划设计的重要考虑因素。

大部分观众对传统手工艺文化都不是很了解，但对传统手工艺感兴趣的观众较多。观众希望了解到传统手工艺及其文化。所以说，从展示内容和形式上都应该满足观众的需求，包括对知识的需求，对空间的需求，对展陈形式的需求等。如表4-1所示。

表4-1　不同类型观众的观展需求分析

不同职业、国别观众的观展需求			
分　类	群　体	展陈内容	展陈形式
根据职业来分	专业观众	通识、生动性	体验、互动
	业余观众	有深度、整体性	交流、座谈
根据国籍来分	国内观众	丰富性、趣味性、深度性	体验、交流、互动
	国外观众	生动性、民族性、精简化	翻译、体验、交流

（续表）

不同年龄和生理需求人群的观展需求				
	群　体	展陈空间	展陈内容	展陈内容和形式
按年龄和生理情况分析	婴幼儿、哺乳妇女	哺乳室、休息区	内容精短、展线短、逻辑性强	低展柜、互动参与、情景化、视听设备
	儿童、少年	休息区、消费区	内容精简、故事性强、展线短	低展柜、互动游戏、高科技技术、文创消费
	老年人	专属通道、轮椅租赁点、休息区	内容有深度、故事性强、展线短	低展柜、视听设备
	残障人士	专属通道、盲文设置区、轮椅租赁点、休息区	内容精简、故事性强、逻辑性强、展线短	低展柜、视听设备、盲文、互动性

1. 业余观众需求

观众因兴趣爱好和职业等关系，对传统手工艺了解的需求程度也不一样。业余观众希望通过生动而有趣的展示来了解传统手工艺文化，以满足其对非物质文化遗产的好奇心。他们希望对手工技艺制作有基本的了解，普及自己对传统手工艺和非物质文化遗产通识知识的认知。业余观众一般平时对这方面的知识关注较少，甚至一无所知。他们平时看到的都是艺术品或者生活品，但对技艺制作过程兴趣浓厚；对传统手工艺民俗文化了解得少，但感觉新鲜。希望能进行手工艺制作体验，通过动态的展示技术和互动体验的方式让自己多方位地感受传统手工艺文化的趣味性。同时，他们想了解同类传统手工艺在技艺、艺术、文化等内容之间存在的差异性。另外，他们注重展厅空间设计的艺术美感，希望从展厅空间上感受到传统手工艺文化的艺术氛围。

观众来参观传统手工艺展陈的目的也各不相同。以旅游为目的的国外观众，他们期望展陈内容能体现地域文化特征，对翻译人员或者讲解器、双语字幕等有需求；来访参观的国内外政要，他们对传统手工艺文化中蕴含的民族精神，以及技艺、交流活动关注度比较高，对博物馆运营管理也比较感兴趣；而特意前来学习的观众，他们对传统手工艺文化兴趣浓厚，希望能有机会接触到技艺体验。

2.专业观众需求

专业观众对传统手工艺文化已经有了一定程度的了解，他们观展的主要目的是从展示内容和形式上获取更多的专业知识，学习到更全面、更深入的，在市场图书上学习不到的传统手工艺文化知识，特别希望传统手工艺展陈能激发他们的工作和学习热情。能通过观展对"非遗"知识及其保护方式有进一步的了解甚至能获取更多新的保护方式。同时也希望在观展的同时有获得学习传统手工艺的机会，期待传统手工艺展陈设计能体现中国传统艺术的美的氛围。

专业观众根据专业不同又分为文化学专业的、社会学专业的、设计学专业的等；根据年龄不同又有青年、中年、老年之分；他们有的是为了了解传统手工艺技艺、有的是想了解传统手工艺习俗、有的想了解传统手工艺艺术、有的想了解"非遗"保护方式，还有的想了解"非遗"展厅的设计等。

传统手工艺的展陈主要从展示内容和形式两个方面尽可能地满足观众不同的需求。首先，从内容上来分析，专业观众对传统手工艺技艺细节、工具、工艺过程及较翔实的传统手工艺文化等方面的要求比较高。业余观众对传统手工艺技艺的过程和文化不是很了解，但有好奇心，希望通过展示技术和方式体验手工艺技艺。

其次，从展陈形式上来说，专业观众对传统手工艺的技艺和文化有一定的了解，对展陈的方式要求会更高，所以传统手工艺技艺和文化的展示一方面要尽可能地展示实物，比如工具、材料等；另一方面将传统手工艺技艺全过程进行全方位的视频展示。由于时空关系等因素，可采用视频、虚拟技术或现场展演形式来实现。另外，观众的年龄层次不一，参观目的不一，为了尽可能地满足观众的需求，可以考虑将视频内容进行不同风格的设计制作。

最后，从展示空间需求来分析，专业观众需要相对安静的空间来参观学习，还需要互动的空间，展品也需要营造氛围的空间。

3.弱势群体需求分析

弱势群体指老幼病残。这部分特殊群体首要解决的是生理需求，行动不便会需要轮椅、儿童椅、专属通道等；盲人需要盲道，盲文；婴儿需要哺乳室等。这部分群体因为生理因素，容易疲劳、注意力集中时间短等，对展陈内容和形式也有不同的需求。可参考前表4-1。

三、传承性理念

传统手工艺的传承性一方面是对其技艺价值的传承，另一方面是对其文化价值、精神价值的传承，如对其生产生活习俗、行业文化的传承。实用和精神两部分构成了传统手工艺文化的整体。日本民间手工艺传承中对技艺和生产习俗等文化的整体性传承保护，是一种值得我们学习和借鉴的模式。传统手工艺的传承性展陈，可在内容和形式上进行策划，对传统手工艺文化中的优秀精神进行宣扬。

（一）体验技艺和搭建传承平台

技艺是传统手工艺的核心内容，技艺的传承要靠眼看、靠手动才能体会。在展陈的时候可以采用短期的传承人现场展演与观众互动体验模式，还可以利用计算机虚拟技术让观众模拟得到体验。

"人在艺在，人亡艺绝"是传统手工艺传承中的一个特点。技艺是传承人的灵魂，传承人一旦去世，技艺也随着传承人的离世而消失。目前，我国传统手工艺中有些技艺已经消亡了，还有些技艺面临着失传的危险。在科技经济时代下，人们都向往大城市的现代生活方式。而传统手工艺大多在村镇一级的小地方，有些技艺的原生地甚至没有通公路。这些区域的年轻人大多外出打工，村子里没人愿意学习传统手工艺，传统手工艺也一直困在大山里，外界难以接触到。

博物馆展陈策划可以将这些濒临消亡的传统手工艺信息和传承方式进行传播，可以适时安排相关的活动，鼓励有兴趣有条件的观众去体会这些手工艺。让观众意识到这些优秀的传统手工艺正面临失传危险，唤起他们对传统文化的热情，继而促进技艺的传承。特别是针对高等院校艺术、设计类专业的学生和专业爱好者，对他们进行有目的的宣传，可为他们提供学习的机会，搭建观众和技艺之间的传承桥梁。

（二）认知传承形式

每种传统手工艺的传承方式各不相同。"不以规矩，不能成方圆"[1]是我国

---

[1]（战国）孟子.离娄章句上.

儒家思想中的端正事物形态的一种方法，各行各业在发展过程中都约定俗成地形成了一些规则，来规范行业内的行为，主要表现在师徒传授、职业道德、行业习俗、贸易交流等重要事件上。这些规则在行为、仪式和精神上对手工艺人都有严格的规定，以促进行业的发展。如徒弟拜师学艺，要在中间人的介绍下行拜师礼，师父接收了徒弟就要负责徒弟的学徒生活，徒弟则要遵循"一日为师，终身为父"的尊师重道的思想。手工艺人入了行，就应该遵守行业行规，如有败坏行规的行为会受到相应的惩罚，严重者会被逐出师门或行业会。被师门或行业会除名的人在这个行业中可以说是没有出路的，同行业的其他行会也不会接受。随着我国传统手工艺的衰败，手工艺行会基本上都已经不存在了。行业行规没有人遵守，很多手工艺者为了得到更多的市场，也会采用不正当的手段，不按传统的方式生产制作手工艺品，让传统手工艺品质和名誉都受到了不良影响。

近年来，我国每年都会举行的隆重的祭孔大典也是对儒家传统文化的一种传承。博物馆对传统手工艺的传承性展陈可以通过举办相关的传承仪式让观众更直观地了解传统手工艺的传承内容，还可以更深一步地挖掘传统手工艺文化价值，有效地帮助传统手工艺传承。博物馆可以搭建技艺传承平台，为一些濒临消亡的传统手工艺积极地宣传。以传承人招募活动为例，传承人按一定的要求选拔出来后，可以在博物馆举行拜师会。从展陈方式上来讲是一种真实行为的展陈。传统手工艺传承还可采取活动策划的方式开展，在合适的时间开展一些传统手工艺传承仪式的活动，如在正月初二结合年俗活动策划杨柳青木版年画祭财神、剪纸贴窗花等。

（三）行业精神的延续

行业精神不仅指手工艺人在从事传统手工艺生产贸易中的道德品质精神，还包含了手艺人对促进本行业发展坚持不懈的努力。现在我国传统手工艺行业不景气，很多手工艺人也逐渐丢弃了自己的手工技艺转行从事其他工作。手工技艺离开了传承人这个活的载体就失去了其价值。传统手工艺行业精神的振兴有赖于手工艺人热爱行业的信念、积极促进手工艺行业发展的执着。只有重振行业精神，传统手工艺才能传承发展。所以，在对非物质文化遗产进行保护传承时，恢复手工艺行会的职责是非常重要的。行会以民间自律形式规范手艺人的行为，确保传统手工艺健康发展。目前，我国传统手工艺行业中出现了很多不良现象，有的手工艺品功能落后，有的形式不符合现代人的审美，有的做工粗糙等，造成人们对手工艺的不认可。要积极提倡精益求精的工匠精神，以耐心、坚持的态度坚守传统手工艺行业精神。

博物馆方作为非物质文化遗产保护传承的呼吁者，可以号召传统手工艺界重建手工艺行会，重振工匠精神。手工艺行会的建立不但可以传承传统手工艺行业文化、规范传统手工艺行业发展，还可以带动各地传统手工艺的均衡发展，帮助一部分传统手工艺渡过濒临消亡的危机。博物馆可以适时开展相关讲座、传承大赛等活动，大力弘扬工匠精神。

第二节　传统手工艺展陈原则

一、艺术性原则

展陈也是一种艺术形式，应遵循形式美的法则。传统手工艺无形性文化以物化形态在空间中呈现，形式多样。同时，博物馆展陈的审美教育也是以美的感受让观众获得文化和情感的熏陶。所以，展陈内容以怎样的叙事方式让观众轻松有趣地接受，展品以怎样的形式呈现使观众获得美的感受，这就需要科学严谨又不失艺术处理的组织方式。

（一）展陈叙事结构合理有趣

展陈叙事是展陈内容策划的表达方式。展陈内容的叙事表达通常有两种形式。一种是主题故事性叙述，另一种是按时间、类别叙述。前者类似讲述一个故事，相对比较生动，在内容策划时要注意故事的逻辑性与趣味性。后者逻辑性更强，脉络鲜明，但稍显理性，要注意内容与观众情感的交流。从传统手工艺内容上来分析，主题故事性叙事的表达方式更适合非物质文化遗产无形性、活态性的表达。

不管采用哪种叙事方式，艺术结构首先要逻辑鲜明，线索清晰，重点突出，言简意赅。让观众能够在最短的时间内最快地接受展陈内容。其次，要增强内容的趣味性。观众长时间参观易产生疲劳感，要在不同的时间段内吸引观众的注意力，保持观众学习的热情和积极性。要在介绍传统手工艺的同时结合文化、历史和哲学等知识进行整体性的介绍，淡化工艺中较为理性的一面，突出传统手工艺文化的丰富性。

（二）展陈内容与形式和谐统一

内容与形式达到和谐统一是设计达到的最佳状态。内容与形式也是设计实践中最重要的两个元素。形式是为内容服务的，不论采用什么样的形式，都是为了更好地达到信息的有效传播。这与芝加哥学派的现代主义建筑大师路易斯·沙里文提出的形式追随功能的设计观点一样。传统手工艺展陈从内容的组织安排、动线设计、形式设计到空间氛围营造都是为了达到展陈信息的有效传播，让观众更好地接受。

1. 展线与动线设计的一致性

展线通常是对展陈内容进行分类策划后，形成的一种内容组织模式，是构成主题展陈的内容文脉。展线的有序性将分类的各个部分组织连贯起来，形成线性的结构脉络。如故宫博物院陶瓷馆的展线是"序厅—远古时期—夏商周—魏晋南北朝—唐宋—元明清—外销"，以时间为序，展示我国各个朝代的陶瓷艺术。一般来讲，展线的逻辑性较强，常根据展示内容之间的结构关系进行规划，与展陈各部分内容按照一定的关系进行整体性布局。结合观众的行为习惯，通过对空间的限定，将展线上的各部分内容以一定方向性呈现，这就是空间动线设计。动线设计有折线、直线、迂回等特征，也是观众在观展时的行走路线。动线设计一方面要遵循观展的连贯性，避免死角、重复、杂乱等；另一方面又要营造观展时迂回曲折的游赏性。动线设计可突出空间的多层次、多角度性，消除观众在长时间观展时产生的单调、枯燥的心理。

展线是展陈内容的轴线，动线则是空间设计的轨迹。动线设计通常围绕着展线这根轴线展开。在空间上，注重起承转合，突出节奏性。通过动线和空间限定的形式设计，给观众营造一种"步移景异"的时空美感。展线和动线在方向上具有一致性，在空间组织关系上具有一定的秩序性，从而使分割后的限定空间能够连贯成一个整体。

传统手工艺展陈的动线与展线设计，要注意空间的宽窄变化、时间轨迹的长短、曲直与角度的把握、回路的设置等。通常情况下，动线中的直线时间性不宜过长，长时间在同一空间中容易产生观展疲劳，可根据展线内容上的主题变化，设计曲线或折线进行空间和主题的转换。通道的宽窄设计要注意空间人流量大小，入口、出口、转折处的空间往往会停留较多的观众，通道要更宽一些。另外，动线设计一定要通畅，保证有回路，避免死角，在曲折迂回中能做到"峰回路转"，在内容变换和空间设计上突显新的闪光点，给观众带来"柳暗花明又一村"的感觉，给观展中的观众带来惊喜，让观众对不同内容都产生兴趣。

2. 展陈形式与信息传播方式的适宜性

展陈形式是指借助一定的外在手段准确传达展陈信息，仅从工艺来看就有多种表现方式，如文字、图片、视频、实物、模型、新媒体艺术、表演、计算机虚拟技术、展演、体验、观摩等。特别是在计算机技术、新材料等高精尖技术条件的影响下，展陈形式设计也有了大大的改变，这给具有活态性、无形性、传承性文化特征的传统手工艺展陈，提供了更大的表现空间。适当合理地运用计算机虚拟技术、新媒体技术可以在艺术效果、资源节约、展陈设计等方面带来更高的效率。特别是通过人机互动给观众带来体验展示，可以弥补传统手工艺展陈中不能向观众进行现场展演形式的缺陷，互动式体验可以让观众感受到传统手工艺无形的技艺和抽象的形态。

具体可根据传统手工艺的文化特征，结合展陈效果、空间关系、资源利用与再设计等因素，利用高科技和新材料等先进条件，选择适宜的、生态的、绿色的展陈形式。通过观众与机器、观众与传承人之间的互动体验，让观众尝试传统手工艺的技艺、传承方式等抽象形态信息。体验式展陈通过多感官的刺激，可以将言语图像等符号及难以表现的抽象信息以一种身心感受的方式来完成，激发观众的想象力，让观众对展陈信息有更准确的理解。

以人机互动为例。人机互动展陈方式的优势是可以让观众体验我国传统手工艺的精湛技艺，让观众简单又生动地认识非物质文化遗产的文化形态，了解非物质文化与物质文化之间的差异性。此外，在时空上，互动体验可以缩短观众与展品之间的距离。计算机的模拟设计，不但可以让观众在博物馆中体验到传统手工艺文化，而且可以让观众重复体验，不会造成原材料的浪费，满足观众参与的心理和行为需求（见附图3-10）。

互动体验式展陈在设计上的特点如下。① 采用当下较为先进、新颖的计算机技术实现互动体验。体验式展陈吸引观众的地方就是虚拟技术能调动人的听觉、视觉、嗅觉和触觉等，这是传统的展板、展柜、模型等传统展陈设备达不到的多维度表现形式。但是，计算机技术更新快，一旦手段陈旧很难再吸引观众更多的注意。比如过去常采用的电子书展陈形式，渐渐就失去了市场。② 留有技术更新与再设计的余地。因为计算机虚拟技术的更新速度快，所以在设计前期要考虑成本和展示效果等诸多方面，在技术和设备上，最好能更新，可进行再设计，以减少资金和资源上的浪费。

再说展演体验。展演是传承人的现场演示，可与观众互动交流，是真实、生动的一种表现形式。传承人可以边解说边制作，将经验方法配合制作过程向观众展示。但因为诸多传承人不能在博物馆进行长期的展演，所以多以临时展演方式为主。传承人现场展演，观众也可现场体验制作，让观众以一种边学边做的方式真切地感受和学习传统手工艺文化（见附图3-11）。

3. 展陈空间的情境化设计

情境化设计指利用一定的艺术表现形式将展陈主题所蕴含的文化氛围营造出来，给人一种亲切的、身临其境的感觉。情境式展陈通常采用虚拟现实的方法，将不可能实现的场景，通过计算机技术以光、影、色等艺术手法呈现，是一种经济适用的艺术表现形式。情境化设计涉及社会、文化、经济、市场、科技等诸多方面的因素，容易吸引人的注意，引发人的情感认同，在博物馆空间设计中被广泛应用。

情境化展陈设计通常采用场景还原、虚拟情景等形式，鼓励观众对展品进行深入接触，有些情境设计通过计算机虚拟技术，实现人机互动，增强观众对展品的体验，提高了信息传输和接收的效率。此外，还可借助光、色、声等元素，构成富有艺术效果的空间形态，将展品、观众和空间融为一体。这种整体又不失个性的设计特征，让观众置身于展品的文化氛围中，从多维角度给观众以身心感受，将抽象的信息呈现在展陈空间中，辅助信息的有效传播。

情境化展陈设计要全方位考虑展品的文化艺术特征、空间关系及观众对展陈艺术的接受，从而提升观众对展陈内容的期待。情境式设计常选用能体现展陈主题文化的元素，以通俗易懂的方式辅助观众学习。借助各种技术和材料，如虚拟技术、灯光、色彩、道具等，利用视、听、触、嗅等综合形式最大化地让观众与展品产生对话交流。2015年米兰世博会伊朗馆将大自然生态环境情景植入展馆中，真实地传达"给养地球：生命的能源"的主题。天津博物馆"中华百年看天津"展厅中通过声、光、电和场景还原模式，营造近代天津码头抵御外侮等情境（见附图3-12）。亦有许多传统手工艺商铺中利用机器人进行展示，吸引观众互动交流（见附图3-13）。

二、体验性原则

学习的方法有多种，现代展陈的定位由以展品为主转变为以观众为主。展陈的教育方式也由早期的被动讲述为主，转为现在的引导式的主动学习。这种转变主要体现在展陈形式上，由陈述式的观看，转变为体验式、互动式的认识。体验是学习的一种方式，观众可通过各种感官体验完成参观学习。传统手工艺技艺的展陈，具有动态的、连续性的特征。观众学习时可以一种模拟或临时性的实践操作方式体验技艺制作，感受技艺的精深和我国劳动人民的伟大智慧（见附图3-14）。

"百闻不如一见，百见不如一干"，这句话道出了体验的效果优势。体验具有真实感，会在人们的大脑中留下深刻的印象，有助于人们回忆。体验能带动观众的行动，甚至改变观众学习的方向。体验式展陈其实并不新鲜，在营销活动中，体验式展陈营销给商业销售带来了很大的利润。如苹果品牌体验店，新品上市前有人连夜排队前来体验、消费。在博物馆展陈中体验式展陈设计也早有运用，在技术、形式和效果上各有不同。如北京天文馆中的许多展陈就运用了体验形式，受到不同群体的喜爱。北京自然博物馆地下一层"人类的缘起"主题展中有部分内容采用体验展陈形式，尽管如今有些互动感应已经失效，但许多小朋友仍以游戏的方式，积极主动地学习，甚至流连忘返。博物馆增加了科学体验馆的功能，以调动了少年儿童的学习兴趣和热情。

体验式展陈要遵循形式为内容服务的原则。体验展陈是一种展陈形式，不能脱离内容，没有内容的展陈只是个空架子。体验式展陈在形式上要符合展陈内容，采用适当的方式辅助内容信息的有效传达，空谈形式会给人喧宾夺主的感觉。如上海宝山国际民间艺术博览馆，展陈形式多样，技术先进，但是展陈内容有些简单，很多观众体验完之后，对主题内容印象不深。

（一）适于展陈内容的传播

展陈内容是体验式展陈的服务对象，传统手工艺展陈中适合采用体验式展陈的内容主要有：材料和工具体验、技艺体验、仪式体验。这些体验适合通过声音、图像、触觉、味觉、听觉、视觉等方式，让观众在亲身操作过程中学习。

体验式展陈要遵循的原则如下。

首先，化繁为简。传统手工艺文化丰富多样，在其形成发展过程中，除了技艺之外还衍生了一些行业习俗。传统手工艺工序多而细，在制作过程中，常有相关的习俗活动。然而博物馆空间是有限的，展示动态的、丰富多样的技艺，或时空转换较大时，体验式展陈要抓住动态变化的连续性特点进行精简。如陶瓷烧造技艺可以以游戏的形式，对拉坯、画坯、施釉、烧窑等重要工艺及其生产习俗进行模拟设计。观众可根据游戏中的说明提示自行体验。比如在原料选配的时候，在说明中提示高岭土、陶土、半陶半瓷土的配方，让观众根据自己的作品，按说明进行游戏操作。又如施釉工序，可提供几种釉料，让观众先选择已配好的釉料，或自行配釉，再根据提示中的施釉方法，选用适合自己设计的器形完成施釉过程。再如烧窑环节的设计，先将瓷器装入匣钵中，再将匣钵装入窑中，最后封窑门，点火。要注意选择适合釉料和瓷器坯体的温度和时间。在技艺模拟过程中还可穿插行业习俗等体验。如在拉坯完后设计"知四肉"的习俗（文化展示），在烧窑之前举行祭窑神的习俗。游戏的最后环节呈现给观众的是他们自己完成的陶瓷作品，可以生成二维码，通过手机扫描保存到观众的手机中，或者以邮件的方式发送到观众邮箱，观众还可以链接到自己的社交平台。这种游戏体验模式也适合群体观众，大家在休息区、等候区都可以进行游戏体验学习。

采用计算机虚拟技术进行体验式展陈，可以将复杂的内容在极少的时间内，以连续、生动有趣的形式完成，观众在"玩"中学，这种寓教于乐的展陈教育学习形式可以帮助观众对难以理解的技艺有一个全面、整体的了解，加深观众对展陈内容的记忆，激发观众对传统手工艺的热爱，鼓励观众真正地去学习或研究传统手工艺。

　　其次，化难为易。文字、图片、视频等视觉信息，对技艺内容的表达不能让观众达到最准确的理解，信息在传达过程中可能会导致误解。通过简单的体验来解决不易理解的展陈内容，让观众对展陈内容接受起来更容易。如陶瓷烧造技艺的展陈在介绍陶和瓷材料的差别时，可以从颜色、声音、温度等性质上入手，如果只是图片、文字或视频介绍，不给观众提供一个亲眼见、亲耳听、亲手试的机会，观众对陶瓷材料性质的理解也只停留在表层认识上。在展陈中，可将展陈内容和体验形式结合，如选择瓷器和陶器材料各一块，设计一个喷水雾的设备、一个声音设备，让观众先通过轻敲的方式，听声音区分陶瓷的差异，再通过按喷水按钮，观察陶瓷的吸水性，由此来感受两者之间的差异。如附录2中第一部分的陶与瓷材料的区分表，采用归类对比法对陶与瓷材料进行了辨识体验。

　　以陶瓷的拉坯技艺为例，在展陈中常用的方式是"视频+文字"介绍，但仅依靠这些信息难以理解口诀中的奥妙。如果利用AR或VR技术将内容设计成三维影像投影，配合音效，观众可动手体验感受技艺的精湛和技艺学习过程的不易。如拉坯体验互动，实物为坯车，当观众坐在坯车前时，影像感应显示出转动的泥坯，观众手碰泥坯时，泥坯随着动作而变化出不同的形态。这就是通过三维影像感应技术让观众感受泥坯成型过程。又如利坯展示，柔和灯光下的坯车和坯模，剐坯刀立在坯模旁边，当观众坐上坯车时，坯车上的灯光变亮，观众手握剐坯刀，轻触坯体模型时，修坯的声音随坯粉落下的影像出现。非常生动。因体验式展陈的关注度很高，常造成人群拥挤和观众争抢等问题，所以，要设置好体验时间，比如1～2分钟的体验后影像自动消失，下一位观众可再继续体验。再如，在装匣、满窑、烧窑的工序中，利用虚实结合的动画技术，场景是纵剖的窑体及其周边环境，即"装匣场景—满窑烧窑场景—开窑选瓷场景"，实景是准备装匣的模型和装好的匣钵，装有部分匣钵的窑体。虚景是投影人物的动态过程，即装匣、满窑的动作。通过投影的动态人物将匣钵搬进窑内来呈现满窑的场景。匣钵也展示内部剖面，能看到匣钵里的成坯。匣钵里的坯随进入窑内不同的位置呈现窑变的过程，此时，温度也有不同的变化，窑的前端温度高一点，到窑的中部时温度最高，在窑的后端温度又降低。坯随位置和温度的变化，颜色和图案也会发生变化，呈现由坯烧成陶瓷的过程。观众在步入这种虚实的情境时，可以一种似旁观游玩，又似参与的行为参观烧窑过程。

最后，化枯燥为趣味。重复使用一种展陈方式，容易让观众形成视觉疲劳。特别是满展板文字和图片的形式，不能满足观众观展的期待。通过对观众面对图文、实物、视频、虚拟影像和互动体验形式的观察，发现观众对图文的展陈形式兴趣最低，关注度最少，通常会认真看前部分，后面的内容就略带而过，甚至被遗忘。观众对实物展品虽有关注，但常走马观花，看了后面忘了前面。视频因时间长，解说部分多，观众一般也是驻足观看前部分，如果没有足够的吸引力，通常也是看个开头就离开。虚拟的动态影像往往能吸引大部分观众的兴趣，虚拟动态影像与3D、4D的场景还原形态组合展示，视觉冲击力强，虚拟的空间关系让观众能轻松、直观地体会展陈内容，将观众需要在脑海中作信息加工的过程以直观、艺术的形式呈现，让观众一目了然。如北京天文馆中设计了3D、4D剧场，展示了宇宙间的奥秘。互动体验是最受欢迎的一种展陈形式，不论是人机互动、现场体验还是模拟体验，观众都愿意排队尝试。如果观众有进一步学习的愿望，博物馆也会以讲座、活动等其他形式满足观众对传统手工艺文化更深的求知需求。

传统手工艺文化内容多，观众注意力有限，怎样抓住观众的学习欲望是展陈中存在的一个大问题。在展陈内容上要有所取舍，重点突出，展示个性特征。在抓住观众眼球和耐心上，可以通过体验操作，让观众亲身体验，一方面化解观展过程中的视觉疲劳和体力疲劳；另一方面，从学习的角度来看，观众主动学习效果更佳，展陈信息也能得到有效的传播。

（二）易于观众对无形文化的接受

首先，吸引观众注意。注意是心理活动对一定对象的指向和集中，常伴随着感知、记忆、思维、想象等心理过程。注意通常伴随着有选择地加工某些刺激而忽视其他刺激的倾向。在观展过程中，吸引观众的注意就是要通过展陈形式和展品的个性化、特殊性，吸引观众的视觉、思维、想象等，让观众忽视因长时间参观学习带来的身体疲劳或乏味被动的负面情绪。在参观过程中，有节奏性地、点状地设计一些体验式展陈，可以将观众平静的观展心理带入一个高潮，通过体验的趣味性，让观众对展陈内容留下深刻印象。

让观众抛开其他杂念，全身心停留在参观学习上。研究观众的心理特征，分析前来参观的观众对传统手工艺文化有哪些需求，他们的注意点可能会是什么，传统手工艺文化中精彩之处在哪里，怎样把这些表达出来。另外，还要发掘一些观众没有预料到的注意点，给观众惊喜，让观众对传统手工艺文化有新的认识。这是展陈策划中要吸引观众注意的地方，即期望需求与出乎预料之外的获得。

体验性展陈的形式很多，真实体验、人机界面操作、模拟体验是常用的三种方式。真实体验是在展览活动中，提供半成品或部件，让观众在传承人的指导下，亲自动手制作完成作品。人机界面操作体验设计要增强趣味性，尽量以生动有趣的方式去吸引观众的注意力。比如将内容设计成游戏或者动画的形式，让观众对内容产生思维上的互动，重视视觉上的艺术效果，而不仅仅停留在触觉上，内容也尽量避免大篇幅的文字，以免让人产生枯燥乏味感。模拟体验对技术的要求比较高，应尽量让各种感官感觉都达到舒适，比如听觉感受，声音效果应尽量达到真实的音效；视觉效果要用艺术美感来吸引观众的注意。动态设计应避免影像与场景设计的生硬组合，尽量达到情景相融，让观众以一种美和身临其境的体验来感受传统手工艺的独特文化，以一种轻松愉快又记忆深刻的形式来接受传统手工艺文化的传播。

其次，激发观众间接兴趣。兴趣来源于需要，人们对某些事情有需要时，会在行为上接触、观察并积极参与，去注意和发掘其中的奥妙。认识、兴趣和情感存在着密切的联系，没有认识就没有兴趣，兴趣又是产生深刻认识和情感的动力，没有兴趣也不会产生情感，三者是正相关的关系。

兴趣根据人们对事物或活动的关注度不同，可以分为直接兴趣和间接兴趣。直接兴趣是人们对事物或活动本身的外部特征发生的兴趣，多指感官上的刺激，其特征是强烈而短暂。间接兴趣则是人们对活动的结果及其重要意义有明确认识之后所产生的兴趣。这种兴趣经历了由认识到学习的过程，观众对展陈内容了解后，有求学的需要，则该学习就具有了一定的持久性。观展后让观众对传统手工艺文化产生兴趣，引发其对传统手工艺技艺的学习、传统手工艺文化的研究，则有助于传统手工艺的保护和传承。展陈要达到观众对传统手工艺学习的目标，首先在展陈内容上要分析观众观展行为和传统手工艺的个性特征，找到观众与传统手工艺之间的连接点，再选择一种适合内容表达，又能产生鼓励性作用的、令人愉快的展陈形式，鼓励观众去体验传统手工艺，激发观众对内容的更进一步了解和认识。通过内容策划和形式设计，挖掘观众对传统手工艺的间接兴趣，增强观众的学习欲望。

据调研，95.2%的观众对传统手工技艺的实践有积极的兴趣，愿意体验技艺制作过程。对博物馆中现有体验式展陈的观察发现，不同群体的观众对体验展陈都非常感兴趣，特别是少年儿童和青年女性对体验展陈表现出极大的兴趣和爱好。在非物质文化遗产展中，亦有不少热爱传统手工艺的观众会向传承人提出拜师学习的愿望。

在展陈形式上，要抓住观众的这一潜在兴趣，通过一定的手段将传统手工艺中的亮点展示出来，以一种可操作、可感受的形式让观众了解传统手工艺技艺，挖掘出观众对传统手工艺的间接兴趣。体验式展陈有利于刺激观众对传统手工艺的间接趣味。体验在形式上可以让观众快捷地认识到传统手工艺的技艺，观众通过动手操作可体会到技艺中的乐趣，感受到技艺学习过程中的艰辛，同时也能感受到技艺的艺术美或技术美。通过尝试将观众对传统手工艺的憧憬激发出来，让他们感受到愉悦的同时，生发出对传统手工技艺学习或研究的决心或信念。

体验式展陈将技艺中的活态部分以易懂、直观的方式呈现给观众，以一种游戏的形式让观众对技艺学习产生一定的兴趣。从展陈内容的特性和观众观展行为来看，传统手工技艺的展陈表达适合采用体验形式。

三、一体化原则

一体化是指多个原来相互独立的主体通过某种方式逐步在同一体系下彼此包容，相互合作。博物馆主要有三个相互独立的个体，分别是：博物馆空间、展品、观众。原本独立的三个个体汇集到同一个空间场域中产生交集。展品是联系观众与博物馆空间的纽带，是博物馆承载的主体；观众是展品的接受者，也是博物馆空间使用者；博物馆空间是展品和观众的载体，它既服务于展品的展陈需要，又满足观众观展的需要。三者之间因为有了一定需求关系而联系在一起。观众对展品需求主要为高层次需求，如求知等精神需求，而对博物馆空间的需求既有满足生理方面的物质需求，如休息、排泄、饮水等，又有精神需求，如美的感受。观众与展品和博物馆空间之间有了需求和被需求的关系才能维系发展。如果没有观众，展品和博物馆空间就失去了存在的意义和功能。如果没有展陈空间，展品就失去了依附的载体，也不具备展陈的基础条件，而没有展品的博物馆也只是个建筑空壳。

当展品、观众、博物馆空间三者有了相互的依存关系维系在一起时，就产生了博物馆展陈设计这一空间组织方式。如何将观众、展品和博物馆空间之间和谐有序地组织在一起，即如何既能让展品信息有效地传达给观众，又让观众能通过一种愉悦、高效的方式自主对展陈内容进行学习呢？博物馆空间既要满足观众的生理和精神需求，又要能促进展品和观众的交流，这就需要对展陈形式和博览空间进行科学合理的空间规划，遵循一体化设计原则。一体化设计原则，一方面是指博物馆空间与展品之间、展品与观众之间、观众与博物馆空间之间的协调关系，表现在博物馆建筑空间设计与视觉设计、展品与展具设计、内容策划设计与观众接受等方面，另一方面也指博物馆展陈设计应考虑到博物馆运作管理之间的长远发展利益。

（一）展陈策划与空间设计的兼顾

为了更好地向观众介绍传统手工艺文化，博物馆会不定期地组织策划一些讲座、临时展览、会议、谈话等活动来丰富展陈内容，通过不同的方式、角度来阐述传统手工艺文化。这些策划活动都是面向大众开展的，规模不小，占有博物馆空间一定的面积。活动的性质和内容不一，对空间环境的要求也不一样。如讲座、会议、谈话类的活动，需要一定的语音设备、桌椅形式的会场等；而展览、活动之类则需要大型的灵活性空间。在进行博物馆空间设计时应考虑固定展陈和临时活动对空间的需求因素。

1.临时展陈空间的可再利用性

临时展陈是博物馆展陈的一种方式，其形式有多种。通常情况下，博物馆会规划出特定的区域供临时展陈活动时所用。临时展陈空间内除了电、通风等基础设施外，基本没有进一步的装饰。传统手工艺临时展陈空间因展陈需要，在基础设施上会有一些特殊需求。比如水、电、排水设施、空间高度和广度等。水电工程和空间高度的问题在工程装修过程中是比较固定的设计，一般不易改动，如改动，不仅会影响空间结构，费时费资，且很有可能影响其他空间的使用。所以，在空间设计时应考虑临时展陈的长远需求，展陈空间内的基础设施应该尽可能地满足各种情况下的展览需求，水、电、空间等基础资源要能满足各类展陈需要。比如陶瓷烧造技艺的重点技艺之一拉坯工序、宣纸制作工艺的精髓捞纸工艺等就需要良好的进水和排水设施；雕刻技艺中也需要台灯等电资源。又如，云锦的大花楼木织机，机长5.6米、宽1.4米、高4米。在空间上特别是在高度上需要能满足展品规模的要求。这些基本设施的设计和规划要灵活。可以利用暗门、暗通道、升降台等隐蔽性的设计将一些基础设施功能遮掩起来，需要时开启，不需要时隐藏，增加空间的使用率。

此外，在空间规划上还需要考虑排水系统和空间高度及展品的搬运问题。临时展陈时间较短，为了提高搬运效率和确保展品不在搬运途中被损坏，临时展陈空间应设计在一个比较便捷的空间，最好有专门的运输通道。此外，排水系统最好设计独立管道，因为传统手工艺制作过程中的排水通常都会有一些沉淀物，比如陶瓷烧造技艺的拉坯会有泥土沉淀在水中，下水道如果和公共管道通用的话，可能会导致管道的堵塞。排水系统设计成可过滤的，能减少管道的堵塞。

在楼层规划时，临时展陈有空间、排水、搬运、开幕、室内室外互动等展陈需求，最理想的空间是在一层。首先，从活动仪式上来说，临时展陈特别是大型的非物质文化遗产展，都需要大空间的开幕仪式场地。一层大厅可以解决临时展陈的开幕和闭幕仪式所需的大空间，这也合理运用了公共空间。其次，从运输便捷性上来说，第一层是交通最便利的楼层，不但出入口多，而且均为平地运输，对一些大型展品来说减少了搬运的距离和高度，加快了布展和撤展的速度；从展品管理上来说，可以尽可能地减少在运输过程中造成的损耗。再次，从人流疏通角度来说，博物馆中的固定展陈通常是3～5年才进行更换，多次参观同一博物馆的观众，通常是为了观看临时展陈。将临时展陈规划在一层，目标观众参观后方便离开，可以减小空间的拥挤现象。通常参观临时展陈活动的观众较多，倘若发生紧急突发事件，如火灾、踩踏事件等，也方便人流的疏通。最后，可以在一层设计临时展厅的专门出入口，方便观众和参展者使用，也可以避免超大型临时展览时人流量剧增造成的人流拥挤或喧哗的现象。

2. 活动展览空间的灵活性

在传统手工艺名录中有一些是与民俗、表演相关的。如舞龙、鞭春习俗中都含有传统手工艺的剪纸、年画、面塑、泥塑、灯彩、纸花等技艺。民俗类相关的传统手工艺最好的表现形式就是与民俗活动一起进行展陈。而民俗活动多半在户外或者空旷的室内空间举行。在空间位置上，与它相关的传统手工艺最好能与民俗活动场地比较接近，方便整体性展示。

第一，利用户外衍生空间。户外展览是常见的一种展陈方式。因为户外面积大，空间限定少，所以常用来举办开幕仪式、行为艺术等活动。户外衍生空间通过空间导引设计或活动形态展陈与室内展陈连为一体。活动展演是非物质文化遗产展陈的方式之一，在空间上需要大面积、开阔、可流动的，甚至是具有人文文化的空间场地，既要满足活动中表演者的需要，又要满足观众观看的需求，此时可借助户外的广场空间来举行，广场就成了博物馆展陈的衍生空间。所以，户外广场的设计在一定范围内应尽量保持宽广，减少空间限定，在水电等设备上有一定的预备设计，以备在活动举办时方便使用。

第二，首层大厅的多功能使用。首层大厅是一个过渡空间，是室内展陈与室外的过渡，同时也是一个具有通道、休息、等候、展陈等多功能的公共空间。大厅是博物馆的门面，设计上应多以简洁宽敞为主。大厅空间可用于一些大型活动的开幕仪式，也可在空闲、非流通通道处偶尔举办小型展陈活动。

（二）展陈空间、公共空间与办公空间的均衡

博物馆空间规划除了要达到展陈目的，还要满足博物馆工作人员和观众在博物馆空间中的活动需求，如卫生间、休息区、储物区、饮水区设计。博物馆空间规划，要注意空间尺度和比例的关系、人性化功能设计、方位与功能之间的关系。在尺度与比例的空间关系上，首先应根据展品的数量和对环境指数的需求、办公空间的量化标准和需求，规划适合的展陈区、储藏区、工作区；再根据观众观展、传承人展演、工作人员管理的需求对空间进行必要的功能分区，并在空间环境上根据空间功能需要对空间方位进行规划。

1. 不同群体需求与空间功能分区

对博物馆空间有需求的主要群体有观众和工作人员。两大群体对博物馆空间需求有共性也有差异。观众群体又根据年龄、性别和身体状况等具体因素，

对博物馆空间有着差异化需求。空间功能分区设计，首先要对使用者在空间中的行为进行研究，不同群体对空间需求不同。通常情况下，博物馆观众既有普通观众，又有哺乳期妇女、婴幼儿以及行动不便的老年人、残疾人等需要特别照顾的观众。另外根据观众的来源又可以分为本地常住人口和外地游客等，从观众的专业性，又可以分为专业观众和业余观众。工作人员通常可以分为科研、管理类，安保、保洁类，临时服务的志愿者等。不同细分群体对空间的需求也是不同的。在功能划分上应该将使用者进行细分，考虑他们对空间和展陈的需求层次的不同来进行空间功能定位，并同时考虑这些功能区面积在空间上的比例关系。

功能区除了最基本的卫生间、休息区、饮水区等满足观众生理需求的空间外，还需要特定的空间满足特殊群体需要，体现现代博物馆空间的人性化设计。博物馆是一个公共空间，面向大众开放，任何游客都有参观接受教育的权利，所以，空间功能定位要考虑这些细分群体的行为需求。如为哺乳期妇女和婴儿准备哺乳室，里面配备婴儿床、冷热水、休息椅、桌子等；为行动不便的观众和幼儿准备轮椅或者婴儿车，路面上设计他们的专属通道；为游客或者行李较多的观众设置存储行李的空间。目前，我国国内博物馆在设计上对盲人观众考虑较少，导盲系统的设计是我国博物馆空间设计需要重视的一面。未来在空间上，可以考虑根据特定使用群体的比例及使用的概率，如高峰时期，哺乳室的使用者有多少，哺乳室的使用率有多高等来进行设计（见表4-2）。

表4-2　不同群体对展陈空间的需求

细分群体	功能区	环境要求	设计参考
观众	休息区	休息椅/桌、饮水、垃圾筒、特殊人士专用椅、幼儿休息区	点状、避免通道拥挤、卫生间附近、可利用台阶、休息区的文化展示
	存储区	封闭空间，可容纳大、小件行李箱的积存	首层、入口处附近、半开放空间
	卫生间	化妆区、洗手区，隐蔽易找，标识明显	点状、女性比男性多
	设备租借区	轮椅、婴儿车、语音设备、翻译器等	首层、入口服务台附近

（续表）

细分群体	功能区	环 境 要 求	设 计 参 考
观 众	哺乳室	哺乳所需设备、饮水、有条件可考虑通风采光条件、闭合空间	首层、可与存储区等形成一个大服务区
	残障人士专属通道	坡道、扶手、导盲系统、专用电梯、视觉标识	与主通道分离
	阅读区/资料区	安静的空间、座椅、网络、电子设备	与工作区靠近
工作人员	工作区	采光、通风、饮水、办公设备等、网络、闭合不开放空间、长时间使用	与展陈区分隔又便于管理、与库房连通、专属通道、可根据需要分布在不同楼层
	就餐区	开放区、桌椅或后厨、通风、短时间使用	地下或半地下，也可地上空间、工作区相通
	安保、保洁休息区	工具存放、休息桌椅、饮水、闭合不开放空间	点状、在工作区域范围
	库 房	安全监控系统、通风、防潮设备、运输便捷、空间满足展品存放量、闭合不开放空间	地下、专用通道、与工作区连通、库房内再分隔空间
	车 库	容纳轿车和货车、面积能满足大型活动时的停放需求	地下、专属通道

2. 环境需求与区域划分

建筑空间的不同方位，采光、通风条件会有不同，光照强度不同，室温、湿度也会不同。采光通风与温度、湿度是博物馆空间非常重要的环境指数。展品和人，对环境各有要求，人适宜在光照好、通风好的环境中工作。而展品则不同，通常以避免阳光直接照射为宜。根据展品的材料和工艺不同，对空气中的湿度要求也有不同。

根据博物馆建筑设计规范JGJ66-91标准，展厅空调温度的控制，冬季温度不应低于10℃，夏季温度不应高于26℃。湿度要求：以展品材料中的木、竹、陶瓷、纸张等为例，竹器、木器等相对湿度为55%～65%；陶瓷材料的相对湿度为40%～50%；纸质书画材料的相对湿度为50%～60%。照明方面：陶瓷等材料对光较不敏感，照度为≤300 LX（色温≤6 500 K）；而竹木材料对光较敏感，照度应≤180 LX（色温≤4 000 K）；纸质书画对光特别敏感，照度应 ≤ 500 LX（色温 ≤ 2 900 K）。

这种情况下，博物馆可以考虑将朝南、光照强度大的区域划为工作区，将日照强度小的地方设为展陈区和库房，以减少日照对展品的损坏。工作区也可以根据展陈区的划分分散布局在相应的楼层。如修复工作区位置考虑往返于库房的便捷性，报告厅与剧场等与设备中心办公区设在同一层。

3. 多功能的区域整合设计

博物馆按功能可以细化成很多分区，但有些区域可以采取整合模式，这样不仅丰富了空间层次感还增加了空间使用率，同时便于观众的使用和交流。休息区是一个非常灵活的空间，它既能满足观众的多重需求，又可以给观众提供多种服务。如"休息区+饮水区+文化宣传区"规划在同一个空间内，既便于观众使用，又可以让观众在休息的同时了解博物馆文化。"休息区+楼梯"模式：博物馆空间内因设有电梯，宽阔的楼梯使用不多，因此楼梯空间可以设计成休息区，将使用率少的楼梯通道，在台阶一侧通过材料上的变化，比如改用木材，设计成平时可供观众休息使用，紧急时刻也不影响人员疏散的通道。"休息区+观看区"模式：展陈区也可以与休息区整合。展线较长的展厅可以在播放区或视听区等区域设计休息椅供观众休息。"休息区+展演区+体验区"：休息桌椅的设计可以完成体验学习，同时在体验中也能得到休息。博物馆展陈中要避免过长的展线设计。在展线的节点或转折点位置上可以增加一些可供休息的互动体验或视听形式的内容，让观众对展陈信息的接收进行消化。"展陈区+休息区"是比较人性化的、符合观众生理需求的一种功能分区方式。

卫生间是博物馆空间中不可或缺的重要功能区。卫生间存在卫生和候厕两个重要问题。博物馆卫生间的卫生问题已经基本解决，候厕问题却一直困扰着观众。解决这一问题，可以在数量和面积上适当增加，也可从观众候厕的心理分析，让观众在排队等候的时候有事可做，分散他们专注于排队的注意力。如在卫生间等候区设计一些视频或宣传册，让观众在有趣的学习中消磨等候的时间，化解无聊、着急等候的心理。

目前国内博物馆大型公共区域的主要功能是流通和休息，另有些区域局部增加了文化产品销售或文化宣传区。可以考虑在空间上将传统手工艺的元素融入空间设计中，营造空间氛围。还可以设计成开放式的展陈区，将"展示区+公共区+休息区+文化宣传区+表演区"进行整合。如将公共区域设计成戏楼的场景，将传统营造技艺与表演艺术结合，让观众可以在休息之余欣赏表演艺术，体力得到恢复的同时感受文化熏陶。这种开放式的表演空间接近我国传统表演艺术的原真形式，丰富了空间层次。从观展接受度来看，没有限定空间的展陈区，没有展板、展柜等常规的展陈道具，给人自由、轻松的享受，加之表演艺术的视听艺术享受和场景还原的情景设计，博物馆观众转换为看表演艺术的观众。一种角色的临时转变，激起了观众的新鲜感，对下一个主题参观也会有不同的期待。

（三）导视系统与空间指向的明确

导视系统是空间中不可或缺的一部分，特别是在公共空间中，可以帮助人在行进时准确找到方位。博物馆通过空间限定元素，在一个地方分隔出了多个功能不同的空间，这些空间以不同的秩序布局。根据需求不同，各空间方位、朝向和出入口也有所不同。为了给观众参观提供便利，博物馆导视系统设计成了空间的一部分。导视系统设计的首要功能是准确、清晰的方位指向性；其次，导视系统是博物馆视觉识别系统的一部分，博物馆导视系统与博物馆品牌文化形象在色彩、形态、风格等设计上要达到统一，在视觉上要能突出博物馆文化。

1. 清晰明确的指向性

导视系统是博物馆空间的指路标。它以图形和文字相结合的形式，向观众指明不同功能区的方向，图形具有方向指示作用，文字则是区域说明。除了图形和文字之外，导视系统还通过色彩的视觉优势来增强导向功能。如有些导视系统的图形采用明快的色彩，文字则采用平稳的黑色。也有通过色彩差异来告知观众目前所在的位置，如导视系统中对当前所处区域的名称采用灰色调加以告知。导视系统设计原则，一是图标指向的简明准确，二是导视信息翔实不冗余。图案标识的指向性不能对人产生误导，特别是三维空间的前行与楼上、后行与楼下，因为这两组的箭头都指向同一个方向，一些方向感不强的观众容易被误导。解决这一问题，可以将导视系统图标设计成三维坐标的透视图形，给观众更直观的视觉认知。如在墙立面上标识楼层上下的方位，在地面上标识同层前后左右的关系。此外，在二维标识上标上东西南北等方位指示符号，给观众明确的方位性，可以解决二维图标导致的空间误导问题。在交叉大路口，如果空间大，区域划分复杂，局部标识系统可以配合平面总图的信息，告知观众该区域与其他区域的空间关系，让观众能够明确地找到目的地。导视系统设计可以借助标识牌的张挂位置或其他辅助的方位信息来增强标识的空间识别性。

标识的设计要考虑张挂的方式。标识牌张挂的位置可以在顶部、地面和墙立面上。目前大多室内空间中的导视系统一般都设计在顶部以便人们抬头观看。在复杂空间中，地面的标识可以更清晰地传达同层区域中前后左右的关系，让方位感差的观众可以沿着地面的指向前行。立面标识系统的优势在于可以更清楚地表示拐弯的方位和楼上楼下不同楼层的空间关系。

2. 利用高科技增加空间辅助服务功能

第一，博物馆空间导航系统。计算机技术可将导视系统设计成虚拟的三维形态，三维空间的标识给观众带来明朗的空间关系。如导视系统利用虚拟三维技术设计博物馆空间导航APP，既可由观众自行下载到手机中，又可在复杂的路口安装相关设备，当观众输入目的地时，系统可以直接给出最便捷的行走路线。导航系统中还可以标注出附近最近的卫生间、休息室、饮水间等常用功能区。

第二，导盲系统。我国大多数博物馆都有针对使用轮椅和婴儿推车的空间设计，但是很少有针对盲人需求的设计。盲人也有受教育的权利，况且有些失明的人是后天造成的，他们对世界和知识是有认知的。因此，博物馆导盲系统设计是非常必要的。导盲系统设计一部分应运用在地面、墙面、电梯等流通通道上，另一部分则应该运用在对展陈信息的基本传播上，如通过盲文、材料或声音等元素让这部分观众通过触觉、听觉等对展陈信息进行学习。

四、经济性原则

展陈置于博物馆或展览馆的建筑空间中，是一个双重空间，展陈设计可以结合建筑空间进行整体设计。根据建筑空间环境，在限定空间中进行围合设计。目前，我国展陈设计重形式，在造型上多结合建筑空间进行设计，使视觉效果更加突出。然而，这种形式化设计拆除之后不能再利用。因为设计造型和尺寸都是按照固定空间来做的，在不同的空间不能再利用。即使可以再利用，也给拆迁、搬运带来很大的不便，增加了运输成本。而且，工程装修上也需要花费很多的时间和经费，展厅装修不同，地区价格也不同。临时性展陈如果采用这种设计，不但会花费大量钱财，而且展览结束后这些设计被当作垃圾清除，是不环保的。因此，展陈设计在注重艺术美的同时要兼顾经济和绿色。

1. 展陈技术可更新

计算机技术运用到展陈设计中，不仅丰富了展陈方式，虚拟技术还达到了超越时空的效果，给观众以惊喜，丰富观众的联想和想象。但是计算机技术和电子设备都属于消费型产品，更新速度快，而且新技术和产品价格都比较贵。博物馆运营经费有限，一套展陈设备的经费高昂，不能在短期内更换。展陈技术设计应该考虑后期的技术更新，博物馆可与技术开发商签订技术免费更新的协议。技术的升级可以带来不一样的展陈效果。展陈内容和形式也可以进行同步更新，给观众新的感受，也能提升展陈质量。

2. 空间简约设计

这里的空间指的是建筑空间。诸多展陈为了营造文化氛围，在空间中进行了情境设计。空间设计在视觉上可以吸引观众的注意。从展陈效果上来说，空间氛围的营造可以辅助观众对展陈内容的学习。情境设计通常在建筑空间上做设计处理，不但破坏了原始建筑墙体，而且工程施工也花费了很多的时间和经费。

临时性展陈设计原则上不能破坏博物馆或展览馆原建筑面貌，不能打洞钻钉、粘贴张挂，不能破坏墙体和地面。撤展后，博物馆或展览馆建筑空间要求保持原状。现在计算机技术高度发展，情境化设计可以采用多种艺术表现形式，减少对建筑空间的再设计。如利用计算机虚拟技术，特别是三维虚拟技术，将情境设计以虚拟形式呈现，营造不一样的感受，还可减少对建筑空间的破坏。

3. 展具可再利用

临时展陈或展览的展具，因为展品更新快，如果展具的造型和尺寸是固定不可调节的，在展品尺寸与展具尺度不协调的情况下，展具就不能再利用。所以，展具设计要考虑再利用。展具进行标准化模数设计，可以分解成一个个模数元件，通过插接形式，根据展品的尺度进行调节和组合，这样展具就成为可以循环使用的工具。如根据展品的尺度灵活调节展台底座的倾斜角度。形体较小的展品，展台底座倾斜角度大一点。过于扁平的展品，底座也可以适当倾斜。另外，展具也可以进行组合式设计。根据展品的需要进行不同的组合，呈现形态多样的造型，丰富视觉效果。比如根据成人和少儿尺度组合一套展具，满足不同观众的需求。

总之，"非遗"传统手工艺展陈集合了设计学、心理学、传播学、管理学、计算机技术等各学科知识。展陈策划和设计随着技术的进步、观众学习方式的改变、展陈内容的更新等，理念和原则也在发生变化。我们要以变化发展的办展思想来应对时代发展变化和观众的不同需求。

05 第五章

传统手工艺展陈的技术路线

为了达到展陈信息有效传播的目的，展陈内容策划和形式设计要兼顾传统手工艺的文化特性和观众对展陈信息的接受度。传统手工艺文化是展陈对象，观众是展陈艺术的接受者，观众和展陈对象是辩证统一的关系。要从整体上进行思考，不能片面地割裂两者之间的关系。传统手工艺展陈通过对传统手工艺文化特性和观众观展心理及行为的分析，确保展陈内容既要符合传统手工艺文化的真实性，又要与观众认识相吻合；展陈形式既要有效地传达展陈信息，又要符合观众的学习行为，能激发观众对展陈主体的兴趣和注意，引导观众主动参观学习，达到博物馆展陈的审美教育目的。以一种美的形式向观众展示传统手工艺文化，这种美的形式要通过展陈策划和设计来实现，在展陈内容和形式上让观众感受到审美熏陶和体验，以一种愉悦的方式达到教育的最佳效果。

展品、观众和空间是博物馆展陈策划设计的三个要素，将三者进行统筹设计，达到让观众主动愉悦地进行参观学习，展陈信息得到有效的传播，为传统手工艺的保护和传承发展提供平台的目的。博物馆展陈空间作为展品陈列和观众观展的载体，承载了收藏、展陈、学习研究等功能，展陈将不同类型的人群聚集到一个空间中，这一社会集群功能能实现展陈信息的再传播。展陈策划设计可以从展陈场域角度，在内容、形式和活动等方面进行整合分析，最大限度地利用展陈空间和展陈技术资源，扩大对展陈信息的传播。

第一节 观众需求与展陈内容策划、空间组织关系

空间组织，即根据一定的建筑用途，将空间划分成不同的功能区域，并按照一定的序列将单个的功能区域进行整体筹划，使各区域在感性和理性上达到统一，形成场效应。因博物馆空间的展陈功能，空间组织在功能区分上要满足观众的生理需求和学习需求，工作人员的工作需求，展品的保管需求等；空间序列上要满足观众的观展心理和行为，体现展陈信息的生动趣味性。如人们在博物馆中的活动时间，少则两三个小时，多则六七个小时，在这段时间里，观众会有缓解疲劳、解渴等的生理需要。只有满足了观众最基本的生理需要，才能继续高层次的学习行为，否则会导致观众学习的中断，影响展陈效果。

传统手工艺展陈的空间功能划分要考虑展品、人的需要。从展品看，需要考虑展陈空间、存储空间、管理空间；从观众看，要考虑满足其生理和精神需要，而且不同观众对空间功能的需要也不同。如普通观众需要卫生间、饮水区、休息区、储物区、就餐区等；有特殊需求的观众，如婴儿和哺乳期妇女则需要哺乳室；残障人士需要轮椅存放或租借区、残障专属通道、导盲系统设备等。为满足观众学习的精神需要，根据展陈主题文化性质，除了展示区外，还应设置体验区、阅览区、学术报告厅，表演艺术还需要剧场等。

一、功能分区与展品容量、空间占有量的比例保持均衡

我国每两年会批准出一次国家级非物质文化遗产名录，至今含

传统美术、传统技艺和传统医药的名录中不含扩展都已有上百项。展品数量多、涵盖范围广、文化形态多样、信息量庞大。如展陈的内容包含原材料、工具、工艺过程、衍生文化等。展品可以是实物、图片、模型、半成品、影像或虚拟技术等。结合展陈内容和展品情况，传统手工艺过程复杂，工具繁多，有些名录达上百道工序，工具多达几百种。传统手工艺展陈策划的第一步就是要根据博物馆空间的容量和展陈内容，对空间进行规划。根据展品容量和功能需求进行科学布局、合理规划，同时空间规划要遵循尺度与比例的空间关系。根据展品量和其他功能空间来规划各功能区域的面积，并确定各功能分区在博物馆空间中的合适位置，博物馆空间规划不仅要满足基本的展陈需求，还要满足观众观展时的舒适感。要解决传统手工艺展品丰富、展陈信息量大与空间有限的问题，可以从以下几方面思考。首先，选择具有代表性的展品、重点工艺、特色衍生文化、精神价值作为重要展示内容；其次，可利用计算机技术，在虚拟空间中实现容量大的展陈，减少空间的占有量。

1. 博物馆功能分区与面积

从展陈信息传播角度来看，展陈内容不同，采用的展陈形式也不同，对空间的需求也不同。如现场展演形式，需要满足传承人现场工作的需求；体验式展陈形式需要一定的设备；视频播放或阅览形式，需要座椅等。不同的展陈形式所需的展示道具不同，空间占有量也不同。一般情况下，如果需要桌椅的体验区，为了确保观众能够获得舒适的参观体验，人均面积要达到约 $1.6\ m^2$，而站立式的观摩区，人均面积要达到约 $0.6\ m^2$，这个参数值只是一个理论值，还没有考虑通道和参观形式及路线等问题（见表 5-1）。

表 5-1 博物馆空间功能需求分析

功能区	要　　　求	面　　积	位　　　置
服务区	服务台+形象墙	约 $6\ m^2$	一层入口区
租赁区	轮椅+婴儿推车+解说器	$\geq 20\ m^2$	一层入口区
储存区	小型包裹+大件行李箱+外套+雨伞	$\geq 35\ m^2$	一层入口区
哺乳区	婴儿车+饮水机+沙发+冰箱，可容纳5位哺乳期妇女同时使用	$\geq 25\ m^2$	一层入口附近
休息区	大型休息区+散点休息区+茶水区		过道或拐角休闲空间，或两端僻静空间

（续表）

功能区	要　求	面　积	位　置
饮水区	冷热水或直饮水；可提供折叠式节约型纸杯	约2～4 m²	可与休息区、卫生间和公共设施设计在一起
展演区＋体验区	可与临时展厅在同一片区域，举办大型展览时可以将其与大型展览归在一起展示，灵活规划。平时以临时展演的形式出现，一般每项内容展出2周左右，展演区可以工作室的形式呈现，观众体验和传承人展演组合在一起，可规划10～15个工作室空间	每间≥10 m²	一层或二层
播放区	小型播放空间可穿插在普通展陈区内，以观看和休息的方式，只设休息椅，以6人左右，两把三人椅为佳。中型播放室可以通过空间限定将区域分割出来，可容纳25人左右资料阅读区；整个非物质文化遗产的资料阅读区主要以计算机设备为主，可以通过虚拟技术营造空间氛围，约容纳80人	≥100 m²	顶层或者相关的工作管理区附近

　　从观众需求来看，参观目的不同，对空间需求也不同。参观目的常有：普及传统手工艺知识、进行专业领域的学术研究、对展陈设计进行艺术欣赏、休闲娱乐等。参观人群按参观目的包括国内外观光游客、文化交流的学者、艺术家、来华访问的外国政要等。从生理特征上来看，观众又可以分为普通观众、婴儿和哺乳期妇女、残疾人（行动不便、聋哑人、盲人）、老人和幼儿。不同细分群体对展陈内容和博物馆功能区要求也不同。

　　从高层次的求知需求来分析，来博物馆进行学术研究的观众需要更深入、更专业的展陈内容。针对这部分人群，可以规划一个电子图书展馆，为他们提供安静的环境和可读可研的资料。外国观众对博物馆设计有消除语言障碍的要求，展品和博物馆空间中要增加多语种展览文字说明，也可以配备展览解说器租借给观众，让观众自行参观学习。为给观众带去延续展览、继续教育的效果，博物馆可以规划文化商品展销区，提供传统手工艺制作的原材料、工具、半成品、专业书籍等，观众离开博物馆后还可以继续学习。从观众的年龄来看，幼儿和成人对展陈信息的接受能力不一，因此要求展陈内容的表现形式也不一。从幼儿的接受方式来分析，采用卡通形式进行展示，更易于他们接受。从展柜设计来讲，幼儿和成人的身高存在一定的差距，但目前博物馆的展柜基本上都是以成人的身高标准来设计的，幼儿观众看展品需要成人抱着，这给观展带来不便。还有一些坐轮椅的成人在观看时也存在一定的不便性。如果展柜能顾及这部分观众的人体机制因素，在展具、内容等方面进行整合，做出更人性化的设计，相信能给观众带来更多的舒适和喜悦（见附图3-15）。

从低层次的生理需求来分析，观众对博物馆空间的需求有卫生间、休息区、饮水区、储藏区、租赁区、咨询区、哺乳区、特殊群体专用通道等。这些空间之间有些存在一定的联系性，可以进行空间整合设计。如食品制作展示区与观众就餐区整合，让观众能够在享受美食时感受美食制作过程。以国家"非遗"馆的建筑空间为例，按传统手工艺展陈和辅助空间的需求，规划了各功能区域的位置及在空间中的比例关系，取得了良好的效果。

2. 展品量与展陈面积

传统手工艺展陈内容涵盖了非物质文化遗产名录中的传统美术、传统技艺和传统医药。其中传统技艺中的食品制作和传统医药因文化的差异性分别单独进行展陈。传统美术和传统技艺中的其他名录，在属性上有一定的重合性，根据展陈需求，首先要对传统手工艺进行展陈分类，然后根据分类内容确定展陈主题，最后依据展陈主题确定展品和展陈方式。传统手工艺的展陈分类按照技艺差异性和文化共同性，非物质文化遗产的文化特性，兼顾展陈方式和空间组织关系，分为点状、线状、整合、情境等多种类别进行展陈。点状和线状主要是从工序的特性和时空转换角度来进行划分，情境展陈是根据文化的整体性来考虑的，而整合展陈是从文化价值的共性进行综合考虑的。

不管是点状、线状还是整合展陈都可以采用情境化方式。情境展陈的空间占有量较大，通过虚拟技术实现的情境展陈可以将复杂的大场景或者工序复杂的技艺组合在一起，在单一空间中将传统手工艺的技艺文化以整体又不失艺术的方式呈现出来。如陶瓷烧造中的烧窑环节等，结合展具和空间，采用三维虚拟技术，实现火焰效果，窑内温度比展厅其他空间高2℃左右，从视觉、触觉等感官体验上，提升虚拟情境的展陈效果。

传统手工艺名录数量和类别较多，依据展陈分类简洁性特征，将展品按工艺为主进行分类，如点状展陈空间占有量较小，适合采用展演形式，亦可用工作室形式分时间进行更新展出；线状展陈空间占有量较大，展出重点工序，可采用虚拟技术和道具结合形式；对展陈空间需求较大的名录，如营造技艺等，可以采用场景展陈和数字展陈的方式，在一定的空间内通过场景还原和技艺虚拟的方式在虚拟时空中呈现。展陈名录多，空间有限，非物质文化遗产名录还会不断增加，为了均衡展陈需要和质量，可选用具有代表性的名录进行重点展陈，其他名录以数字化形式在电子图书展馆中展出，或采用临时展陈和更新固定展陈的形式，对展陈信息进行更换。

展陈内容不同采用的形式也不同。点状、线状、场景、整合等类别采用的方式不一，空间占有量也不一样。根据展陈内容的信息量大小和展陈方式所需的空间，为传统手工艺的展线长度进行预算。一般来讲，一米展线，按最大量的展陈布局，配沿墙展柜和中岛展柜的形式，一般宽度为 3 m，再配 1.8 m 的通道标准，约占 5 m² 展陈空间。虚拟一个 3 000 m² 左右的传统手工艺展厅，以国家级"非遗"传统手工艺名录项目为例，对其展陈面积规划进行构想，如表 5-2 所示。

表 5-2　传统手工艺展陈信息量与展陈面积规划构想

类　别	数　量	工 艺 特 征	展线长度和面积（大约量）
剪	1	点　状	6 m（30 m²）
绘	28	点　状	30 m（150 m²）
书	2	点　状	6 m（30 m²）
绣	29	点　状	30(150 m²)
织	21	点　状	30 m（150 m²）
染	8	线　状	20 m（100 m²）
纫	6	线　状	15 m（75 m²）
雕　刻	28	点　状	30 m（150 m²）
塑	14	点　状	15 m（75 m²）
烧　造	40	线　状	60 m（250 m²）
髹　漆	11	线　状	30 m（150 m²）
锻铸錾刻	28	线　状	30 m（150 m²）

（续表）

类　别	数　量	工 艺 特 征	展线长度和面积（大约量）
编　扎	7	点　状	10 m（50 m²）
木　作	12	线　状	20 m（100 m²）
营造技艺	33	线状＋虚拟	50 m（250 m²）
表演器具	4	线　状	20 m（100 m²）
文房技艺	24	线状＋点状	63 m（315 m²）
印刷装裱	8	线　状	15 m（75 m²）
食品制作	56	观摩＋品尝	100 m（400 m²）
传统医药	23	观摩＋讲座	30 m（150 m²）
制　香	2	线　状	8 m（20 m²）
火　药	1	线　状	3 m（15 m²）
取　火	1	点　状	3 m（15 m²）
总　计	386	/	3 100 m²

二、观众行为、心理分析与展陈主题、空间序列设计

空间序列是指空间的先后顺序，是按照人在建筑空间中的行动轨迹，将不同空间功能按照一定的秩序合理组织的空间组合。空间序列设计具有科学性和艺术性特征。科学性是指空间序列要确保空间最基本的功能，即流通的通畅性和方向的指向性。艺术性特征主要是指在空间内容上进行有序的设计，通过内容组织，将空间呈现出一定的节奏性和韵律性，让人在空间行动中感受空间及内容带来的趣味性、故事性。通常情况下，空间序列的设计构思和布局处理手法可以采用四步法，即"开始（开端）—过渡（引导）—高潮（主体）—结束（尾声）"。开始阶段是空间的开端，主要是营造空间氛围吸引人的注意力；过渡阶段是导入，将人从开端引向主体的一个环节，空间要起到引人入胜的作用；高潮阶段是空间的主体部分，要展现空间精华，给人眼前一亮的感觉，达到或者胜过人对空间的期待，空间要能激发人的情绪，给人满足感；结束阶段是空间的尾声，让人们在经历高潮兴奋的情绪后，得到平静的抚慰，留下回味无穷的思绪，保持对高潮内容的回忆。

展陈空间的序列组织，如果营造"人在画中游"的游园感觉将给观众带来回味无穷的记忆。博物馆展陈内容多，学理性强，如果按部就班地陈列展品，观众会觉得乏味，容易造成不耐烦的参观心理。展陈设计就是要利用空间组织和展陈方式的一体化设计，将理性的内容变得生动有趣，引起观众兴趣，引发观众学习。

展陈空间序列除了与展陈内容策划统一外，还要考虑观众的观展行为和心理。首先，空间序列设计的科学性要让观众在博物馆空间中能舒适自如地行动。其次，空间序列的艺术性要能刺激观众，引起他们的学习欲望。通常情况下，空间序列设计要符合观众的行为习惯，比如从左至右的习惯。如果大门的出入口都在同一个方位，那么左边为入口，右边为出口，符合人们的行走习惯。反之，容易造成空间误导。如某市博物馆的出入口和取票处都在同一个方位上，从左到右，依次是取票处、出口、入口。取完票后观众要绕过左边的出口再到右边的入口。秩序上不符合人们通常行走的习惯，导致很多观众会走反。从左边入口进入大厅后，服务台又设计在右边。整个空间秩序显得混乱，很多观众在出入博物馆时都需要工作人员提醒，这给博物馆管理和观众行为带来了不必要的麻烦。另外，观众参观通常也是从底层到顶层进行参观，博物馆空间一般4～5层，每层的展陈面积都不小，如果观众每层都认真观看的话，会造成体力上的疲劳，可以考虑在高层展厅中提供更多的休息区。此外，为了确保每层的展陈都能吸引观众的注意，不让其因为体力疲劳放弃对高层展厅的参观，可以在高层空间多设计一些能吸引观众注意的，增强展陈内容趣味性的内容，如体验式。将整个博物馆空间作为一个整体，从楼层高度的优、劣势和展品内容的特征合理地安排各层的展陈主题。如传统手工艺有很多适合体验互动的展陈形式，内容生动有趣，形式多样，容易被观众接受。这类展陈内容可以安排在高层的展厅空间。富有创新性的展陈内容和形式自然会吸引观众。

所以，空间序列在博物馆空间设计中是非常重要的。空间序列设计一方面要考虑观众的行为习惯和认识心理，另一方面还要结合展陈内容的特性，确保博物馆空间的有序组织。

1.展陈主题策划与观众期待及接受

展陈主题是展陈设计的重点，主题策划要表达展陈内容的中心思想。主题单元陈列主要是指在设计陈列时主题要突出，观点要明确，即设计者非常明确展出的目的是什么，要向观众传达什么观点。一个主题下可细分为若干单元[1]。当代展陈主题的策划理念以观众为主，要分析观众对展陈信息的感知心理，以观众最容易接受的方式，以最有效的方式对展陈信息进行传播，让观众能够主动地学习。传统手工艺展陈主题策划也应该改变传统的以"物"为主的理念，转向以"人"为主，考虑观众接受传统手工艺展陈信息的方式。

传统手工艺展陈主题策划要把握几个原则。首先要遵循传统手工艺非物质文化遗产的文化特性。传统手工艺展陈主题要紧紧围绕非物质文化遗产无形性、活态性、传承性的文化特征。其次，要体现趣味性和艺术性。抓住传统手工艺的技艺制作中灵动性、变化性、艺术性的特征，这些特征也能抓住观众的眼球。最后，采用适合于展陈主题的表达形式。体验式展陈能达到观众的期待值，也是传统手工艺无形性、活态性特征的良好表达方式。传统手工艺的精华体现为巧夺天工的手上功夫，如何将技艺的精湛性展示出来是展陈形式设计的重点。对观众来说，现场展示远远不能满足他们对传统手工艺学习的欲望，视觉刺激往往能激发观众对技艺的尝试和探索的欲望。体验展陈能满足观众学习的心理并提供学习的机会，让观众满意。

传统手工艺展陈主题策划思路应该从传统手工艺内容和观众参观学习的兴趣点出发。第一，突出展陈主题的技艺价值。在展陈主题内容和形式设计上突出传统手工艺的技艺。主题内容策划又可依据技艺、功能或文化个性等进行细分，突出展陈重点。如传统手工艺"织染纫绣"主题展陈下可再细分为"织、染、纫、绣"四个部分，将技艺和文化之间的差异性和共性呈现给观众。这种对比式的叙述方法，可以将技艺及其文化之间的关系表达得更加清晰。

第二，传统手工艺展陈主题也要突出文化价值。技艺和文化价值整合策划，解决了技艺主题的单一性，增强了展陈主题的丰富性和趣味性。比如我国传统手工艺中的插花艺术、赏石艺术、制香等，与我国古代"生活艺术"文化有一定联系性。又如传统手工艺中有许多是服务于宗教文化的，如酥油花、贝叶经、唐卡等。这些名录如果能整合在一起，可以让观众了解我国的宗教艺术文化，以及宗教文化在我国古代不同民族不同地区的发展情况。这些从整体性上体现了我国传统手工艺的地域性特征。

[1] 丁言斌.博物馆藏品征集、保护、陈列艺术及内部管理实用手册[M].长春：吉林银声音像出版社，2005.

从技艺价值、文化价值的角度，将传统手工艺按照工艺和文化整合的方式，分为以下十六个展陈主题（见表5-3）。

表5-3 传统手工艺主题策划与空间序列设计构想

序号	主 题	内 容	展陈类别	展 陈 方 式
1	序厅——文明起源（衣食住行，各取一古老、具代表性的技艺）	黎族钻木取火技艺、黎族树皮布制作技艺、黎族原始制陶技艺、桦树皮制作技艺、蒙古包营造技艺、蒙古族勒勒车制作技艺	整 合	情景+数字虚拟
2	烧造技艺	各材料烧造+瓷器修复+窑作坊营造	线 状	情景+数字虚拟
3	锻铸錾刻	五金锻镲、钟表等修复	点 状	情景+展演
4	髹漆	各类漆工艺	线 状	展演+数字虚拟
5	织染纫绣	织、染、纫、绣类	整 合	情景+展演+数字虚拟
6	剪纸书画	剪纸、书法、绘画类	点 状	情景+展演
7	雕镂塑作	雕、塑类	点 状	情景+展演
8	编扎木作	编扎、木作类	点 状	情景+展演
9	营造技艺	营造+建筑绘画+园艺等	整 合	情景+数字虚拟
10	文房技艺	笔墨纸砚印篆刻等	整 合	情景+展演
11	闻名天下	造纸+印刷+指南针+火药	整 合	情景+数字虚拟
12	生活艺术	赏石+制香+挂画+插花	整 合	情景+数字虚拟+展演
13	表演器具	乐器制作与戏服道具	整 合	数字虚拟+展演
14	宗教文化	宗教绘画、宗教雕塑、贝叶经制作、德格印经院藏族雕版印刷技艺	整 合	情景+数字虚拟+展演
15	传统医药	所有传统医药名录	点 状	数字虚拟+展演+就诊
16	传统食品制作	所有传统食品制作名录	整 合	展演+观摩+就餐

表5-3中的展陈主题是按照一定的空间序列进行组织的。这种组织方式除了与传统手工艺产生的历史、展陈方式特征、主题文化相统一外，还兼顾到了展陈主题内容、观众感知心理和观展身心行为。序厅以"文明起源"为题，展

示了传统手工艺与人类文明的关系，也指明了传统手工艺涵盖的范围。同时，也是一个形象的案例说明，以非文字、具象的形式解释了传统手工艺的含义，为后续展陈单元的出现做了铺垫，引发观众对后续单元展陈的期待和渴望。

2. 观众观展行为与空间秩序

传统手工艺主题展陈中，可以将"陶瓷烧造、锻铸錾刻、织染纫绣、营造技艺"整合为一个单元，介绍人类文明开端时期产生的技艺，如将土制成陶器，将植物纤维织成布匹等，这些技术的发明使人类从野蛮的状态中脱离出来，让人们在大自然中学会生存，产生了人类社会的生活生产。这一单元展陈内容的工艺特性基本上以线性为主，线性的展陈方式主要以模型、实物或虚拟互动形式为主，重点技艺可以邀请传承人在现场展演。"剪纸书画、雕镌塑作、髹漆、编扎木作、表演器具"这几类内容主要展示了人们生活生产中的精神文明。在物质生活方面得到一定的充实后，在精神上就要有所寄托，于是琴棋书画、表演艺术等用于寄托精神情感的技艺就诞生了。这是从技艺与文明产生关系上进行的空间秩序规划。

观众观展行为研究在心理学上，主要是研究观众参观学习行为中的"注意规律"。展陈内容策划和形式设计都是为了引起观众的注意，只有让观众注意到了，才能产生进一步的兴趣、喜爱和认同。也就是说，注意要上升到稳定阶段才能实现认识过程、情感过程和意志过程的整个心理过程。要引起观众注意需要两个因素：一是具有印象深刻的刺激物，二是展陈内容和形式符合观众理解接受的能力。

简洁生动的内容、活泼有趣的形式和具有艺术美感的空间环境能引起观众的注意。首先，展陈形式符号要易被观众接受。据观察，观众对展陈文字符号的记忆最差，其次是图片、实物、图像等视觉符号，记忆最久的是体验形式。文字符号比图像符号抽象，在信息转码的过程中易造成误解。但文字符号又具有较强的概括力，复杂的内容能通过简短的语言表述完整。如苏绣的缠针针法"用斜行的短线条缠绕着形体绣作，由这边起针到那边落针，方向是一致的"。文字介绍缠针法中的"缠绕着形体绣作"，这种缠绕的形态和方法并不是非常明确，如果能够配上视频、图像符号给观众更直观的视觉感受，观众就能够正确地理解缠针的针法。传统手工艺中描述工艺的制作，特别是专业知识的介绍，对普通观众来说，仅依靠文字的理解会比较困难，甚至会造成误解。文字符号在展陈应用中应言简意赅，避免冗长烦琐，以免造成观众的视觉疲劳和记忆混乱。

其次，以体验式展陈达到有效传播。传统手工艺活态性、无形性的文化特征，适合动态展陈形式。动态展陈能更好地诠释传统手工艺的技艺价值。虚拟技术能刺激观众的感官，在视觉、听觉、触觉甚至嗅觉等多感官中给观众不同的体会，更真实形象地展示出技艺的无形性。科学技术高速发展的时代下，人们的学习方式多种多样，除了阅读、传授之外，还有诸多通过游戏或娱乐形式进行的学习，特别是针对少年儿童这部分群体。如职业体验馆，采用情境模式，让观众参与到活动主题中，让观众切身体验各种行业的行为规范，在游玩中向观众普及不同行业的通识知识。因此，游玩式的体验方式可以让观众轻松愉快地接受展陈信息。

最后，以空间氛围刺激观众主动学习。空间氛围的艺术性能抓住观众眼球，吸引观众注意力。如万神庙，穹顶设计成敞开式，光从顶部的圆洞穿入殿堂，殿堂周围的昏暗与穹顶光芒形成一个鲜明的对比，像上帝赐予的光芒，给殿内祈愿的人们带来心理慰藉，给观众一种神圣的感觉。展陈空间氛围的营造要将展陈主题文化通过艺术表现形式呈现出来，展陈内容、空间和观众融为一体，空间氛围能从情感上感染观众。传统"展柜+展板"的展陈形式过于陈旧，刺激不了观众的求知欲。如果每个展厅都能营造出与主题文化一致的空间氛围，就能将观众的思绪引入当前展陈主题中。特别是安排在展线后部的主题，此时观众已产生疲劳，空间氛围可以激活观众的注意力，将观众从疲劳的状态中唤醒。空间氛围也是对展陈信息的一种诠释，从侧面辅助了展陈信息的传播，可诱导观众主动学习的行为。此外，空间氛围营造能传达传统手工艺文化中的自然、社会环境，有利于展现传统手工艺文化的整体性。

空间序列设计还要营造空间艺术性。空间序列设计与展陈主题、观众行为和心理达到一致，更能突出展陈主题信息的传达。可将传统手工艺展陈主题与空间序列设计结合起来进行策划，依据非物质文化遗产的文化特性，在空间上把握"起、承、转、合"的空间结构，空间处理手法借用中国古典园林的设计手法，营造"山穷水尽""柳暗花明""欲扬先抑""别有洞天""迂回曲折""豁然开朗"等空间意境，体现空间的韵律感和节奏感。表5-4是结合展陈空间序列设计与观众行为和心理分析，对传统手工艺展陈空间序列设计的构想。

表5-4 传统手工艺展陈空间序列设计构想

空间秩序	主 题	展 陈 方 式	观众行为和心理
开始阶段	序 厅	空间设计：画龙点睛的情景设计，突出传统手工艺的艺术文化氛围。 文字展陈：言简意赅陈述传统手工艺定义、内容、功能、意义等	从视觉上，让观众眼前一亮，引起观众的兴趣； 从空间氛围上，吸引观众的注意力； 从行为上，激发观众参观的动力
过渡阶段	文明起源	空间设计："欲扬先抑"空间处理手法。 展陈方式：文字展陈以简洁概要的展陈内容让观众轻松地了解传统手工艺的文化特征；展线短，点到为止，为下一主题做铺垫；重点以实物或模型+虚拟展陈为主，虚拟技术配合动态体验	从心理上，以虚拟展陈再次吸引观众的好奇心； 从行为上，引导观众对主体展陈的学习； 辅助观众对展陈主体内容的理解
高潮阶段	三个单元	单元一实用技艺：烧造技艺、锻铸錾刻、织染纫绣、营造技艺 展陈方式：线状展陈，重点展出重要技艺，文字+视频+实物/模型的形式为主，虚拟动态展陈突出活态要点，局部融入情景设计。 虚拟体验：人机交互方式或游戏APP模式等，如陶瓷制作游戏软件，观众可在手机上根据说明体验陶瓷烧造全过程。 现场展演+传授体验：以临时展陈形式呈现，观众可网络预约体验，博物馆可收取一定费用。 "营造技艺"：主题设计一定的虚拟情景空间，同一空间不同时间展示不同的营造技艺，或将空间分割成不同地域的空间环境，用虚拟技术让观众感受或体验不同风格的技艺。 空间设计：这一单元展陈相对比较平稳，是展陈主题的"起"，即开始阶段。设计上为达到下一单元的"放"，在本单元的氛围和手段上做到先"收"的效果	从心理上，循序渐进地引导观众进入主题参观；在平稳的展陈节奏中穿插点状虚拟体验形式和局部的情景设计，给观众"柳暗花明"的感觉。 让观众由之前对传统手工艺的好奇心理上升到喜爱和对技艺的认同，激发其学习欲望。 以虚拟体验突出传统手工艺的活态性，让观众在平稳安静的观展过程中体验到刺激与激情

（续表）

空间秩序	主　题	展　陈　方　式	观众行为和心理
高潮阶段	三个单元	单元二审美娱乐：剪纸书画、雕镌塑作、髹漆、编扎木作、表演器具	展陈方式：点状展陈，展示重点工艺，现场展演，可采用开放式工作室形式，模拟师徒传授的方式。材料和工具以实物展陈，工艺以文字+图示/视频展示。避免长篇文字介绍。局部空间设计营造文化氛围。 运作模式：师徒传授的体验，以网络预约的方式，在规定的时间内完成半成品制作，并收取适当的成本费用。 空间设计：营造"别有洞天"的氛围，这一单元展陈形式活泼，是主体阶段的"承"，即承接阶段。设计上，在前一单元"收"的氛围下，让观众体会到"放"的惊喜效果	模拟师徒传授，以最真切生动的形式让观众感受传统技术的精湛。从心理上，让观众产生对精湛技艺的认同，由参展前的好奇上升到喜爱，影响其对传统艺术的审美
		单元三特色专题：文房技艺、文明天下、生活艺术、宗教文化、传统医药	展陈方式：情景设计营造空间环境，重点展示核心技艺，现场展演采用临时方式。如农历正月十五现场展演制作酥油花和其他相关的技艺，伴随着节日庆典展示相关技艺，其余名录根据需要适时协调现场展陈。 虚拟技术展陈供观众模拟体验，如插花艺术可以通过屏幕等设备，设计一款插花程序，以人机交互方式，让观众自行选择虚拟道具进行插花艺术体验。 模型体验展示，如针灸技艺，可以用铜人穴位蜡封，让观众根据提示找出穴位位置，若施针正确会有流水提示，并且告知该穴位的功效。 文字展陈：一是突出技艺，二是凸出技艺的价值和贡献。 空间设计：营造"豁然开朗"的氛围，展示传统手工艺卓越的文化价值，使科学性和精神性合一。这一单元内容意蕴悠远，是主体阶段的"转"，即转折阶段。 设计构思：在前一单元"美与乐"的活泼体验下，话锋突然一转，展示传统手工艺文化的最高科学价值和最具文化特色的一面	在思维上，情景设计将观众思维切换到当前的展陈内容中。 在心理上，由前一单元的喜爱上升到崇敬。由对传统手工艺文化的认同上升到对民族和国家的热爱。 在行为上，通过体验学习提高对展陈信息的接受度

（续表）

空间秩序	主　题	展　陈　方　式	观众行为和心理
结束阶段	传统食品制作	展陈方式：点状和线状展陈整合，现场展演精华技艺。结合计算机技术将食品制作技艺做成交互式展具，设置在就餐休息等区域，与观众互动。 空间设计：营造"迂回曲折"氛围，体现传统手工艺文化的丰富性。展陈节奏相对平缓不失惊喜，是主体阶段的"合"，即结束阶段。 展陈内容：将话题回归到"吃"的主题，展示人们日常生活中"油盐酱醋茶"的制作。 空间规划：规划用餐休息区、观摩展演区，营造一种制作作坊、家庭厨房或餐饮空间的氛围，让观众感受餐饮文化的视觉、味觉体验 运作模式：搭建传统手工艺生产性保护平台。食物现场制作和品尝主要以销售方式完成，确保展陈经费充足	在心理上，恢复平静心情。将话题回到生活原点的"吃"上，给观众平静亲切之感。 在行动上，以休息和品尝、观摩的自由方式，让观众在轻松的环境中，愉快就餐，同时追思我国传统手工艺"在生产、生活、审美、艺术、文化"中的精湛

　　总之，空间组织关系既要考虑传统手工艺文化的文化性质，又要了解观众观展的行为和心理，既要有秩序性又要有趣味性。让观众以赏游式的参观方式进行学习，有利于消除展陈中的疲劳感。最终传统手工艺展陈效果要达到认识—喜欢—认同—传承，循序渐进，由低级走向高级的目的。要从空间组织关系上诱导观众的学习行为，让观众对展陈主题由陌生到喜欢，逐渐对传统手工艺文化产生认同。

第二节　观众行为与展陈叙事手法、动线设计

　　叙事是描述故事的一种手法，在文学作品、电影中经常使用，是按照一定

的秩序将一件事情的前因后果描述给听众或者观众的方法。叙事的特点是具有秩序性和趣味性，在文学作品中通常采用顺序、倒叙、插叙的手法增强作品的趣味性。影视作品的叙事手法有环形结构叙事、回忆叙事等，并以蒙太奇的剪辑方式完成叙事时空的转换。正因为叙事具有秩序性和趣味性的特征，这一表现手法也被运用到展陈形式设计中，但三维空间的展陈形式设计与文学和影视创作有很大的差别，所以展陈叙事表现手法也与其大有不同。

可以把展陈叙事理解为讲故事，抓住两个要点，即"展什么"和"怎么展"。"展什么"指的是展陈内容，展陈内容要井然有序、中心明确、重点突出。"怎么展"即展陈形式，以什么样的形式展示内容，展陈形式是为展陈内容服务的，要围绕展陈内容的特征选择合适的展陈形式。常用的展陈形式有文字、图片、视频、实物、虚拟技术、场景还原、操作体验等，这些展陈形式也可以整合运用。展陈内容与形式的和谐统一才能达到场的效应。展陈叙事手法为了达到这一效果，在设计中要考虑两个重要的因素：一个是观众，另一个是展品。观众是展陈叙事设计服务的对象，展品是展陈叙事设计的主体。李幼蒸在《理论符号学导论》一书中提到"在叙事研究中，与叙事过程有关的一切因素均加以考察，如涉及叙事者、接受者和彼此的关系，叙事发生的情境和语言的及非语言的环境。此外，叙事分析的对象还可扩展到讲故事本身的过程，此时涉及认知心理学，即研究叙事者如何将其语言化设计加以实现以及如何用语言组织行为和事件的基本系列，同时读者被看作起积极作用的参与作用，直接影响叙事进程"[1]。所以说，采用什么样的展陈叙事手法要考虑观众对展陈信息的接受心理和观众学习展陈信息的行为，在做策划和设计之前要了解观众是"怎么看"的。

观众观展时在展陈空间中形成的路线轨迹与展陈叙事的秩序性是一致的，这就形成了空间的动线设计。所以，展陈叙事除了要考虑展陈主题的秩序性和趣味性外，还要考虑其在展陈三维空间中与观众观展行为和空间动线设计的流畅性。以动线设计配合展陈叙事手法的秩序性和趣味性，呈现具有方向性的线性。在三维空间中动线设计还应该考虑平面的线性、方向性与立面的空间限定的关系，与展陈主题、空间组织及观众行为作一体化的设计。

---

[1] 李幼蒸.理论符号学导论［M］.北京：社会科学文献出版社，1999.

一、叙事秩序与赏游式动线

博物馆为了达到展陈目的，通常会将展陈内容策划成不同的主题。每一个主题都有一根主线，围绕着这根主线，主题内容又被划成一个个部分，并采用一定的空间组织关系，将这根主线和各个部分串联起来，形成一个有序的整体空间结构。这种部分与整体的组织关系与耿凤英在《展示三部曲：停·看·想》文中提出的"故事线"[1]和汉宝德在《展示规划：理论与实务》一书中提出的"故事板"[2]的意思一致，都是指展陈叙事要掌握脉络的秩序性。展陈叙事的秩序性在空间关系中也形成了具有指向性的线性动线，观众观展就是沿着这条动线在展陈空间中运动。展陈叙事的秩序性要确保空间的明确方向性和观众行动的通畅性。同时，叙事的趣味性也要营造一定的空间艺术效果，让观众以"游园"式的心情观展，以一种愉悦欢快的方式进行参观学习。

1. 逻辑结构配合流畅动线

展陈要引起观众的注意，不能只依赖物化形态的刺激引起观众的无意注意，而是要将无意注意转化为具有一定持久性和稳定性的有意注意。有意注意可以通过展陈内容与形式的统一设计，把观众的注意力吸引到展品上来，引发观众对展陈主体的思考。展陈内容策划要符合观众的阅读思维和习惯，逻辑性要强，避免结构混乱。同时，展陈内容的逻辑性在空间组织中要形成具有导向性的路径，有目的地引导观众进行参观学习。

第一，叙事结构符合观众的思维认识。叙事手法是主题性展陈最常用的方式之一。贝德诺在《博物馆展览：过去与未来（一）》中认为："许多主题性展览都有一个基本的叙事线索，这使观众获得更丰富的体验。一个故事可以将所有展品或所有可感受到的展览因素联结和联系起来，这比以一个简单的主题涵括全部展品要有力得多。"[3]展陈叙事的结构也有多种方式，不管采用哪种结构都是为了观众能够更清晰明了地理解展陈内容。展陈叙事结构的特点也有多种风格，有的平铺直叙，有的曲折离奇。叙事结构犹如故事线，穿插于整个展陈

[1] 耿凤英.展示三部曲：停·看·想[R].第四届博物馆研究双年学术研讨会论文集，2010.

[2] 汉宝德.展示规划：理论与实务[M].台北：田园城市文化事业有限公司，2000.

[3] 简·贝德诺，爱德华·贝德诺.博物馆展览：过去与未来（一）[J].宋向光，译.中国博物馆通讯，2000（4）：28-30.

主题的脉络中，将主题的各部分内容串联起来，也似一根轴线。展陈叙事结构是对展陈内容的组织策划，围绕展陈主题，将展品分门别类、目的鲜明地告知观众。

博物馆展陈叙事结构通常按年代、地域、风格等特征对展陈信息进行分类介绍，并采用类似"文本进化论"的方法，以注重历史描述和文学性方法的叙事手法，为观众营造一种先入为主的语境式的、说教式的布展模式[1]。这种叙事结构虽然逻辑清楚、条理清晰，也有一定的情节，但显得过于理性、按部就班，缺少变化性，像记流水账一样，缺乏故事情节。正如阿诺德·伯林特所说："通常情况下，艺术品被当作单个的物体，依照媒介来进行归类，把绘画、雕塑等放在一起；按其历史时期依次排列，把各种没有任何其他共同性的展品摆在一起；甚至有的按其捐赠人来分类摆放……这些展出方式使博物馆变成了收藏、炫耀、研究和保护珍贵艺术品的地方，而非我们可以体验的场所。这样的环境更适宜人们怀有敬意的静观，而不是审美的结合。"[2]日本博物馆学界对世界博物馆展陈规划提出了"系统化展览"的观点，即在了解展品信息的基础上建立信息结构而组合成展览脚本的设计方式，也体现了叙事学的结构主义倾向[3]。这种"系统化展览"更适合于传统手工艺展陈。因为非物质文化遗产传统手工艺不以时间、地点、风格、材料等依据进行划分，而是以工艺特征或者文化价值等之间的共性和个性来进行分类的。此外，传统手工艺的文化特征是强调其技艺的精湛性、价值性、整体性，更重视传统手工艺给人们生活生产和精神上带来的影响，它也具有历史性、地域性等特征。所以，传统手工艺的叙事结构采用系统化的脚本方式更能体现它的文化丰富性和多元性。

传统手工艺展陈系统化的叙事结构适合观众的思维认识。辩证唯物主义告诉我们，任何事物都不是静止不动的，而是表现为一个运动发展的过程。认识事物的过程，首先要了解推动这个过程发展变化的原因和内在动力，事物的存在条件和发展趋势。人们认识新事物的方式，一般围绕"事物产生缘由—发展过程—完成方式—价值意义"这几个环节进行思考。传统手工艺也经历了这

[1]　刘佳莹，宋向光.博物馆的媒介优势——结构主义叙事学视角的博物馆展览试析[J].博物馆研究，2009（4）：3-7.
[2]　阿诺德·伯林特.环境美学[M].张敏，周雨，译.长沙：湖南科学技术出版社，2006.
[3]　严建强.博物馆的理论与实践[M].杭州：浙江教育出版社，1998.

几个过程的发展，这也形成了传统手工艺整体性的文化特征。传统手工艺的产生环境、原材料、工具、工序流程、技艺特征、传承方式、衍生文化、文化价值、形成意义等构成了一个完整的故事。这种系统化的叙事结构遵循了传统手工艺文化特征，又符合人们认识传统手工艺的思维模式，让观众能简单明了地认识非物质文化遗产的特征和文化价值，传统手工艺和工艺美术的文化差异，了解传统手工艺的技艺过程、传承方式，从而提高对传统手工艺的保护和传承的意识。

以传统手工艺年画为例，年画是"绘"中的一个单元主题，年画主题的故事线大体可以分成四部分"年画由来—年画技艺（年画材料和工具，年画制作，技艺传承）—年画习俗行规—衰退的年画"，其中重点展示"年画技艺"和"年画习俗行规"这两部分。第一部分向观众介绍"年画由来"，是观众认识"年画"的开始，揭示年画与"年"的内在关系，让观众认识这种特殊形式的绘画艺术。在观众恍然大悟之际，将话题转入重点，即第二部分"年画技艺"，在抓住了观众注意力的情况下顺势进入重点介绍，这部分内容较丰富，主要以制作流程和传承方式为主，是展陈叙事的核心部分。第三部分"年画习俗行规"展示我国年画艺术的形成及其影响，不同地域的年画特征以及年画业的习俗和行规。技艺介绍的高潮过后，平缓叙述年画业状况。尾声部分"衰退的年画"话锋从年画辉煌的过去转到衰退的现在，介绍年画危机现状和重振对年俗年画的保护。这一部分揭秘年俗是年画生存的土壤，深入探讨年俗文化与年画艺术形态中蕴含的人文精神，消除大家对年俗和年画是落后文化的误解，引发观众对民俗重建与"非遗"保护的深度思考。从文化整体性入手，突出技艺核心，结合年画保护揭秘年画的人文精神，纠正大众对年俗和年画的不正确认识。这种部分—整体的展陈结构，简短精辟的展陈叙事脉络，简洁又突出重点，让观众在有限的时空和短暂的学习时间中对年画技艺及其文化有了一个由浅入深的认识过程，这也符合观众认识新事物的思维模式。

第二，动线设计符合观众参观行为。动线是指人在空间中行动的点的轨迹，连接起来就成了动线。展陈动线设计，是指通过展品在展示空间中陈列位置与方向路线的安排与设置，有目的地引导观众在展陈空间中参观行走的方式。有开放式、封闭式等类型，有强弱渐进性特征。动线设计在博物馆展陈设计中特别重要，合理的动线设计考虑到人与空间的关系，既要保证人在空间中可以自如地行动，没有障碍物，不会迷路，又要考虑到人在空间行为中的舒适自如。通常动线设计与展陈叙事故事线的方向一致。同时，动线可以配合着叙事结构在空间中进行曲折迂回的规划，并通过不同形态的空间限定手法，将一个大空间划分成多个小空间，营造多层次的空间感。一方面可以将展陈内容的各个部分稍作划分，另一方面迂回曲折的空间动线也给观众带来了不同的惊喜。

动线设计要符合观众的观展习惯。如考虑到观众的行走和观看习惯，动线设计采取从左到右的方向设计。考虑到观众参观时视觉和行走疲劳的可能，动线的直线长度一般不宜过长。当然，也可以利用动线曲、折形态构成多层次空间，缓解观众疲劳，将注意力转移到新的话题中。多方向性的动线设计要考虑不同方向区域路线的流通性，避免出现死角，造成参观线路的重复或部分区域的遗漏。

动线设计要考虑观众参观时的便捷性。动线设计为了达到空间的多层次性，通常会采用多段式、自由式的结构。这在丰富多层次空间的同时，也给动线设计带来了一定的难度，因为空间变得复杂了，可能会导致观众迷路。为了保证动线的便捷性，可以在动线转折点设计指示牌，提示观众不同展陈单元和功能区域所在的方向，让观众在迂回的空间中能自如地行动（见图5-1）。

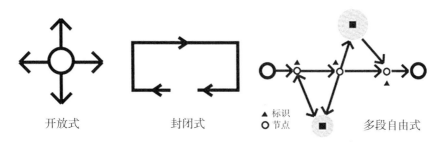

开放式　　　　　　　封闭式　　▲ 标识　　　多段自由式
　　　　　　　　　　　　　　　○ 节点

图5-1 动线类型

动线设计还要突出展陈重点。这也是动线设计的关键，即怎样将观众的注意力集中到重点展陈上。可以依据动线形态的多样化和对空间功能的划分，将展陈重点在空间中以不同的形态凸显出来。如在通道式的动线后延伸出一个圆形空间，前面狭窄后面开阔的空间设计，可从视觉和心理上给观众带来不同的感受，而开阔的圆形空间通常会让观众更加关注，记忆也更深刻。不同形态的动线设计能带来不同的空间变化。展陈动线设计具有一定的灵活性，但必须结合展陈主题、结构顺序和功能分区等因素来考虑。理想的动线具有明确的顺序性和便捷性，目的是让观众按顺序参观整个展览，将注意力集中到每个亮点上。展陈动线设计要尽量避免往返方向的冲突或重复穿行的现象，防止观众漏看和重复看，并避免产生生理疲劳和时间的浪费。

2. 生动情节呼应赏游动线

动线的逻辑性给观众带来秩序性和方向性，指引观众参观，这是动线最基本的特征。合理的动线设计还能带来空间序列上的韵律感和节奏性，给观众营造惊喜。所以，动线设计可结合叙事结构的故事线对空间进行艺术化处理。

第一，动线的故事性引导参观行为。故事性是文学作品中完整和生动的故事情节所形成的叙事特质。在展陈叙事中主要指展品所传达的、具有故事情节的信息，以吸引观众的学习兴趣。比如"生活艺术"这一单元主题中，可以模拟宋代一位文人在家中生活的情景，呈现其日常生活形态。观众把自己想象成这位宋代文人，把展厅当成自己的家，通过展陈信息的传递学习和互动体验，以一种穿越时空之感，体会宋代文人对生活的热爱和追求。故事线可以由室外导入室内。在内容上，由园中赏石到茶室的插花、焚香、茗茶，让观众以游园赏玩的心情完成参观。动线在空间划分上也要考虑展陈故事结构的表达。如由园中的赏石艺术到茶室插花艺术，从室外到室内的动线设计是场景的转换，也是展陈内容的转换。动线设计可以借鉴我国古代园林营造的技法，采用迂回的线路，空间限定也可以利用假山、门洞、植物等元素，将平面的动线与立面的空间限定巧妙结合，通过空间的转换，丰富叙事故事情节。中国古典园林中的半围合式空间限定元素，如漏窗等，有着若隐若现、犹抱琵琶半遮面的美感，每到一处都让观众有一种期待的心理。

第二，动线的节奏性带来参观惊喜。节奏性动线主要是配合空间序列来设计的。博物馆展陈设计应避免形式单一、内容过繁、动线过长等，给观众行为和视觉造成疲劳。为了避免参观疲劳，可利用有趣的内容和曲折迂回的动线设计来调节观众参观学习时的情绪。节奏性是能体现生动有趣的表现方法之一。节奏源于音乐作品中的长短、高低起伏变化，空间序列中"开始—过渡—高潮—尾声"的韵律感可以渲染展陈主题、调节观众心情。

动线的节奏性可以通过线形的曲折、长短来表现。如曲折的动线可以体现展陈结构和空间的转折，而长短变化往往能表明展陈内容的重要程度。其中重点展陈动线较长，如高潮阶段动线是最长的，而开始阶段的动线最短。动线可以是连续性的，也可以是分段式的，分段式之间通过一定的符号连接起来。连续性的动线设计适合相对简单的展陈结构，而分段式的动线则更适合结构复杂，主题中有多个单元或部分的内容。分段式动线设计，每段动线都可以有不同的性格特征，情感比较丰富，而且每段之间的连接处往往都是一个思维消化之处，这个衔接点就如空间中的留白，给观众以遐想空间。

比如酥油花展陈构想，叙事结构主要有"酥油花产生的历史—酥油花制作—酥油花艺术价值"。动线可以设计为连续性折线形态，犹如工字形。其中，"酥油花制作"这部分是重点也是高潮，可分为"搭骨架—做胚胎—敷塑—装盘"四个部分，重点展示技艺中最精美、最能打动观众，体现酥油花艺术价值和精神价值的部分——"敷塑"。因为酥油花的制作环境很艰苦，酥油花的原料是加工成膏状的酥油和矿物质原料的调和物，遇高温会融化，所以制作作坊的室温必须控制在零度，而且艺僧身边都放置一个盛有冰块的水盆，在捏塑过程中用来冷却手上的温度。"敷塑"环节不仅要展现酥油花塑造技艺的精湛，还要展示艺术的精神价值，以展示酥油花艺术价值的背后故事。"敷塑"的展陈信息量大，动线相应更长，其在整个艺术中的价值，在展陈结构上也达到了高潮，可通过动线的长度来体现其重要性。

二、叙事趣味与观众主动性学习

叙事的逻辑性是让展品有条理地陈列在展示空间中，为观众指明方向。叙事不是仅依靠它的逻辑性特征就能满足观众参观学习的需求的。要达到观众满意的学习效果，需要将展陈内容、形式和空间以一种富有趣味性的形式呈现，引起观众的学习欲望，营造一个能让观众自主学习的氛围。展陈主题策划要创新，就要在突出文化特性的基础上，抓住观众的兴趣点。

1. 以突出个性的叙事定位增强观众学习欲望

展陈设计将展品信息以一种艺术的形态呈现，通常简明易懂、易于记忆、富有感染力，让观众能够在短时间内对展陈信息有深刻的认识和记忆。展陈设计也是信息传达的过程。为了让信息最有效地传达给观众，展陈设计在内容和形式上注重以最适合观众接受的方式呈现。这种信息传播的途径和目的就如广告营销策划一样，为了让广告效果达到最大化，必须有明确的广告定位，突出产品的最显著特征。比如，海飞丝洗发水突出的是其去屑功效，而飘柔洗发水则凸出产品的柔顺功能。这就是广告营销策略中运用的 USP 理论［20世纪50年代初由美国人罗瑟·里夫斯（Rosser Reeves）提出］，其主张向消费者提出一个"独特的销售主张"，其特点是强调产品具体的特殊功效和利益，这种特殊性是竞争对手没有的，从而保持产品强劲的销售力。虽然 USP 理论主要运用于商业销售和商业广告策划中，但是它的主张对展陈策划也有着很大的借鉴意义。

我们可以将 USP 理论借鉴到展陈策划中，突出展品独具个性的特色，强调展品独一无二的特殊技艺或文化，让观众留下深刻的印象。传统手工艺中同类别的名录有多种，在博物馆有限的空间中，在观众短暂学习的情况下，怎样让观众对展陈信息有一定的记忆？这就要对展品和展陈主题进行有目的的策划，最重要的是要突出展品的个性化特征。这种个性化特征可以体现在传统手工艺的技艺上，也可以体现在它独有的文化价值上。

第一，突出独具个性的活态特征。活态性是传统手工艺的首要特征。在非物质文化遗产展陈中，体现展陈信息的个性化、特色化，可以从活态性中进行深入分析，发掘传统手工艺活态的特性，再将鲜明的活态特性定位为展陈主题的焦点。传统手工艺的活态性主要体现在制作工艺和传承方式上，要找出同类工艺上的个性化特征，而且这一特征能代表这个工艺。比如，景德镇传统制瓷技艺。我国乃至世界范围内没有任何一个地方的青花瓷技艺可以超越景德镇，景德镇也成了青花瓷的代名词，因此对它的展陈介绍应当定位在青花瓷制作技艺，特别是青花料的配制、青花瓷绘制、青花瓷烧窑等方面，突出青花瓷制作与其他陶瓷烧造的区别。而傣族慢轮制陶技艺，其原材料、工具和工艺等与景德镇有很大的不同，特别是其传承方式。汉族大部分的技艺都传男不传女，而傣族的制陶技艺则传女不传男。

又如剪纸艺术。其材料和工具大同小异，技法却大有不同。剪纸技法是剪纸艺术展陈的焦点。如蔚县剪纸要突出其"三分工七分染"的特色，即"阴刻"剪法和"色彩点染"的特殊技法。而傣族剪纸要突出其技艺中"剪"与"凿"这两种技法，以及独特的民族文化特色。潮阳剪纸，其最大特色是"阴阳剪"，即细致工整的阳剪法和粗犷有力的阴剪法交替使用。而中阳剪纸，则要突出其选题和构图美，特别是图案中蕴含的中国传统文化特色。

这种独具个性的活态特征，可通过展陈的形式凸显出来，以对比归纳的方式展示给观众。归纳后的简约信息有助于观众对内容的理解。抓住独具特色的特征，能让观众分辨出各个名录之间的区别，提高观众对艺术文化的赏析能力。

第二，强调文化根源。每一种文化都不是孤立存在的，它与其生长形成的环境是相辅相成的，不管是艺术还是技艺都源于自然环境和社会人文环境。比如，正是由于景德镇稀有的高岭土矿物质资源，才衍生出了其闻名于世的制瓷技艺，所以景德镇制瓷行业把高岭土神作为其崇拜的行业神。传统手工艺文化中，有许多艺术和技艺都离不开其生存的环境，如果没有生存环境载体，这项手工艺将不复存在。生存环境可能是自然环境，如矿物质资源等；也可能是社会环境，如年俗与年画、赏灯习俗与灯彩、元宵节等；还有可能是宗教文化。与宗教文化密切相关的手工艺，如唐卡、毕摩绘画、彩砂坛城绘制等。

突出文化渊源与价值，展现文化个性。首先，传统手工技艺可以突出展示其文化渊源，如年画与年俗；其次，也可以重点展示技艺的衍生文化，如生产习俗和行业行规等，如陶瓷烧造技艺与生产习俗、陶瓷业行规。在展示文化整体性的同时，让观众认识到这些衍生文化的来源，以及衍生文化对本体文化的影响。最后，突出传统手工艺的历史价值，弘扬民族自豪感，增进观众的文化认同。如造纸术的传播、活字印刷术的价值、中国传统医药的地位等。

突出文化根源展现文化价值，让观众有更深层次的认识：让观众感受到传统手工艺的价值和地位，促进他们对传统手工艺的热爱之情，对传统手工艺行业和艺人的崇敬之感，同时也认识到我国古代的科技之璀璨；改变观众对传统手工艺的偏见和误解，让他们认识到传统手工艺在当前环境下面临的危机，增强对传统手工艺文化的保护意识。

2. 故事性叙事引发观众审美体验

审美体验是指人在对审美对象的感受审辩中所达到的精神超越和生命感悟，是一种极为强烈的人格、心灵的高峰体验。在展陈设计中，审美体验可以体现在建筑设计、空间形态设计、视觉设计等方面，在展陈内容上也能让观众感受到美的体验，而不是枯燥无味的叙述。要想达到这种超越人格与心灵上的精神感悟，展陈策划要对观众的观展心理和行为进行分析，充分了解观众对展品信息的认识方式，分析观众的期望、理解方式、思维模式和学习方式等，多调动情感、想象和联想等心理因素对展陈内容和展陈方式进行策划设计。策划设计只有建立在一定的观察、体验和生活感悟的基础上，才能容易被观众接受。展陈主题的叙事可以通过多种表现手法让展品信息富有情节性，增强观众的想象力和联想，让观众在情感上与展陈信息达到共鸣。这种感受美的学习方式是一种教育体验，让观众在娱乐审美中获得知识。

展陈设计中的审美体验可以体现在内容和形式两个方面。内容上的审美主要是从情节和情感上将观众的情感融入展陈主题中，它有助于观众对行为审美的体验。行为审美体验是比较具象的一种形式，它可以直接让观众得到美的感受。内容审美却要与观众的思维和情感达到一致才能激发出美感来。展陈叙事手法有助于达到内容层面上的审美体验。展陈叙事手法中的故事性叙事更容易与观众在情感上达到共鸣。

第一，故事性叙述刺激观众想象。展陈主题以讲故事的形式向观众传达展品信息，给生硬的、毫无情感的文字、图片、道具赋予了一定的生命力，甚至给无形的事物赋予了一定的形象，给单一的展品个体赋予了群体概念，将不同属性或范畴的文化整合在了一起。故事性的叙事是让展品刺激观众，让其大脑思维的画面呈现在展厅中，将抽象的文化简洁化，通过故事性的牵引，激发观众更深层的想象力，挖掘观众对展陈信息的深入接受。传统手工艺中的技艺制作，内容理性而程式化，如果像数学公式一样一步一步描述，则平淡无奇，且用多了，会失去新鲜感。如果结合生产制作中的原理，生产制作仪式、习俗，制作技巧，甚至穿插一些轶事，那么工艺制作展陈将会变得丰富多彩，这有助于观众发挥想象力。如香云纱的制作工艺中，介绍薯莨染料制作时配合介绍薯莨的消炎保健功效，告诉人们工人不小心弄伤的伤口用薯莨液涂抹即可痊愈；介绍过乌工序时说明河泥、薯莨和布匹在阳光、风等自然环境下会发生化学反应，从而形成一面黑色一面褐色的色彩等。这些介绍有助于解答观众的疑惑，引发他们的兴趣。

第二，故事性叙事感染观众情感。故事赋予展品一定的生命力，故事本身具有情节性和情感性，展陈设计中，展陈叙述的情感性能通过展品和展陈方式传达给观众，将展陈主题文化内涵表达出来。如让观众以主人的角色融入展陈主题中去。介绍龙凤裙褂的刺绣工艺时，如果能以新娘出嫁，母亲为女儿亲手缝制嫁服的故事展开和做情感表达，则能让观众深入地体会到龙凤裙褂嫁服不仅是服饰艺术，也是伦理观念，传达了母亲对女儿美好婚姻和幸福家庭的愿望。

第三，故事情感让观众沉浸于参观学习中。没有情感的展陈是无法与观众达到共鸣的。故事情感具有抓住观众情绪变化的能力，让观众沉浸在展陈情感基调中。展陈叙事的故事情感要达到持久性的感染力才能让观众深深地被展陈主题内容所吸引。这就要求叙事要能抓住普通观众的情感，能随着观众情感动态的变化而进行调整。故事结构或简约平淡，或跌宕起伏，都能调节观众观展时的心理和行为，在观众疲劳的时候给观众愉悦的享受，在观众疑惑时能从展陈信息中得到解答，在观众兴奋刺激过后，能得到精神上的放松。展陈叙事中与观众情感的交流，可使观众心灵能得到慰藉。

第三节　形式设计与符号传播、观众学习

展陈要根据展品需要和观众接受进行策划设计，展陈设计目标也有高低之分。最低级的目标是观众对传统手工艺文化有正确的认知，认识到传统手工艺的传承价值。中级目标是通过展陈传统手工艺文化获得观众的好感，由对文化的喜爱上升到对民族和国家的热爱，增强文化自信心和民族自豪感。高级目标是观众对传统手工艺产生敬仰之情，对传统手工艺的保护和传承产生一定的行动。要达到传统手工艺的展陈目的，展陈设计要对展陈内容、形式进行精心策划，以艺术符号构建传统手工艺文化形态，以一种积极的、诱导性的、持续性的观察学习方式，让观众在理性和情感上对传统手工艺产生认同。同时，传统手工艺展陈还应该将其现状展示给观众，让观众对优秀传统文化的危机产生急迫感，增强观众文化主人公的信念，从学习到行动，提升对传统手工艺保护、

传承的意识，让传统手工艺达到最大化、最有效的传播。

传统手工艺展陈要让观众达到文化认同，首先要让其能真正认识传统手工艺文化。传统手工艺在工业化机器大生产和经济全球化的历史背景下，很多技艺濒临消亡，新一代年轻人不愿意传承，有些优秀的传统手工艺因传承人的离世而消失。传统手工艺逐渐退出了人们日常生活的舞台，大众对传统手工艺文化非常陌生。传统手工艺文化要走向繁荣，必须重构文化技艺，从情感和文化上获得人们的认同，进而上升到民族和国家的认同，增强大众文化主人公的意识，担负起保护和传播传统手工艺文化的重任。

借助博物馆展陈恢复传统手工艺的文化记忆，帮助观众正确认知传统手工艺文化。正如许江所评论的："面对现代性与传统社会之间的文化断裂，民族的集体记忆需要被唤起，历史的脉络需要被重新梳理，因而这种主体文化的重建必定是一种历史性的重建，它必须深深地扎根于传统文化的土壤中才能重塑民族文化的主体意识；与此同时，这种主体文化的重建也必然是当下性的重建，历史的脉络需要由传统延伸到'当下'，并成为民族当下现实的一部分。"[1]重建文化形态是为了让观众对传统手工艺文化产生认同，最主要的是要建立观众对传统手工艺的文化自觉，确立传统手工艺文化的历史地位和价值，及其对当代人们物质生活和精神世界的影响，提高传统手工艺文化在文化转型环境中的自主地位，激发观众传承发展传统手工艺文化的动力。[2]

一、唤醒文化记忆

西方后结构主义哲学家米歇尔·福柯（Michel Foucault）曾在《知识的考掘》一书中谈到，不同时代的社会观念必然是断裂的，要理解过去的思想文化就必须像考古学那样去挖掘历史文化中断裂的地层[3]。我国很多传统手工艺在近代民族历史和现代外部文化的冲突下已经与现代中国人的生活渐行渐远，西

［1］ 许江.本土的拆解与重建——"全球—本土"机制中的主体文化更新［J］.文艺研究，2010（2）：93-105.

［2］ 文化自觉是指处于特定文化与历史之中的个体对其文化有"自知之明"，并对其发展历程与未来有着充分的认识。它本身并不携带任何"复旧"的色彩，亦不是文化激进主义者所主张的"全盘西化"，"自知之明"是为了加强传统文化现代转型的自主能力，从而获取适应新环境与新时期文化选择的自主地位。引自费孝通：《费孝通论文化与文化自觉》。

［3］ 米歇·傅柯.知识的考掘［M］.王德威，译.台北：麦田出版股份有限公司，1993.

方文化和审美渐渐植入当下人们的毛孔里。如何在当前情形下重拾大众的文化身份？只有通过传统手工艺的技术、艺术、功能、精神内涵、哲学思想等展陈内容重新建构，才能使传统手工艺文化重回观众的身体记忆中。要从意识形态上强化观众对自身文化身份的认同，重新建立起对我国传统手工艺文化的认识，并树立自己是优秀传统文化传播人的信念。张岱年先生曾说过："一个健全的民族文化体系，必须表现民族的主体性。民族的主体性就是民族的独立性、主动性、自觉性……如果文化不能保证民族的主体性，这种文化是毫无价值的。"可见，传统手工艺如果失去我国当代人民这个主体，它不但失去价值，也将失去生命。传统手工艺展陈以一种艺术形态帮助观众找回文化身份，可以从文化形态上激发观众对我国传统手工艺的自省，从情感上唤起观众对传统手工艺文化的认同。

1. 重构记忆符号，激发文化自省

要将几乎快退出观众视野和生活的传统手工艺向观众展示引发观众的认同，就要发掘能反映传统手工艺的符号，因为这些符号承载了传统手工艺的记忆。记忆符号有利于观众回忆或者认知传统手工艺的价值。正如英国史学家弗兰西斯·叶芝（Frances Yates）说的，"发明一些符号和映像是必须的，因为精神的、单纯的'意图'很容易就从灵魂中溜走，可以这么说，这些意图与物质的符号不可避免地要联系在一起，这是因为人的认识能力在涉及'感官'时就变得特别强"[1]。记忆符号可以是文案、图片、影像、实物、道具、场景等，可以是具象的、抽象的，在视觉、触觉等感官上要能刺激观众认知，引发观众联想、想象以及回忆。如扬·阿斯曼在《文化记忆》中所说："人们借助符号来辅助记忆，通过将记忆符号与想要回忆的事物建立某种关联，来赋予记忆以稳定性与持续性，以便人们在需要时可以唤回它，在更宽广的关联中灵活地寻找方向，甚至有能力超越自己的生死来思考。"[2]记忆符号有利于长久稳定地辅助观众对传统手工艺文化的记忆。

传统手工艺展陈也是一种集体记忆[3]。它借助博物馆空间和展陈的艺术效

［1］　弗兰西斯·叶芝.记忆之术［M］.钱彦，姚了了，译.北京：中信出版社，2015.
［2］　扬·阿斯曼.文化记忆［M］.金寿福，黄晓晨，译.北京：北京大学出版社，2015.
［3］　集体记忆由法国社会学家莫里斯·哈布瓦赫（Maurice Halbwachs）在1925年首次完整地提出，即集体记忆是在一个群体里或现代社会中人们所共享、传承以及一起建构的事或物。

果，以一种共享的形式与观众一起回忆、传承、建构传统手工艺文化。它的"记忆的场所"是博物馆空间，被记忆的东西是非物质的。集体记忆是一个具有自己特定文化内聚性与同一性的群体对自己过去的记忆，可以利用观众间的交流提升展陈效果。展陈艺术对传统手工艺的文化记忆进行特定的处理后形成视觉化、触觉化或听觉化的符号，让传统手工艺以艺术化形态呈现于观众的思维中。传统手工艺展陈通过构建文化形态唤起观众对传统手工艺的共同记忆，辅助传统手工艺文化的传承。通过对传统手工艺文化形态的重构，建立起观众的文化身份认同。让观众具备在复杂的文化环境中分辨出自身文化符号的能力，不会在文化长河中迷失方向。

建立传统手工艺文化自省要对本民族自身的文化有充分的理解与认知。这种认知是基于对自身文化内省式的理解，它需要我们反思自身文化的起源、形成过程、现状，并预测未来。传统手工艺展陈的文案中应包括以下几个方面。① 传统手工艺历史价值——产生发展历程，如"文明天下"将造纸术、活字印刷术、指南针制作、火药制作、珠算等技艺进行整合策划，这些技艺本身已成为一个文化符号，并获得社会的认可，容易被观众接受。② 技艺价值——制作完成过程，如剪纸技艺之灵巧秀气、造园之鬼斧神工、雕塑之精美绝伦、錾刻之绚烂富丽，营造之雕龙画栋等。这些技艺价值极高，其艺术形态是呈现传统手工艺文化符号的最好表现。旋转的坯车和泥坯上的双手、绷架上的绣品和引线的指尖、金属锤打之音和淬火之声等都是传统手工艺技艺的指代符号。③ 文化价值——传统手工艺与自然、社会环境的关系及形成的衍生文化，形成文化整体，包含了文化产生的自然环境，形成的社会文化背景和历史条件等，以及文化形成过程中衍生的习俗、仪式、行业行规等。如香山帮营造技艺的产生源于苏州地区生产的大量木材，为营造提供了必要的材料。同时苏南地区经济发达，人文气息浓烈，这为技艺产生发展提供了经济基础。此外在香山帮营造技艺发展过程中又形成了严谨的行业行规，传承方式及行业习俗。④ 精神价值——传统手工艺的造物思想、工匠精神等。传统手工艺师徒传授的传承方式中蕴含了中国的儒家思想、传统等级制度等。营造技艺和造园技艺、插花艺术等蕴含了中国古代天人合一的哲学思想。⑤ 当代价值——传统手工艺对当代社会发展的重要性，及其存在的危机。传统造园思想和营造技艺价值高，有着重要的传承价值，如中国木结构营造技艺和原理能有效抵抗地震的冲击力，对现代建筑设计有着很大的启发。危机表现为一些技艺的失传。

2. 营造文化氛围，唤起情感共鸣

传统手工艺展陈不仅可以通过记忆符号激发观众对传统手工艺文化的认同，也可以从情感上加深观众对传统手工艺热爱的忠诚度。以艺术达到唤情的方式让观众从理性和感性上对传统手工艺有正确的认识。在展陈设计中，除了从展陈内容上采用叙事性的表达方式外，还可以从空间设计和展陈方式上，全方位地让观众体会到文化的感染力，以美的形式对观众进行教育。

传统手工艺展陈设计可以通过还原传统手工艺制作场景、营造传统手工艺文化空间氛围让观众快速地融入传统手工艺的参观学习中。环境氛围的营造也有利于观众感悟传统手工艺的社会历史背景，有效传播展陈信息。几乎绝大多数观众对传手工艺文化是陌生的，更没有体验或感受过。如果展厅只有文字、图片、映像、实物等展品，就会让观众感觉像在看一本毫无吸引力的书。从情境上营造与传统手工艺文化相吻合的环境，先用视觉艺术吸引观众的注意力，让观众在参观学习的同时，又受到情境空间氛围感染，以这种方式辅助性地诠释展陈信息，有助于观众更好地理解。特别是情景还原的设计，将观众的思维和情感牵引到传统手工艺的情感世界中，让观众把自己当作文化主人公来学习。如重庆三峡博物馆利用平、立面空间，用实物、雕塑、数字媒体、材料、灯光等元素，将三峡特殊的自然环境和三峡人百折不挠的顽强精神，以艺术的形态呈现在博物馆场景中，给观众以心灵的震撼（见附图3-16、附图3-17）。

学习达到的境界就是忘我。要让观众在学习时忘记自己的身份，忘记时空，将思想情感融入展陈参观中，将自己的情感和展陈传达的情感合一，从传统手工艺精湛的技艺制作中体会到技艺的鬼斧神工，感悟到传统手工艺人的工匠精神；从传统手工艺行业行规中学习到行业道德；从传统手工艺传承方式中认识到我国尊师敬业的高尚品格，以及从传统手工艺创作中体会造物思想等。从知识和情感两个方面让观众认识到传统手工艺的传承价值。

此外，还可以通过再现传统手工艺的现实状况，让观众了解那些具有极高传承价值的传统手工艺现在的真实状况，曾经的辉煌与现今的萧条和危机。通过展示传统手工艺真实的一面，让观众清楚地认识到保护传统手工艺的迫切性，认识到传统手工艺的文化地位，从而理性地思考我国传统手工艺传承发展策略。

二、诱导学习行为

对传统手工艺活态性、传承性进行展陈，先厘清展陈主题要传达的信息内容，再考虑以什么样的形式对展陈内容进行展现。一要考虑展陈艺术客体的接受方式和程度。前期的调研非常重要，要了解观众对传统手工艺的认知程度，观众对传统手工艺的兴趣点在哪里，观众对传统手工艺展陈有什么样的期待，要分析不同展陈信息以什么样的方式出现更适合，做好对同类展陈的分析，发现问题，找到解决问题的方法。二要考虑展陈艺术主体的需要。活态性、传承性的信息以什么样的形态呈现才能展示其技艺美、价值美、精神美等。要将外在的功用、审美与内在的精神价值进行统一处理，让观众认识到传统手工艺的传承价值。三要考察展陈技术。展陈设计中需要借助先进的计算机技术，特别是三维虚拟技术、新媒体技术、光学技术和材料技术等。要选择既能展现传统手工艺文化，又能满足观众参观学习方式的技术手段。展陈技术除了考虑展陈效果外，还要考虑经费和可持续性、绿色设计。

要把握传统手工艺展陈活态性、整体性和传承性的展陈理念，就要选择多元化的展陈形式让观众感受到展陈主题文化。特别是体验式展陈，以切身体验或模拟体验的形式，让观众感受到了传统手工艺的技艺和传承方式。情境化展陈方式可以从情感上拉近观众与展陈主题的距离，将观众融入展陈语境中。情境化设计丰富了观众的想象力，提高了学习效果。此外，展陈设计还应整合观众的需求，为观众提供可持续性的学习。

1. 体验式展陈与模仿学习

经济学家约瑟夫·派恩与詹姆斯·吉尔摩根据消费者参与的模式，将体验划分为娱乐、教育、逃避现实和审美四类，并认为最令人难忘的是处于四者交叉点的"甜蜜地带"的体验[1]。谢彦君分析了游客旅游过程中通过观赏、交往、模仿和消费等方式所体验到的放松、变化、经验、新奇和实在等心理快感，认为这样的体验方式实现了情感的无拘无束、意志力的放松和精神的满足[2]。传统手工艺展陈也可以包含娱乐、审美、教育、模仿、欣赏和消费的全方位体

[1] 约瑟夫·派恩，詹姆斯·吉尔摩.体验经济 [M].毕崇毅，译.北京：机械工业出版社，2002.
[2] 谢彦君.基础旅游学 [M].北京：中国旅游出版社，2011.

验。传统手工艺展陈的艺术性原则能实现审美、欣赏体验；互动性可以让观众实现教育、模仿、娱乐等体验；现场传授、品尝、文化产品购买可以满足观众的消费心理。这些可让观众在各种文化信息的刺激下，获取传统手工艺文化知识，从整体上实现观众主动学习的过程。

卡尔松在《环境美学：自然、艺术与建筑的鉴赏》一书中，对鉴赏建筑的途径进行了评论："特别地，鉴赏者从外部移动到内部：首先，从远处接触作品，其次，走近它，或许绕圈看它，只是在最后，进入作品。在一种意义上，这是自然的鉴赏途径，因为在面对一件作品时，存在、位置及功能的问题按照逻辑顺序出现。因而，接近时，我们经验到一件作品的存在，走近和绕圈时，我们经验到它的外在形式及它与其地点的相配，最后，进入时，我们经验到它的外在和内在空间之间的相配及切实地意识它的功能。"[1]这个鉴赏建筑的观点正说明了观众进行博物馆展陈学习的一般方式：由远及近，由外至内，直至沉浸于展品中。展陈设计要达到的展示效果就是想办法让观众沉浸到传统手工艺文化展陈中去。体验式的展陈形式鼓励观众与展品接触，观众这种自主性的学习方式更容易将学习的注意力和情感都投入展陈中。20世纪的美国探索宫就是全球第一个以观众体验为主要形式的博物馆。该博物馆的创始人弗兰克·奥本海默在1968年发表的《科学博物馆的基础理论》中阐述了探索宫的创办宗旨和实践观点："目前日益需要增进公众对科学和技术的了解……许多人的日常生活经历与复杂的科学技术之间的鸿沟却在扩大。"[2]他认为："应该尽量用书籍、杂志、电视节目和普通科学课程达到人与科技之间的交流，但因缺乏辅助设备而难以奏效。"他认为："需要设计一些人们可以观看和操作的器械，通过器械展示来辅助展示。没有辅助设备的情况下解释科学和技术，就像教人游泳却不让人下水一样。"[3]奥本海默以人为核心的展陈理念和以开发人创造精神的展陈方式为现代展陈提供了典范。

传统手工艺的无形性特征，在展陈设计中也需要一些辅助的设备供观众接

［1］ 卡尔松.环境美学：自然、艺术与建筑的鉴赏［M］.杨平，译.成都：四川人民出版社，2006.

［2］ 丁言斌.博物馆藏品征集、保护、陈列艺术及内部管理实用手册［M］.长春：吉林银声音像出版社，2005.

［3］ 丁言斌.博物馆藏品征集、保护、陈列艺术及内部管理实用手册［M］.长春：吉林银声音像出版社，2005.

触体验，让观众在动手操作和参与中体验传统手工艺文化。展陈设计营造这种娱乐和消遣的环境，让观众可以充分发挥主动性和创造性去获取知识。在开放的展陈环境中，展陈内容和方式都是引导和辅助观众学习的因素，观众可自己决定如何学习。体验式展陈营造了一种模拟学习的环境培养观众探求知识的兴趣，通过观众对展陈内容的观察培养自我思维和主动、创造性地进行学习，通过体验树立观众学习的自信心。

传统手工艺有形形态的展品主要为原材料、工具、半成品等，这些展品的特征与博物馆中的展品在本质上具有相似性，都是可复制的。传统手工艺无形、活态性特征也与博物馆中的展品特征有一致性，也可采用这种动态展陈的方式，利用高科技技术达到虚拟现实的操作体验。由诱导学习到主动学习，以一种有效的方式达到展陈的教育功能。展陈信息可以通过可视化、可感化的形式呈现给观众，借助辅助设备来实现，以多层次、多角度、多手法的组合向观众传播其信息。现代高新技术下，计算机虚拟技术、新媒体技术、新材料等技术能有效地辅助展陈，增强观众的参与性，激发观众学习兴趣，培养观众自主学习能力。除此之外，传统手工艺展陈还可以通过现场展演的形式鼓励观众模拟学习行为。

第一种是观摩、观赏乃至达到模仿学习。"艺术家的眼光不是被动地接受和记录事物的印象，而是构造性的，并且只有靠着构造活动，我们才能发现自然事物的美。美感就是对各种形式的动态生命力的敏感性，而这种生命力只有靠我们自身中的一种相应的动态过程才有可能把握。"[1]观众观摩的展陈方式，主要是观众以欣赏的形式，通过眼观、耳听、鼻嗅、身触，了解事物内部的构造，亲身感受事物动态形成的过程。观摩形式主要以观赏为主，观众不能亲自参与操作体验。如传统医药和传统食物制作这两类技艺采用观摩形式比较适合。传统医药技艺的观摩形式可以带有一定的自身体验，如穴位按摩等。传承人现场给观众讲解并操作，观众在观摩学习下，模仿传承人教授的知识在自己身上模拟操作。这是非常有效的一种学习方式，观众通过对自己穴位的按摩的操作动态过程，体会到了中国传统医术的精湛和神奇功效。但针灸技艺因为观摩体验有一定的危险性，没有相关医学基础的普通观众不能模仿，但是可以

[1]　荷尔德林.荷尔德林文集［M］.戴晖，译.北京：商务印书馆，1999.

通过铜人模型来辅助体验学习。铜人模型也是古代学医人学习针灸的模式之一。铜人的准确穴位上有小孔，被蜡封住了，如果准确地找到穴位，针就能扎进去。传统食物制作可采用观赏的方式，让观众在现场看到食物制作的过程和传承人对食物制作技巧的解说，将这一过程记录在大脑中，回家后可尝试。因为食物制作需要火、锅等基本条件，博物馆展陈条件一般不能实现观众现场体验，但在卫生和防火条件达到要求的情况下，可在展馆中设计餐饮空间，让观众通过视觉、味觉来体验。

第二种是人机交互体验达到模仿学习。人机交互是通过机器设备，以先进的科学技术达到模拟现实的效果的方式。观众可以通过与机器接触，在虚拟的环境中模仿学习。这种人机互动式的模仿学习方式是当代博物馆展陈中运用比较多，效果比较好的一种展陈方式，可激励观众积极地与展品互动。正如伯林特提出的体验式参与一样，"一切审美反应都必须既是接受又是主动的投入。即使在静观的欣赏方式显得最为适合的艺术形式里，审美参与的方式也远比审美距离的方式更容易促使欣赏的繁荣，即融合了感知和意义因素积极地参与到艺术品中去"[1]。采用互动体验方式，鼓励观众主动投入展陈中，观众可以接触展品进行体验学习。传统手工艺展陈应该改变传统封闭式的通柜展陈方式，尽量以开放、开敞、可接触的方式让观众与展品进行肢体上的接触。观众可以将参观博物馆当成是在手工作坊中"游学"。

毕恒达针对人与物之间的关系的交互论[2]观点认为，"人会随着时空的转换而与物品产生不同的交互关系。物品与人的关系并非一成不变，它会随着时空变迁而与物品产生不同的关系与意义建构"[3]。在传统手工艺展陈中，如何将不同时空的传统手工艺以展品的形式与观众建构关系，达到展陈目的呢？先进的虚拟现实技术的设备可以实现不同时空环境中的传统手工艺文化与观众的互动，让观众感受到科技对文化的传递，实现展品与观众的交互。比如，缝纫技艺展示，可以根据缝纫的工序、风格等特点设计一款游戏式APP，观众根据游

---

[1] 阿诺德·伯林特.环境美学 [M].张敏，周雨，译.长沙：湖南科学技术出版社，2006.

[2] Csikszentmihalyi 和 Rochberg Halton（1981）提出交互论（transaction）这个概念：事物潜在的意义于人们积极地建构意义之世界过程中所产生的，这反映并且帮助人们创造存在的终极意义.

[3] 毕恒达.物的意义——一个交互论的观点 [J].台湾大学建筑与城乡研究学报，1993，7：97-110.

戏说明和规则,在虚拟环境下学习我国不同民族、不同风格、不同技法的缝纫知识,以虚拟的形式模仿缝纫技艺来体会中国传统缝纫工艺。又如中国书法艺术,也可以设计一款软件,模拟宣纸和毛笔的书法形态,让观众在可触摸屏幕上按照书法运笔技艺,模仿书法艺术进行学习体验。采用交互体验的方式主要是通过动态的形式来对传统手工艺活态性内涵进行体验展示。

第三种是以现场展演传授形式达到模仿学习。传统手工艺展陈最有效的方式就是传承人现场展演并指导观众现场学习的形式。这种形式既达到了对传统手工艺无形性的展陈,又可以再现师徒传授式的传承方式。观众通过体验不仅学习到了传统手工艺制作,还感受到了真实的师徒传授方式。但是这种传承人与观众之间面对面交流的机会是很少的,只能以短暂性的活动形式来进行。非物质文化遗产的发展传承是离不开其原生态环境的,博物馆展陈也只是进行文化传播和记忆的一种形式。传承人现场展演与师徒传授式的模仿学习比较适合点状形态的名录,时间比较短,工具较简单、工序较少。观众可以利用半成品或者原材料全程体验学习。如剪纸艺术,观众可以在传承人的教授指导下,在短时间内完成简单的剪纸艺术成品。藤编、柳编等编制技艺、刺绣技艺等则需要提供半成品材料,让观众在一定时间内完成简单的作品。简单的扎染技艺也可以采用这种形式,但对展陈现场环境的水电设备有要求。陶瓷烧造技艺则只能针对某几道重点工序来进行现场展演,如拉坯。画坯工艺则可以实现现场展演和体验。所以,现场展演和体验学习的展陈方式并不是适合所有的展陈名录,而是要根据技艺的可执行性和展馆条件来策划。

2. 情境式设计与联想学习

玛格丽特·霍尔针对博物馆展陈中存在的问题进行了归纳指出:"……博物馆整体情况天生就是人工的。所展示的物品是服务于各种不同目的的……我们唯一可以确定的目的就是这些物品不是为要进入博物馆展示而设计的,它们已经被从原来的背景曲解了,并且偏离了它们最初的设计目的。这是博物馆所面临的窘境……"[1]展品从其生存的环境移入博物馆空间中,已脱离了其文化

[1] 玛格丽特·霍尔.展览论——博物馆展览的21个问题[M].环球启达翻译咨询有限公司,译.北京:北京燕山出版社,2007.

语境，这给观众的学习理解带来一定的障碍。如传统手工艺的形成环境、传承方式和生产习俗等内容，脱离了原生环境，观众就不能感受到传统手工艺文化的全面，也不能正确地了解文化的历史。

情境设计通过场景还原或虚拟情景的方式，在博物馆展陈空间中，以艺术形态符号营造传统手工艺生存的文化氛围。通过情境化的空间设计，借助艺术形态增强观众对展陈信息的联想和想象。将叙事性的展陈主题内容、情境展陈形式与空间氛围营造进行一体化设计，将传统手工艺的文化氛围融入展陈中，这样的情境设计有助于观众正确理解传统手工艺。比如织染技艺，可将染和晒的场景整合到展陈空间中，将灯光设计为从布匹上洒下，模拟阳光烈日下晒架的氛围，晾晒的布匹既是展品又是展示道具，使布匹投射出技艺信息。又如苗族蜡染技艺，也可以从其文化情感入手。想象一下，一位母亲在向女儿传授蜡染的全过程，而蜡染的作品正是为女儿出嫁而准备的，蜡染的图案蕴含着苗族婚俗吉祥喜庆的内涵。这样的情境化设计将苗族蜡染的技艺、传承方式、婚俗文化整合成了一个感人的故事，极易将观众的情感融入展陈信息中。观众以母亲或女儿的身份代入去联想自己学习蜡染的全过程，这也是一种联想学习的方式。联想学习是一种刺激反应的心理联系或联想，指有机体在所受到的刺激与所作出的反应之间建立联系。联想学习通过外部环境的刺激，对学习的人产生联想，从而拉近学习者与学习内容的关系，达到更好的学习效果。

情境化设计让博物馆展陈空间充满人情味，将观众的情感、想象与展品、展品主题融合在一起，达到让观众触景生情、寓情于景、情景交融的设计效果（见附图3-18、附图3-19）。情境化的设计通过传达一种亲和力，吸引观众的注意，让观众融于传统手工艺文化的生存环境中，达到情感共鸣。这种情感化的体验可以激发观众对展陈信息的联想，辅助观众对展陈内容的学习理解。但是，情境化设计只是展陈的一种形式，不能喧宾夺主，哗众取宠，不适宜大面积空间。而且情境化设计为了营造氛围，展具与空间设计相对要复杂，费用比较高，对博物馆空间的再利用会造成更高的经济成本。另外，从脉络上来看，情境化设计是展线中的一点。从节奏性来看，这点往往是展线中的高潮部分，是展陈中的亮点。从观众心理来看，情境化设计可缓解观众在长时间参观中的疲劳，再一次激发观众学习的欲望。

3. 多元化设计与可持续性学习

传统手工艺展陈除了现场体验式和参观式的学习外,最好还能让观众持续对传统手工艺文化保持学习的欲望。展陈策划设计也应该提供必要的机会,满足观众对传统手工艺持续学习的需求,激励观众继续学习的兴趣,让博物馆体验变成可持续性学习。体验的可持续性有两层含义:一是博物馆作为公共的学习资源,不会被消耗,观众可以重复参观学习;二是博物馆管理和策划设计要不断地规划和调整,通过对展品和展陈主题的更换,举办临时展览、活动、讲座等多种学习形式,提高展陈质量,提高博物馆的重复参观率。

传统手工艺展陈激发观众可持续学习,可以采用灵活多样的形式,为观众搭建可持续学习的平台。首先,建设博物馆电子图书展馆,为专业观众提供科研的学习空间,全面实现科研功能。空间布局形式打破传统图书馆桌椅式的设计,让观众在情境化的空间中学习。观众可以免费现场学习,如果需要拷贝电子资料,需要支付一定的费用以维持博物馆建设。以电子资料形式一是出于空间和文化特性考虑;二是从绿色设计考虑,减少纸张的使用,也是满足现代青少年群体阅读习惯和适应未来学习方式的考虑。

其次,采用慕课的传授形式,让观众与传承人通过网络空间进行交流学习。慕课是一种通过网络进行教授的学习形式,传统手工艺展陈也可以采用这种形式,扩大传统手工艺文化的传播幅度,增强传统手工艺展陈效果。通过非物质文化遗产官方网站,传承人以授课的方式,按照传授技艺的步骤,分别录制传统手工艺制作和实训要求的视频,让观众通过身份验证注册的方式,与传承人在不同时空中进行交流学习。观众按照传承人的要求提交作业,传承人也会按照计划给观众反馈学习意见。时间条件允许的传承人还可以通过网络视频的形式与观众进行视频一对一学习。这种学习方式一方面可以解决传承人和观众时空距离的问题,另一方面也给传统手工艺传承提供了一个平台。观众通过慕课平台与传承人取得联系,共同学习,两者之间可以根据学习和交流情况,双向选择是否继续对传承手工艺进行专业的训练学习,优秀的还可以以正常拜师学艺的传承方式收入传承人门下。

最后,文化商品展销区的商品定位在供观众学习研究上。如传统手工艺工具、材料、半成品等,满足观众对传统手工艺技艺学习的需求,也提供传统手工艺慕课学习所用材料，刺激观众在观展后继续对传统手工艺保持兴趣和爱好。

三、达到有效传播

传统手工艺展陈设计的最终目的是让观众接受展陈所传达的信息。为了达到展陈目的，展陈设计应紧紧抓住观众、展品、空间三个主要因素进行整体化设计。在设计上，遵循以人为本，以观众为主的展陈理念，展陈空间和形式设计为观众和展品服务，以最有效的形式将展品的信息传达给观众，达到展陈效果。

1. 极简化设计达到最大化传播

简约化风格于20世纪中叶在绘画、设计等领域流行，在绘画领域称为极少主义，主张削减绘画语言，不断简化抽象形态，摒弃一切干扰。这在设计领域称为"极简主义"设计风格，主要指在居室设计、感官上追求简约整洁，思想上追求优雅的哲学思想，以简单极致的风格体现极简主义者的价值观和生活方式。

极简主义的设计理念和风格主张"以少胜多"。少量、简约的设计元素是体现展陈主题和文化内涵的代表性符号。展陈空间中大量的留白，给了观众充分发挥想象力的空间，设计元素仅作为辅助观众理解的符号，追求空间主题性格的设计。在空间中营造出主题文化中蕴含的哲学思想和价值观。这与中式造园手法中"以简胜繁、以少胜多"，体现佛家"虚实相随、有无相生、相反相成"的变化与发展的思想一致。

传统手工艺展陈内容多，信息量大。展陈内容不能做到面面俱到，也不可能做到全盘展示。展厅是文化艺术空间，也是一件艺术设计作品。展厅与库房的本质区别就是前者是以艺术形态传播展陈信息的空间，而后者是确保展品安全的。所以，在展品选择、展陈主题策划上都宜选择具有表征性、象征性的符号。展品在展陈空间中是符号化的文化，传递展陈主题信息和思想。展陈设计中具有代表性的符号可以根据符号学原理来设计思考。如皮尔斯将符号分成图像符号、指示符号、象征符号，三种符号各有其义。但在设计中通常将三种符号以重构的方式，创意出新的符号。通常会将图形和文字组合，以文字借助图像增强想象力辅助理解语义。图像可以激发观众的想象力，让观众更易理解图形所表达的意境，而且图像形态也能让观众在直觉上理解图形的象征意义。图像符号、指示符号、象征符号以重构或组合等创意设计方式出现在展陈设计中，能表达更深层的内涵，使抽象的语言变得更加形象易懂。这种符号化的设计能协调展陈设计，两者互为语境、互为补充。

符号的原理在展陈设计中是不可避免的。正如语言学家罗曼·雅各布森说的："每一个信息都是由符号构成的。"特别是极简主义设计，设计中所使用的每个元素都具有鲜明的所指和象征性，这样的符号才能凝聚复杂丰富的信息。观众接触到这些符号就能触发对展陈信息的想象和理解。如昏暗灯光下转动的坯车是象征性符号，不需要文字就可以让观众读懂陶瓷制作手艺人是在什么样的环境下进行拉坯工艺的，但这辆坯车和这盏灯并不能解说陶瓷拉坯工艺技法，所以需要其他的辅助符号，如文字、图像、图片等图像性符号对工艺进行说明。这个场景中的极简主义体现为"昏暗灯光下转动的坯车"，这种艺术组合的所指内涵很丰富，既说明了坯胎的形成又反映了陶瓷生产制作的环境。空坯车还能给人带来无尽的遐想，让观众通过想象，自由思考这台坯车是怎样将一团泥巴变成瓷坯的。这是一个联想学习过程，既让观众主动思考，又能抓住观众想知道答案的心理，引导观众对文字展示信息进行阅读。如果设计一组非常具象的手工艺人正在拉坯的雕塑艺术形态呈现在观众面前，观众的好奇心会减弱，不会去思考泥巴是怎样变成瓷坯的，也不会产生联想学习的过程。

极简主义的展陈设计可以借鉴中式造园艺术中的"比兴""比德"手法[1]。比德、比兴的手法与皮尔斯符号学中的象征性符号有着一定的相似性，但是更具中国传统人文精神。比如中国文人用"梅兰竹菊"四种物化形态的高尚情节比作做人的风格，这四物都是我国文人常用来自拟的物像形态。我国古代美学中"兴"的概念强调对对象未经逻辑而进行的直接把握，指直接领悟对象的内在本质。直觉体验"是纯粹的观审，是在直观中浸沉，是在客体中自失，是一切个体性的忘怀，是遵循根据律的和只把握关系的那种认识方式之取消。"[2]

[1] 刘托.建筑艺术文论［M］.北京：北京时代华文书局，2015.
[2] 宗白华.美学散步［M］.上海：上海人民出版社，1981.

传统手工艺展陈中，也可以借用"比兴""比德"的美学表现手法传达传统手工艺文化中蕴含的精神。这些视觉符号刺激观众，对展陈信息产生直觉体验，这种直觉性能让观众沉浸到展陈中。从观众的心理分析，观众想证实自己的直觉是否正确，对展陈内容怀有期待。如贴满窗花的窑洞门窗，传达剪纸艺术给人带来喜庆和希望的情感，充满着祥和氛围。中国观众通过这一场景的符号能联想起坐在炕头剪纸的女人们，庆祝新年到来的欢喜，对新年新生活的向往。而外国观众通过这一场景符号能读懂剪纸的产生环境及剪纸艺术在人们生活中呈现的形态。这一场景也是对剪纸艺术作品最好的展示。又如，对佛教文化内容的展示，可以通过灯光、色彩与木鱼、佛珠、经筒或转经筒等艺术符号的组合形态营造佛光普照的情景，灯光和色彩就是简约到基本的艺术形态，不需要过多的语言和符号解释，观众就能读懂佛教追求的祥和境界。苏珊·朗格认为"艺术，是人类情感的符号形式的创造"。如果展陈设计能运用一些与观众情感交流的符号到设计中，就能有效地与观众产生共鸣。如营造技艺行业习俗中的祭祀鲁班的习俗，设计符号可以选择佛龛、鲁班像、燃香、对联、供桌，这几个符号的组合，就足以代表对行业神的祭祀，观众参观至神像前，看到鲁班神像油然升起敬仰、敬重之情，自然会停住脚步虔诚以望，似乎把自己当成是手工艺人，表达对先师的敬仰。

2. 二次传播提高展陈效果

二次传播是指一段信息经媒介传播被受众接受过后，它的传播过程并没有结束，又转化为另一种传播方式即民间舆论形态继续传播下去。这种二次传播能把信息的传播延伸下去，在更广的范围内继续发挥作用。

展陈信息的传播也能产生二次传播效应，体现在两种情况下。一是观众参观回去后，将展陈信息传达给朋友们。观众参观完一个展览后会通过社交圈或口头的形式向亲朋好友或同事们讲述观展感受，让更多的人了解到展陈。通过对展陈内容和形式、个人观展体会的介绍，可形成有效的二次传播特别是以展览照片和观后感的形式对展陈的二次传播影响更大。比如我的同学去杭州工艺美术博物馆参观后，通过微信、微博、QQ空间上传了博物馆展陈现场、她本人参与的刺绣手工体验、与传承人学习交流等方面的照片，并发表了愉快的体验观展感言。我们在看到她的这些照片后纷纷发表评论、咨询她观展的情况。她于17：01在微信朋友圈上传了这条信息，在17：01—22：28这段时间内，产生的二次传播的效果是这样的：超过50人关注，其中38人点赞，12人发表了评论，且这12个人对刺绣学习都表现出极大的兴趣，并表示今后会安排机会去。由此可见，二次传播对展陈的重要性。又如，上海宝山国际民间艺术博览馆中展示"非洲化装舞会"的内容时，采用游戏互动形式，通过摄像头采集观众头像与游戏中的图像结合，生成观众头像的化装舞会图像，同时生成二维码，观众可以通过微信扫一扫读取二维码上的信息，将合成的图像通过手机和互联网发布到自己的社交圈中（见附图3-20）。由此可见，新媒体技术也大大扩大了展陈信息的传播范围。

二是在博物馆展陈中，由部分观众驻足参观引来更多的观众对展陈的关注。这种由多个观众观展而引发的二次传播效果，主要是由观众的从众心理引发的传播效应。从众心理就是通常所说的"随大流"，指个人受到外界人群行为的影响，而在自己的知觉、判断、认识上表现出符合公众舆论或多数人的行为方式。相关实验表明，大部分人都有从众心理，只有少数人保持独立性，所以说从众心理是一种较为普遍的心理现象。

传统手工艺展陈也可以依据从众心理，以有趣的展陈设计吸引部分观众来参观，再由这部分观众吸引其他观众对展陈信息的关注。可多采用体验式、情境式设计吸引观众的注意力。体验式展陈让一部分观众自觉停下脚步对展陈内容进行更深层次的学习，这会引起周边另一部分观众的好奇心理，成功吸引他们的注意力。观察调研发现，体验式展陈最能引起观众的从众心理，一分钟内至少能够吸引5～10人前来参观，有趣的人机互动体验展陈方式能吸引观众多达十几人，甚至有些观众愿意排队体验。现场展陈引来的参观根据表演内容不同有多有少，少则五六人，多则十多人。而且，二次传播的观众的心理基本一致：首先好奇别人在围观什么，其次是被体验的方式吸引，最后通过亲身体验对展陈信息产生记忆。此外，情境式设计也容易形成二次传播。情境式空间氛围引起观众在展厅中赏游，后面的观众看到前面观众在场景中犹如人在画中游，这种情形本身就是一种美，自然也会引发其自发加入场景画面中的情况。如天津博物馆"百年天津"展厅中，介绍天津商业发展状况的一部分内容采用了场景还原的形式，模拟了天津劝业场一带商业街景情况，让观众似乎回到了近代的南京路，仿佛自己正漫游在商业街上，感受天津近代商业文化（见附图3-21）。观众对每一家店铺的展陈内容都很感兴趣，认真参观学习，并且拍照留念。传统手工艺展陈在设计形式上考虑从众心理和行为对展陈传播的影响，能提升展陈的有效性。

传统手工艺展陈内容策划和形式设计要紧紧抓住观众、展品和空间三个要素，依据展陈理念和原则，采用合适的技术有效传达展示信息，与观众学习行为相吻合，达到展陈的最佳效果。结合书中观点以陶瓷烧造主题为例进行策划方案的探讨，详见附录2《陶瓷烧造技艺专厅策划方案》。

06 第六章

传统手工艺展陈的可持续观

20世纪末以来，国际上对非物质文化遗产的保护工作非常重视，联合国教科文组织出台各种政策呼吁对它进行保护。工业文明时代下，机械化大批量生产解决了人们对物质日益增长的需求，传统手工艺生产的速度满足不了人们对物质的需求量，逐渐失去了它的市场。我国手工艺行业也出现此情况，在全球化发展的趋势下，外来文化的入侵，使本土文化渐渐失去了它的地位。人们对传统手工艺文化的认同缺失，导致传统手工艺失去市场，失去传承者。我国有些传统手工艺文化已经出现因传承人逝世而技艺失传的现象，传统手工艺因无形性的文化特性，其文化断层造成的危害和损失更加严重。传统手工艺文化的传承方式是"人在艺在，人亡技亡"，如果传承人在世时未将技艺传承给下一代，那么他的技艺就消失了，不像其他文化可以依靠文字记载传承下来。所以，我国非物质文化遗产以博物馆展陈的形态呈现，帮助人们正确认识"非遗"文化，以正确的方式对它进行保护，这为"非遗"传承发展提供了一个宽广的平台。博物馆展陈对于非物质文化遗产的传播来说是一种积极的、不断进取的方式。

传统手工艺文化博物馆展陈一方面丰富了档案室保护模式，另一方面促进了它的传承发展。展陈是一个传播信息的空间，特别是临时性展陈，能在特定的时间内，聚集社会各界资源于同一空间中，社会群体之间的交流比较集中，对展品的传播效率高。社会在变化发展，非物质文化遗产保护传承发展的方式也需要不断更新。"非遗"的文化属性和价值都与文物有着一定的差距，如果把非物质文化遗产藏在玻璃罩子般的展柜中保护起来，那么非物质文化遗产将失去它真正的价值和市场。对非物质文化遗产保护的展陈方式，要结合社会实际情况，进行不断更新和调整。将博物馆展陈空间看作一个社会场域，通过博物馆展陈的传播功能，为非物质文化遗产的传承发展提供更广阔的市场。特别是传统手工艺，它具有非常高的实用性和审美功能，它的生存依存在一定的社会市场下。传统手工艺的文化资本在博物馆展陈空间的聚集功能下，利用博物馆资源，为传统手工艺和社会之间搭建桥梁，为传统手工艺的活态性、生产性保护提供了更大的平台。

随着非物质文化遗产名录的不断更新及其保护现状的不断变化，观众对传统手工艺的认识也在不断地提升。从不知道到知道，到慢慢学习了解、喜欢关注，认识程度在一步步加深，观众对传统手工艺展陈的需求也越来越大。因此，传统手工艺展陈在内容和形式也会有所调整。由最初的普及认知的阶段，发展到能根据不同层次需求而设立的展陈设计。如常设的展陈是解决低级认知需求，而对传统手工艺有更高层次需求的可开展更多的临时展陈、阶段性的学习活动或合作方式。传统手工艺经历了保护传承发展的探讨，其现状也会有所变化。传统手工艺展陈也应该根据当前需要，适时调整展陈策划方案，应对当前的问题，针对现状中出现的新问题，采用适合观众需要和能更好地传达展陈信息的方式，策划不同的方案。

第一节 求变求新的办展思想

一、打破常规的展陈模式

博物馆固定展陈通常3～5年进行一次变动，有的是展品内容或形式的更新，也有的是展陈主题的更换。然而，目前国内有些博物馆的固定展陈更新速度很慢，甚至十多年也没更新。很多观众对博物馆的固定展陈没有兴趣，认为小时候去过了，没必要再去。这说明个别博物馆展陈模式的陈旧，没有变化，导致观众对它的心理接受程度不高。

博物馆并不是档案馆，博物馆是通过展陈艺术将展品以美的、更易于接受的形式与观众进行交流。展陈不仅要吸引更多的观众，还要达到让观众继续学习的目的。传统手工艺展陈模式要有创新才能不断吸引新、老观众的关注。

传统手工艺展陈可以发挥展品丰富性、形式活泼性的特点。展陈设计中可以多发挥展品本身的文化特性，突破传统展陈模式，不断创新，满足不同时期观众的不同需求。比如点状和线状类展陈可以对每期的内容进行更新，不同时间内展示不同的内容。这种更新式的展陈模式，可让观众对传统手工艺展陈充满期待。博物馆如果像剧院、电影院一样，不同时间有不同内容和形式的展陈活动，观众就会像期待新电影、新节目一样关注下一期的展陈内容。点状展陈采用传承人现场展演、观众现场学习体验的方式，可考虑收取一定的材料费用，用以支撑传统手工艺传承人的成本，也可辅助博物馆运营管理。另外，博物馆还可以开展传统手工艺成果大展，以成果汇报的形式给予奖励鼓励。传统展陈主要以艺术欣赏、展演的学习方式为主，展览选出的品质、艺术价值高的手工艺品可收藏于各大博物馆，其他展品则可销售或拍卖。这样的展陈活动对传承人来说是一种激励，是对传统手工艺的认同，可增强传承人的自信，也能让观众正确认识传统手工艺的价值。对研究传统手工艺的观众来说，更是一个近距离学习和交流的机会。比如伦敦的设计博物馆，不设固定展陈，观众在不同的时间来看展，都会看到不一样的展陈内容；整个空间也经过精心设计，让观众每一次都如同进入了一个全新的艺术场域。而且，设计博物馆每年都会举办国际范围内的设计评比，其"年度设计奖"（Designs of the Year）被誉为设计界的"奥斯卡"。所以尽管伦敦设计博物馆参观要收费，口碑却很好，门票基本上都需要提前预订。

时机成熟的条件下，还可以组办国际规模的传统手工艺文化交流展，邀请国内外传承人展示各自的传统手工技艺，让观众有机会学习到传统手工艺的不同形态，对传承人和从事相关技艺的观众来说，可以交流学习，扬长避短，提升自身技艺；对非物质文化遗产研究者来说，可以了解到国内外传统手工艺文化状况及其不同的保护模式；对博物馆来说，可以学习国外非物质文化遗产展陈的理念和形式，加强国内外展览交流，拓宽传播渠道。来华展或出境展，不但有利于文化的交流，也能拓宽传统手工艺的海外市场，为传统手工艺生产性发展提供更大的空间。

二、动态更新

如果展陈内容多年没有变化，就吸引不了观众的兴趣。而传统手工艺展陈内容丰富，信息量大，完全具备对展陈内容进行更新的条件。目前国家级传统手工艺名录中烧造类有30多项，髹漆类有10多项，錾刻类、刺绣类都是近30项，今后还会进一步增加。此外，传统手工艺与民俗类的一些名录有重要的关联，在民俗活动中也可以结合传统手工艺活动进行整体性展陈。如五芳斋粽子制作与龙舟赛、端午节是一个文化整体，可在端午节前后举办一系列的活动。这些资源对博物馆展陈来说是一笔财富，但是展陈内容的更新要有一定计划，不能盲目、全盘更换。

展陈主题策划初期就要有长远的计划，考虑主题内容不同时期要更换的内容，并在形式上考虑空间、展具及设备的可操作性和经济性，制订可持续性的展陈策略。比如在一个主题展陈中，更换某一单元的内容或以临时展陈的形式对内容进行补充。如果对展陈主题展厅进行内容更新，第一种可以采用总分的形式进行策划，如錾刻类，第一单元可以从全局考虑介绍錾刻的共性，包括材料、工具、基本的工序等；第二单元以某一项典型性技艺为例进行详细展陈。这样第二单元的内容就可以根据需要进行更新，既让不同的传统手工艺有了向观众展示的机会，又可通过内容的更新，让观众产生更多的期待。第二种可以采用专题系列的形式进行展陈，如烧造技艺专题展、中华刺绣专题展览等，这就与固定展陈进行了互补。专题展也要进行策划，而不是将所有名录放在一个个格子里展示。将同一技艺的名录归在一起展陈时，展陈内容可以采用对比的方法，主要从技艺、文化、材料这三方面的共性和个性进行展示，只有将信息有序地组织起来，突出展陈的逻辑性、文化性及艺术性，才能吸引观众的注意。对展陈信息的组织策划有助于观众轻松愉快地学习。归纳后的信息除了逻辑性强、条理分明外，还言简意赅，有助于观众的学习接受。

泰特美术馆涡轮大厅的装置艺术作品从2000年开始，每年更换一次。这件装置艺术作品，每年由美术馆特意挑选的艺术家来设计完成。如路易斯·布尔乔亚（Louise Bourgeois）的巨型蜘蛛，哥伦比亚艺术家桃瑞丝·沙尔塞朵（Doris Salcedo）创作的167 m的裂缝，还有奥拉维尔·埃利亚松（Olafur Eliasson）仿造的巨型太阳等，这些装置艺术作品为观众带来了很多的惊喜，提高了美术馆的参观率。而且这种效果有延续性，抓住了观众的参观心理，观众对来年的装置设计也会有期待。这种空间装饰艺术及著名艺术家的知名度也为美术馆增加了亮点，很多观众会因为作品前来美术馆参观。

采用"明星效应"的模式也能增加传统手工艺展陈和博物馆的参观率和关注度。非物质文化遗产展馆也可以举办著名工艺大师的个人展，但是作为非物质文化遗产的传统手工艺个人展与工艺美术品个人展不同，前者要突出其"非物质"的特性。传统手工艺个人展要突出传承人在技艺或文化方面的研究成果，而不仅仅是手工艺品。一个好的展陈能通过观众的二次传播带来更大的影响力。另外，非物质文化遗产博物馆的公共空间也可以效仿泰特美术馆涡轮大厅布展的模式，挑选传承人根据公共空间结构或一定的主题，专门设计手工艺作品进行空间布置。可以是定期或不定期的根据非物质文化遗产的文化特性，在节庆日设计不同的主题，如元宵节等可以将猜灯谜与彩扎、宫灯、草龙等进行空间创作。

随着科学技术的不断发展，展陈形式也在不断更新。博物馆展陈方式也要考虑技术的更新，对展陈形式进行更新设计。展陈形式的更新对展陈信息传播会带来更好的效果，有助于观众的参观学习。如21世纪初期，博物馆的交互式操作常采用的一种形式是触摸式电子书，电子书的内容主要是文字配图的静态模式，这种电子书只能吸引观众短暂的注意力，吸引点就是当时比较新鲜的触摸屏翻阅形式，不持久是因为内容冗长单调。现在交互式技术水平提高了，新媒体技术也更成熟，3D动画形式的内容吸引了观众的持久注意，延长了观众学习的时间，观众对信息的接触越多，学习效率也会越高。同时，观众对新技术、新材料、新形式都抱有好奇感，这也更容易吸引观众的注意力。如计算机三维虚拟技术，在空间中呈现场景还原或者情景化设计的效果，比二维虚拟效果要生动得多。在三维场景中配上声音、色彩甚至触感、气味等多维度的观感体验，可将观众的想象思考呈现出来，营造身临其境的感觉。内容和形式是一个整体，形式的更新可以帮助内容的展示，内容的更新借助形式来呈现。两者是一种相辅相成的关系，需要统筹策划。

三、不同定位的展陈活动

展陈可以对观众进行细分，不同观众对展陈活动都有不同的需求。从事传统手工艺相关理论研究的观众，更关注有一定深度或独到见解的活动内容，如讲座、交流对话、会议等；学习手工艺相关设计专业的观众，则对技艺和艺术方面的内容更加关注，可以是对话交流、学习培训、讲座等；少年儿童则更喜欢体验形式的活动，如手工体验活动、手工设计大赛等。

根据调研和数据分析，可以发掘这部分关注传统手工艺观众的需求。先从这部分群体的需求出发，策划相关主题的展陈活动。据调研，86.5%的观众对传统手工艺文化研究和实践感兴趣，且以青少年和老年群体居多。所以博物馆可以针对青年，以正在接受高等教育的学生和青年上班族为主，开展传统手工艺理论或实践相关的讲座、交流对话等；少年群体则适合开展传统手工艺体验学习，时间安排在周末或寒暑假，亦可以与少年宫等机构合作组织；老年群体可以组织一些体验活动或讲座，老年群体和青年群体的需求有相似之处，但在时间上老年人更充沛，可以安排在工作日，与青年人的时间错开。另外，还可以将展陈活动细化，比如就针对合作学校的学生策划专业的展陈展演活动或在九九重阳节专门为老年观众举办老年人体验活动等。

传统手工艺展陈活动策划根据不同观众的需求，开展相关系列活动。我国国家博物馆举办的活动有画展、书展、非物质文化遗产展等活动，有不同专业的理论讲座，也有针对少年儿童的相关学习活动，还有音乐、舞蹈等表演艺术的演出。另外，国家图书馆也与一些商业机构合作举办一些活动，这类活动主要是借助图书馆官方权威机构和文化氛围进行商业推广。一般是与一些教育培训机构合作，通过举办讲座或体验活动进行招生活动。虽然是商业行为，但是也给有需求的读者提供了学习的机会。如果不想报名加入，讲座活动对读者来说也是一种文化体验。如北京建筑大学曾经举办了一个中式插花艺术相关的讲座，邀请的是易花道的插花师做主讲。讲座的第一部分是介绍中国传统插花艺术简史和插花的类型，第二部分是现场给听众展示插花艺术。这场讲座主要是以教育为主，但是观众想继续学习的，可以报名参加易花道插花培训班。博物馆作为一个传播文化的公益性教育机构，它的职责不是培训教育，但是若观众对传统手工技艺有实践学习的需求，博物馆可以尝试与相关的商业机构进行合作，借用商业机构的资源，为传统手工艺文化的传承学习提供更大的空间。

第二节　同进步、共发展的目标

展陈不但对展陈信息有传播作用，而且对博物馆建设有促进作用。可以说，展陈策划与博物馆建设两者是相辅相成，相互促进，共同发展的关系。展陈是博物馆运营的核心，也是它运营的主体。没有展陈，博物馆就是一个空壳建筑。展陈办得好能够给博物馆带来更高的参观率，给博物馆带来好口碑，能促进博物馆品牌形象建设。而博物馆的品牌建设也有助于展陈声誉的提高，有助于展陈质量的提升。博物馆展陈和博物馆建设两者应相互利用对方的优势资源共同发展。

一、推动传统手工艺行业发展

传统手工艺展陈对非物质文化遗产的保护有推动作用，应从全局出发，分析博物馆作为一个文化机构有哪些资源能推动传统手工艺的保护和传承。博物馆可以发挥自己的传播功能和集群功能，让展陈信息得到有效传播。博物馆除了有教育传播功能外，还有组织协调功能。非物质文化遗产博物馆可以依靠自身的资源优势，发动行业协会等，组织各种专有大型活动。

展陈将不同地域、不同时期的传统手工艺和不同背景条件的观众聚集到同一个空间中，通过展陈设计将不同时空和属性的事物联系起来，让两者产生思想撞击，观众通过对展陈内容的接受，达到各自的目的。在展陈空间中传统手工艺文化与人、社会等形成了一个社会群体，群体之间又因为各个体与不同元素之间形成不同的场和空间关系，这让传统手工艺展陈艺术空间形成了一个复杂的网络，也形成了各种不同价值的场域。

"场域"一词源于现代西方社会学，由法国社会学家提出。场域可以被定义为"在各种位置之间存在的一个关系的网络和架构，行动者和机构在这些关系中的位置使其得以拥有不同类型的权利和资本。任何一个场域都有自身的自主性，其发展的过程即是为自身的自主性而斗争的过程"[1]。展陈空间是一个文化场域，加入展陈空间中的每一个不同身份的人与展陈主题文化之间建立了一个关系网，他们之间会因为各自不同的目的发生关系。如博物馆工作者与展陈的关系是对展品的安全负责，助力展陈文化传播、观众参观学习及为博物馆品牌文化服务。从事传统手工艺或"非遗"相关的研究人员和展陈设计人员则更关注展陈内容和形式。从事商业行为的观众与展陈主体的场域关系，可能会考虑到传统手工艺价值的市场化推广等，而传承人思考更多的是通过展陈平台传播传统手工艺和个人的品牌形象，通过这个场域发现更多的传承者，也希望传

---

[1] Bourdieu, P., Passeron, J.C.. Reproduction in Education, Society and Culture Theory[M]. California: Sage Publications Ltd., 1990: 24-41.

统手工艺有更大的市场，使之获得更大的生存空间。不同群体在场域中的目的不一，场域与不同领域发生关系，传统手工艺展陈艺术由此也产生了多种形态的场域，如文化场域、教育场域等。正如布迪厄认为的，"社会空间中有各种各样的场域，场域的多样化是社会分化的结果"。观众有不同阶层、不同职业、不同兴趣爱好、不同消费观念的细分群体。正是因为不同社会需求对文化的诉求不同，传统手工艺展陈空间功能得到了延展，而展陈空间的传播、集群功能又推动了传统手工艺行业的发展。

1. 扩展传承群体

首先，与学校建立合作。传统手工艺展陈可以与学校，特别是艺术类院校或学院建立产学合作或产教融合等项目。艺术院校的装饰艺术、服装染织、陶艺设计等专业都与传统手工艺文化有着直接的关系。通过博物馆这一平台，让学校与传统手工艺传承人的作坊产生联系，建立实践基地或实习基地。传统手工艺传承人可以在学生中，根据双方意向建立正式师徒关系。与学校合作对于学校、传统手工艺者、博物馆三方都有利。对学生来说是一个难得的机会，可以学习到正统的手工技艺；对传统手工艺者来说，多了一个传播技艺文化的渠道，还可以选择优秀的传承人；对博物馆来说，可以丰富展陈内容和方式，比如拜师仪式等礼仪习俗可以在博物馆进行，这既给观众展示了传统手工艺的习俗，又为传统手工艺文化提供了一种有效传播模式。

博物馆与学校建立合作的关系历史悠久。英国的维多利亚与艾尔伯特博物馆（简称V&A博物馆）最初就是皇家艺术学院的图书馆，现在该校新成立的"服务设计"专业的教室也设在V&A博物馆里。这种学校与博物馆合作的模式可以说是一种共生的关系。两者可以相互依存，共同发展。非物质文化遗产博物馆与艺术院校合作，对学校来说是一个能接触到优秀传统手工艺技艺的学习机会。对于博物馆来说，两者的合作一方面可以扩大对传统手工艺文化的传播，落实对传统手工艺的保护和传承；另一方面可以丰富展陈的内容和形式。博物馆与学校合作，可以要求学校每年将学生的学习成果进行汇报展示。这样的成果汇报展示也是给手工艺者一个新的学习机会，新人向老手工艺人学习精湛的技艺，老手工艺人向新人吸取新的设计理念，双方合作互学对传统手工艺品的外在形态上进行创新设计，既适应了社会形势，满足了当代受众的需求，也让传统手工艺有了更大的生存空间。

其次，加强对青少年的审美教育。可成立少年儿童体验班，从小培养他们的文化认同感。传统手工艺的表现形式都比较活泼，容易引起观众的兴趣，特别是审美类传统美术能吸引观众的注意力。传统手工艺中有些名录可以通过体验的方式，让观众对传统手工艺产生更深刻的认识。成立少儿体验班的主要原因是因为文化的渗透和熏陶要从小开始，从接受心理角度来说，更容易使他们达到对文化的忠诚。一方面，让这一代的少年儿童能够正确地认识和学习中国优秀传统文化，继而为传统手工艺文化的发展扩展空间。另一方面，虽然针对的群体是少年儿童，但受教育的还包含了他们的家长，因为少儿在进行学习的时候多半都有家长陪同，这样使得陪同的家长对传统手工艺文化也有了正确的认识。

少儿体验班可以传统手工艺文化普及+动手体验的方式在节假日开设，可根据需要开设长期班，也可每期策划一个主题体验班。开设的课程，选择难易程度相当的，适合少年儿童学习的。比如绘画类、剪纸、布糊画、年画中的拓印和彩绘工序等；陶瓷烧造类，拉坯、画坯工序；编扎类，工艺简单的草编、藤编、风筝制作等；还有染织类、刺绣类等。在时间安排上，可以根据时节来开设应时的课程。如腊月开设与年俗相关的课程，如年画、剪纸等；农历三月开设风筝制作体验课，让学习者可以应时感受"草长莺飞二月天，忙趁东风放纸鸢"的快乐。

最后，搭建"非遗"的市场桥梁。博物馆是一个艺术性、文化性极强的交流平台。博物馆可以成立"非遗业务联络处"之类的部门，专门为非物质文化遗产的传承发展提供企业、学校或境外交流服务，为"非遗"文化传播谋求合作和推广机会，借助外界力量实现传统手工艺价值。如通过企业举办商业展陈活动、文化交流等，扩大传统手工艺的传播领域。如由文化部中国文化传媒集团艺术品评估委员会主办，上海艺评会文化发展有限公司、深圳市金儒文化产业有限公司承办的"南十字星下——中国艺术家南极探索之旅"，邀请了我国著名的艺术家到南极进行文化交流考察。浙江龙泉青瓷的传承人梅红玲就是这个活动成员之一，她带着自己的青瓷作品登上了南极，让世界七大洲都看到了青瓷的优雅。这是一个文化交流活动，梅红玲在沿途经过的几个国家发表了青瓷文化演讲，带领我国传统手工艺文化走向世界。此外，观众也可以通过这个平台与传统手工艺传承人取得联系，获得自己学习传统手工艺的机会。

2. 规范传统手工艺体制

首先，博物馆协助督导筹建地方传统手工艺行帮。民间传统手工艺行帮与中国手工艺行业协会有些不同，后者主要是恢复传统手工艺各行业间的行业规章制度、行业道德、行业信誉等，秉承我国手工艺行业传统运营和管理模式。前者是民间自律机构，从宏观上推动手工艺行业发展，开展行业交流学习活动，反映诉求，开展维权工作，为传统手工艺发展创造良好的政策环境，提升手工艺行业的竞争力；对行业道德规范进行约束，建立行业诚信制度，加强自我监管；规范手工艺人行为，提升手工艺人基本素质，为传承人搭建学习交流的平台；主要对行业内进行监督管理，也为行业间提供发展的机会。博物馆不参与各地方手工艺行帮具体事务的管理，但对行帮事务起监督协调作用。博物馆可以向地方行帮提供发展或合作的机会。两者之间相互配合，共同发展，促进传统手工艺发展。

其次，博物馆组办传统手工艺设计大赛。组办设计大赛有利于传统手工艺行业的发展和传承。设计大赛的参展作品也可以作为博物馆的展陈资源。设计比赛可倾向于青年手工艺人，或可组办一个参赛者定位于青年手工艺人的设计比赛，多给年轻手工艺人树立自信的机会，激起年轻一代对传统手工艺的热爱。

最后，博物馆筹划组办传统手工艺节。传统手工艺节举办时间可与六月份的非物质文化遗产活动日错开，选定在下半年。以特定的节日对传统手工艺进行肯定，也是对非物质文化遗产保护和传承的一种方式。设计行业有各种形式的设计节、设计周，给设计师提供了展示自己的机会，也给传统手工艺与企业之间搭建了交流平台。传统手工艺节也可促进国际交流，扩大传统手工艺文化的传播范围，促进传统手工艺文化的发展和传承。

二、打造"非遗"博物馆品牌

博物馆品牌化建设有利于博物馆长远发展。目前，我国博物馆运营主要是国家提供经费。然而，博物馆的资源丰富，可利用其文化和社会资源打造"非遗"博物馆品牌。

首先，定位要精准。博物馆品牌建设要有鲜明的定位，文化资本是博物馆品牌建设的软实力，但一定要突出"非遗"文化的个性化特色，以与其他博物馆区别。比如，在展陈内容上突出传统手工艺的无形性和活态性，突出动态工艺过程、整体文化的展示、体验式展陈方式。规划文化产品区的目的是为观众提供继续学习的条件，销售原材料、工具、半成品、技艺工具书等商品。数字图书展馆中的内容一定要突出"非遗"专业性，如内容以"非遗"档案、技艺、保护等为主，与普通书店和图书馆区别开来。

其次，建设数字化"非遗"网络平台。21世纪是网络科技时代，展陈的主要功能就是传播信息，其本身就是传播的一种形式。我们要建设数字化"非遗"网站，实现"非遗"跨境传播。布迪厄说："那些实际的或潜在的、与对某种持久网络的占有密切相关的资源的集合体。这一网络是一种众所周知的、体制化的网络，或者说是一种与某个团体的成员身份相联系的网络。它在集体拥有的资本方面为每个成员提供支持，或者提供赢得各种各样声誉的凭证。"[1]网络这个虚拟空间，虽然无形，却超越了实体空间的传播和教育功能，是目前最强大的传播工具。如借助官方网站、手机APP或微信订阅号等社交网络平台的资源实现跨越时空的传播。另外，从文化形态上，计算机虚拟技术的动态功能也适合于"非遗"文化的活态展示，数字化平台建设无疑是非物质文化遗产展陈推广的良好手段。此外，数字化网络平台的建设为"非遗"走出国门的宣传提供了便捷，拓宽了方向。同时，也为国际"非遗"文化的交流学习提供了平台，让更多的人了解了中华璀璨的文化，吸引了国内外相关行业的关注。

再次，"非遗"展陈可与传统手工艺复兴计划融合创新发展。传统手工艺复兴有利于传统优秀文化保护传承和民族文化自信提升。"非遗"展陈的教育、传播等功能可以通过展览、活动、会议、旅游等形式与传统手工艺文化传承进行交叉融合。"非遗"展陈可以将空间场域扩大，延伸至"非遗"原生地。通过博物馆研究员对"非遗"的研究，策划"非遗"旅游活动。比如某一类传统手工艺的"非遗"游学路线，汉藏传统建筑彩画研学、四大名瓷烧造技艺研学等。"非遗"原生地可以挂牌成立"非遗"研学基地，其他单位如高校、旅行社等单位也可以直接联络相关项目，逐渐发展形成"非遗"旅游产业。此外，要加强对传统手工艺进行衍生开发。如开发传统手工艺的衍生产品，"非遗"传统手工艺衍生产品在设计上需要满足当代人们日益增长的生活需求。衍生品

---

[1]　薛晓源，曹荣湘.全球化与文化资本［M］.北京：社会科学文献出版社，2005.

的市场需求量高，可以解决"非遗"传承人的经济问题。通过对衍生产品的开发，也可以让"非遗"传承人更加关注消费者对传统手工艺产品的需求，并开拓"非遗"传承人的创新设计思维和了解当下市场新的消费方式等，逐步打造"非遗"传统手工艺文化创意产业。

最后，应变的思想。博物馆建设最重要的是保持"变"的思维，能随高科技的发展，适时调整展陈方式。需要用否定之否定的哲学观点处理博物馆建设发展过程遇到的问题。如固定展和临时展都要根据不同的内容和需要，策划不同的主题和形式，并根据现状和未来发展等状况进行调整。

第三节　传统手工艺展陈设想

传统手工艺展陈要把握整体性，从前期的市场调研到后期的展陈效果评估，对展陈方案进行全程策划。市场调研是展陈策划的基础，观众、展陈主体和博物馆空间是展陈策划设计的三个重要因素。三者之间的关系是相互联系的，是部分与整体的关系。不同的观众对传统手工艺展陈理解不同，关注点也不同，展陈内容策划要考虑观众对内容的认知度、期望值及接受度。传统手工艺展陈要在分析传统手工艺的文化特性、保护方式及传承方法，以及当前传统手工艺展陈现状的基础上，确定展陈理念和原则，展陈内容策划和展陈形式设计都要符合展陈主题文化特性。此外，还要考虑观众的接受度，兼顾展陈策划和设计两者之间的关系。博物馆是展陈艺术的呈现空间，展陈策划需要按博物馆建筑空间进行规划设计。被赋予了展陈功能的建筑空间，其空间功能也发生了相应的变化。首先是达到展陈教育功能，通过内容策划和形式设计引发观众自主学习。形式表现需符合传统手工艺文化特性，空间设计要营造传统手工艺文化氛围，这些都会影响观众对展陈内容的接受度，影响展陈传播效果。其次，展陈聚集了抱有不同目的的人到同一个空间中，博物馆成了一个小的社会集群。展陈空间的社会资源为传统手工艺及文化的保护和传承提供了一个平台。博物馆与展陈的关系也是一个相互作用的关系。博物馆运营管理要发掘展品的潜力和价值，满足观众和社会的需要；展陈策划效果也相应地影响着博物馆品牌建设。目前我国博物馆都是政府出资运营的非营利机构。但是从博物馆长远发展来看，博物馆不能一直依靠政府资金，应该在坚持博物馆运营原则的基础上，利用博物馆资源对博物馆进行品牌化建设，兼顾博物馆发展。

科学技术更新变化快，观众对参观学习的要求也在不断提升。展陈策划也要顺应变化的趋势，要有应变的展陈思想。传统手工艺或其他非物质文化遗产展陈要抓住以下几个要点。

首先在整体上，定位要准确。不论是展陈理念、服务对象还是展陈内容策划都要有一个明确的定位。精准的定位才能突出展陈重点，只有了解服务对象的心理和行为，才能选择合适的展陈形式设计，如此展陈信息才能得到有效传播。展陈的接受者是观众，展陈定位在服务观众。展陈内容策划和形式设计都要考虑观众的接受方式，鼓励观众积极主动进行参观学习。

其次在创新上，要突出展陈主体独具特色的个性。传统手工艺的核心价值是技艺，也是展陈的亮点、核心。展陈形式要符合对象的个性化展示，比如采用活态展陈理念、动态展陈方式，展现技艺无形性的特征。又如，展陈主题内容策划也要突出文化内涵，如剪纸艺术以点状形态呈现技艺，突出艺术作品中蕴含的意蕴。陶瓷烧造技艺以线状形态呈现工艺，突出技艺与科技的魅力，以及行业习俗与行规。营造技艺以数字化形式呈现工艺过程，突出技艺与造物思想。不同手工艺文化的个性化展陈有利于突出展陈重点，不同结构内容的策划也符合观众的接受心理和行为，从而提升展陈效果。

再次在形式上，强调与内容达到和谐统一。形式都是服务于内容的，形式在展陈中体现为对展陈内容的表现方式。形式和内容是一对辩证关系，展陈内容的特性决定采取什么样的形式进行展示；展陈形式也依赖于展陈内容，不同内容采用的形式也不一样。同时，展陈形式又作用于内容，并影响展陈信息的传播。展陈逻辑设计要考虑"什么人看""怎么引导看""看的过程中会出现什么问题"等，以观看方式去研究"展什么"和"怎么展"。紧紧抓住非物质文化遗产的特点，通过"以实见虚""以有见无""以小见大"的方法，展示传统手工艺无形性、活态性、丰富性的文化特性。只有当展陈形式适合于内容时，观众才能自主地进行学习。只有展陈信息得到有效传播，达到教育目的，才能对传统手工艺保护传承起到推动作用。

最后是在效果上，要借场域功能达到高效传播。展陈的传播功能在展陈空间形成集群效应，展陈的文化资源在集群环境中能够得到有效传播，为传统手工艺文化的保护和传承提供一个更宽广的平台。博物馆在保护传统手工艺传承的基础上，应根据市场需求，借助社会各方力量，通过活动、会议、展览等形式，拉近传统手工艺文化、传承人与社会需要群体之间的距离，推动传统手工艺的传承与发展。其他类型的"非遗"展陈也可以考虑展陈空间与场域的功能关系来促进展陈文化的传播发展。

总之，展陈策划要有变化统一的展陈思想。变化统一是设计中形式美的基本规律。有变化才有发展，博物馆展陈要不断注入新鲜的内容才能不断地吸引观众的关注度和注意力，展陈内容才能得到更广泛的传播。在展陈内容和形式上，随着科学技术的应用，特别是网络媒体和计算机技术的快速发展，活态性、整体性、传承性展陈理念将更好地得以实现，也可以进一步提升展陈传播的幅度和效率。统一的目的是为了达到和谐，展陈策划中的统一体现为展陈内容与形式设计上的统一，观众学习行为与展陈形式的统一，展陈策划与博物馆发展的统一等。从可持续发展的角度来看，展陈策划和设计也要有与时俱进的思想，保持展陈理念、展陈模式上的生命力，让观众每次观展都能得到"新"的感受，学习到新的知识。

附　录

附录1 关于"'非遗'传统手工艺的展陈设计"的问卷调查

　　您好！我是中国艺术研究院的博士研究生。目前，我正在完成《"非遗"语境下的传统手工艺展陈策略研究》的论文。需要调查观众对非物质文化遗产中的传统手工艺文化的了解情况，及对传统手工艺展陈设计的期望。希望能得到您的帮助，谢谢！请您在认可的选项前画"√"，可以多选。

　　1. 您的职业身份_____。
　　　　A. 从事非遗、手工艺、民俗、展示设计、博物馆等相关工作或学习
　　　　B. 其他

　　2. 您参观博物馆的目的是什么？
　　　　A. 观光　　　　　　　　　　　B. 普及知识
　　　　C. 为了研究　　　　　　　　　D. 关注展陈设计
　　　　E. 关注博物馆管理等工作

　　3. 您对传统手工技艺的了解程度：
　　　　A. 没关注过　　　　　　　　　B. 了解大概包含范围
　　　　C. 基本能回答其定义和包含范围　D. 不了解但体验过
　　　　E. 有一定理论成果　　　　　　F. 有一定实践成果
　　　　G. 有营销能力

4. 您希望从传统手工艺展陈中学习到哪方面的知识？

    A. 制作材料和工具   B. 技艺、工序

    C. 制作经验或诀窍   D. 手工艺品展示

    E. 行业习俗和行业行规   F. 文化背景和传承原因

    G. 现状和保护方式

    H. 其他_____

5. 您希望通过何种方式来参观传统手工艺展？

    A. 文字+图片   B. 视频观看   C. 实物展示   D. 现场展演

    E. 亲身体验   F. 游戏互动   G. 讲座、论坛等交流活动

    H. 其他_____

6. 您希望传统手工艺展陈增设哪些服务？

    A. 资料下载   B. 工具和材料购买   C. 技艺专业书籍

    D. 相关培训班   E. 与传承人面对面交流   F. 网络课程开设

    G. 商业合作   H. 传承人作品购买

    I. 其他_____

感谢您的宝贵意见，感谢您对我的支持！

附录 2　陶瓷烧造技艺专厅策划方案

本主题的展陈分三部分展开：第一部分是陶瓷烧造技艺总括，第二部分是景德镇手工制瓷技艺展；第三部分是陶瓷文化民俗展。

空间秩序组织：第一部分为前序导入，第二部分是重点高潮，第三部分是完善尾声。第二部分的内容可以设计为临时性的专题展。

创新性：① 用活态性展示方式生动展示陶瓷技艺；② 以可游可读的观展形式，增强非遗展的趣味性；③ 重点展示陶瓷技艺经验，凸显非遗馆个性化定位；④ 增加陶瓷文化民俗展，体现非遗文化的整体性。

展陈思路：在对展示内容和观众需求进行分析的基础上，对展示空间、展示形式、展示技术和整体空间设计进行构思。

第一部分　陶瓷烧造技艺总括

一、展示目的

这一部分主要对目前我国已获批的陶瓷烧造技艺非遗项目进行分析整合，按工序的先后顺序进行分类展示，让观众对陶瓷烧造技艺有一个整体性的了解。

二、展示内容分析

以目前已有的国家级陶瓷烧造技艺非遗项目为主要展示对象，以陶瓷技艺工序的先后顺序为展线，即"原料开采—原料加工—造型—修坯—素烧—装饰—施釉—烧窑—修瓷—包装—运输"。其中，每一道工序的介绍主要以"方法或步骤、工具、口诀、习俗"为内容，加上个案来组织（见附表2-1）。

附表2-1　陶瓷烧造技艺总括

内　容	详　情　简　介
前　沿	主要介绍陶瓷烧制技艺的原材料、工序等
原料及开采	1. 主要成分，重点介绍陶和瓷的区别。2. 开采方法
原料加工	1. 矿土变成瓷土或陶土的过程。主要过程有石料捣碎—风化—配料—装磨—运行—放磨—过筛入池—粗练或真空练泥—陈腐等工序 2. 工具 3. 口诀
造　型	分别介绍五种方法的工序、工具、口诀、习俗。 1. 拉坯法：拉粗坯—接坯—晒坯—修坯—补水—晒坯，以钧瓷例 2. 盘泥法：搓泥条—盘陶—成型—抛光—晾晒，以黎族原始制陶为例 3. 雕塑法：主体塑形—补水保湿—修饰—晾晒，雕塑八法，以德化瓷雕为例 4. 拍打成型法：手工打泥片—打身筒或镶身筒—装底、满—上大只—上假底—复脂泥、上线片—做嘴、把；做盖（做盖板—上虚片—装子口—挖盖头—捻的子—钻孔）—装嘴、把—啄嘴、把—开口—用明针光身筒—成器—阴干待烧，以宜兴紫砂制陶为例 5. 旋制法：拉粗坯—接坯—晒坯—修坯—补水—晒坯，以维吾尔族土陶为例
素　烧	素烧原因和目的、素烧装窑法、温度
烧白胎	烧白胎原因和目的、装窑法、温度
装　饰	主要介绍两种方法的步骤、工具、口诀、习俗。 1. 画坯：釉上彩、釉下彩、釉上彩和釉下彩结合，以景德镇青花瓷、唐三彩、醴陵釉下五彩、广彩瓷为例 2. 刻坯：阴刻、阳刻、镂雕、透雕、链雕、通雕，以越窑青瓷、藏族黑陶钧窑等为例
施　釉	介绍釉料成分、种类，施釉的七种方法、工具、口诀、习俗，以汝窑、龙泉青瓷等有特色的釉料为例
烧　窑	烧窑的两种方法、工具、口诀、习俗。 1. 露天烧法。工序：搭柴点火—取窑淬火；以黎族原始陶器、傣族慢轮制陶为例 2. 窑烧法。窑的种类、特点及代表窑；建窑方法；工序：装钵—挛窑满窑—封窑门—烧窑—冷却—开窑；可分别以耀州窑、龙泉青瓷、磁州窑、定瓷为例
修　瓷	修瓷的作用、方法、工具、口诀、习俗
包　装	瓷器包装的方法、工具、口诀、习俗
运　输	瓷器运输的方式、规定、口诀、习俗

（一）内容特点

1. 内容较多，知识性强

首先表现在项目数量上，有20多个；其次是陶瓷烧造技艺的工序比较烦琐，多的有72道工序；再次，陶瓷烧造技艺中使用的工具种类很多，而且多为工人自制；最后，各地陶瓷烧制中的习俗文化也各有不同。

2. 工序基本相似

虽然陶瓷烧造技艺非遗项目有20多个，但是大部分项目的工序基本相似。工序的区别主要体现在：一是陶和瓷的工序有不同，二是少数民族的陶瓷技艺与汉族地区的有区别。

3. 动态性的工序内容为展示重点

陶瓷烧造技艺中的主要工序是展示重点。对工序的介绍最直观的方式就是现场表演，但由于地域和时间原因，非遗传承人长期现场演示是很难实现的。文字、图片、实物、视频、电子书等将成为主要的展示形式。

4. 内容特性

该部分内容主要以知识性介绍为主，艺术性欣赏主要体现在对展品、展具与空间表现的设计上，利用技术或者局部场景设计带动观众互动游赏。

（二）展品形态对空间尺度的需求

这一部分的内容是一个导入性的主题知识介绍，但因其内容多而全，知识性强，也是展示中较为重要的一部分。这部分内容的展示空间面积约占整个主题展厅空间的30%。对展厅空间的高度没有特殊要求。考虑到有非遗传承人来举办不定期的活动，要考虑到水和电路的布置和预留。

实物主要以工具或陶瓷原材料或坯为主，一般尺度较小，可以以橱窗或悬挂等形式展示。工具中较大的为水脚盆坯车，占地约 $1\,m^2$，水脚盆坯车可以作为场景互动展示，以点状中岛式展示为宜，展品及互动和通道面积为 $8 \sim 9\,m^2$。

模型则多以模拟工序中的某一动态来展示，以实物的同等比例出现，人物造型由观众来完成。模型展示主要是为了更好地展示工具在工序中的使用及某道工序的情境。文字和图片精简介绍，打破传统展板和展柜一体的展示模式，将实物或模型的展示通过展柜的大小和不同的排列方式来实现。比如设计小型展架，一个展柜内只布置1～2件展品，然后将诸多展柜以不同的形态排列，或重复，或韵律，或突出节奏感等。文字的详细介绍则可以通过视频和电子书的形式呈现，亦可将电子设备与展柜结合起来设计。

（三）对高新技术的需求

将繁多的知识用精简的形式概括展示，让观众在短时间内对工序有全面的了解是本部分展示的难点。可通过实物、视频来增强观众的视觉体验，利用电子图书来整合庞大的知识体系，再通过新媒体互动来增强观赏的趣味性。可用上电子图书、三维立体动画技术、试听设备、APP或二维码扫描下载技术等。

（四）对展厅空间环境的要求

根据博物馆建筑设计规范JGJ66-91标准，展厅空调温度的控制，冬季不应低于10℃，夏季不应高于26℃。湿度要求：展品的材料主要以木、竹、陶瓷、铁或铜等为主，竹器、木器等相对湿度为55%～65%；陶瓷材料的相对湿度为40%～50%；纸质书画材料的相对湿度为50%～60%。照明方面：陶瓷等材料对光较不敏感，照度为≤300 LX（色温≤6 500 K）；而竹木材料对光较敏感，照度应≤180 LX（色温≤4 000 K）；纸质书画对光特别敏感，照度应≤500 LX（色温≤2 900 K）。

另外，注意整个展厅的安全设备，比如消防设备、监控系统、导航系统及其他能源设备对空间的需求。

三、观众需求分析

大部分观众对陶瓷烧制技艺的全过程及其文化都不是很了解，只是对陶瓷烧制技艺感兴趣。观众希望了解到陶瓷烧制过程中的拉坯、画坯、烧窑等过程（调研做出数据统计）。所以说，从展示内容和形式上满足观众的需求，包含满足其对知识的需求，对展示设计的艺术需求，对技艺活动的互动需求，以及对空间氛围的审美需求和空间组织舒适性的需求。

1. 业余观众需求

观众因兴趣爱好和职业等关系对陶瓷烧制技艺了解的程度也不一样。业余观众希望通过形象生动而有趣的展示来了解陶瓷烧制的全过程，以满足其对陶瓷烧制的好奇心。他们希望对陶瓷烧制的程序有一个大致全面的了解，加强自己对传统陶瓷手工艺知识和艺术的认知。业余观众平时对这方面的知识关注较少，甚至一无所知。他们平时看到的都是陶瓷成品，比如艺术品或者生活品。但对陶瓷由泥巴变成陶瓷器的烧制技艺过程兴趣浓厚。另外，他们对陶瓷民俗文化因缺乏了解，也会感觉新鲜。

他们对陶瓷材料、工具、制作过程的展示感兴趣，同时希望通过动态的展示技术和互动的方式让自己多方位地体会到展示内容。同时，他们想了解20多个陶瓷烧制非遗项目之间存在的差异性。另外，他们更注重展厅空间设计的艺术美感，希望能从展厅空间中感受到陶瓷艺术文化的氛围。

2. 专业观众需求

专业观众对陶瓷烧制文化已经有了一定程度的了解，他们观展的主要目的是希望从展示内容和形式上获取更多的专业知识，学习到比较全面的陶瓷技艺文化知识，特别是通过观展对非遗知识及其保护方式有进一步的了解或获取更多新的保护方式。同时也希望在观展的同时体会到陶瓷文化的艺术氛围。

专业观众根据专业不同大致可以分为非遗专业的、陶瓷艺术文化相关专业、设计艺术学专业等，另有从事文化产业研究、美学研究等相关人士；根据年龄不同又有青年、中年、老年之分。他们的参观目的也各有不同，有的是为了了解陶瓷文化，有的是为了了解陶瓷技艺，有的是为了了解陶瓷习俗，有的是为了了解陶瓷艺术，有的是为了了解非遗保护方式，还有的是为了了解非遗展厅的设计等。

根据观众的不同情况和需求，陶瓷烧制的展陈主要从展示内容和展示形式两个方面尽可能地满足观众不同的需求。

（1）从展示内容上来说，专业观众对陶瓷技艺细节、经验、工具、工艺过程及较翔实的陶瓷文化等方面的要求会比较高。业余观众对陶瓷技艺的过程和文化不是很了解，一方面想了解陶瓷烧造技艺和文化的常识，一方面希望通过展示技术和方式让自己能够轻松有趣地体验、学习这些知识。

（2）从展示形式上来说，专业观众对陶瓷烧制的技艺和文化有一定的了解，对展陈的方式要求会更高，希望尽可能地多了解这方面的知识。所以陶瓷烧制技艺和文化的展示一方面要尽可能地展示实物，比如工具、材料等；另一方面最好有烧制技艺全过程全方位的视频展示。限于时空等因素，过程展示只能通过视频的方式和在特定时间内请传承人来现场演示的形式实现。

（3）从展示空间需求来分析，老幼群体需要休息的空间，专业观众需要相对安静的空间来认真观展。另外，观众还需要互动的空间，展品也需要营造氛围的空间。

（4）从观众对视频内容需求来分析，因观众的年龄层次，参观目的各不相同，为了尽可能地满足主体观众的正常需求，可以考虑将视频内容分类制作。

四、展示内容组织

（一）内容上的展示方法（见附表2-2）

附表2-2　陶与瓷材料分辨

特　性	陶	瓷
原料图片		
温　度	不超过1 000℃	1 200℃以上
上　釉	无釉或低温釉	施高温釉
窑变颜色	偏红、紫、黑等色	白　色
质地（喷水装置感受吸水性、可敲击听音）	胎质粗松、有吸水性，敲击声较闷"扑扑"	不吸水或较少吸水，敲击发出金属般清脆声
实物+喷水装置（可选用陶片和瓷片实物进行装饰展示，让观众从视觉、触觉、听觉等多维度来体验）		

（1）分类展示：根据工序先后顺序分门别类进行介绍。

（2）对比展示：在同一道工序中，各地在制陶生产中使用的方法有差异，可以通过比较的方法展示。比如在原料介绍中介绍陶和瓷材料的区别。在造型工序中，各地使用的方法不同，通过对各种技艺进行归纳，总结出五种重要的方法，分别是拉坯法、盘泥法、雕塑法、拍打成型法、旋制法。烧窑工序可以归纳为两种：露天烧和窑烧。

（3）重点展示：诸多的陶瓷非遗项目中，陶瓷烧制工序大致一致，在展示时应该突出有代表性的。比如在造型工序中盘泥法可以重点介绍黎族原始陶器，而拍打成型法则可以重点介绍宜兴紫砂。

（4）均衡展示：各地的陶瓷工序有很多类似的方法，在内容的安排上应尽量在各道工序上避免重复介绍，可以在不同的工序中介绍不同的项目。比如施釉方法有七种，蘸釉法以哥窑为例，荡釉法则可以钧瓷为例。

（二）数据库内容的设计

（1）根据非遗项目分类，将20多个陶瓷烧造技艺非遗项目制作成全面完整的文档，并附带各个项目技艺工序的全过程视频、工具及习俗文化介绍。要求：每个项目的视频展示要有自己的特色定位，要尽可能地找出其独具特色的技艺或者文化。

（2）根据陶瓷烧制技艺内容分类，分别制作陶瓷技艺、陶瓷习俗、陶瓷行业行规、陶瓷文化发展史的视频。对视频制作有具体标准：要求真实、全面地展示陶瓷烧制技艺的全过程。比如增加每道工序的制作解说，告知口诀等，尽可能地展示较专业的传统陶瓷烧制技艺工序和文化，而不是粗浅的流水制作。

（3）根据观众的年龄和审美设计不同风格的视频。如为更好地对幼儿和青少年进行非遗技艺的熏陶，针对这部分观众的阅读习惯和风格，制作活泼简洁、卡通动画风格的陶瓷烧造视频，吸引其对非遗的兴趣。

五、展示空间分析

（一）功能分区

这部分内容主要分为展示区、休息区、阅读区、互动区。为了更好地利用空间，可采用空间整合形式来组织空间。不单独设计休息区和互动区，而是根据空间尺度和展示内容，将展示区、阅读区及休息区整合利用，也可以将休息区和阅读区，展示区和互动区整合利用，让展示空间更丰富。比如展柜既展示工具实物，又设有介绍工具使用方法的小型视频和休息凳，这种多功能空间的利用既合理又凸显了人性化关怀。

（二）动线分析

展厅动线按工序的先后顺序展开设计，即"前沿—原料开采—原料加工—造型—修坯—素烧—装饰—施釉—烧窑—修瓷—包装—运输"。动线设计要避免重复和死角，但也希望能做到曲径通幽，让大家有"人在画中游"的新鲜感。

六、展示形式分析

（一）静态展示

借助实物、文字、视频等组合的方式，给观众以直观的解读，也是这部分内容采取的主要展示方式。

（二）对比展示

一在内容上进行比较，如陶瓷造型工序不同地区、不同形态所采用的造型手法不一。介绍拉坯法、盘泥法等。二在形式上通过设计，让观众从视觉、触觉、听觉等多维角度感受到展品所传达的信息。比如陶和瓷的区别，可以通过立面上对这两种材料的设计，通过陶瓷质感的颜色、成品的音质和吸水性操作的互动，让观众分辨出陶与瓷的差异性。又如釉料的介绍。可以将不同釉料烧成后的视觉效果经过排列设计，让观众在感受材料美的同时能了解到不同釉料经过窑变后产生的不同的视觉效果。

（三）互动展示

一可利用场景中的实物、模型或3D画的设计，引导观众参与互动体验。二可通过高科技，如3D技术、音频装置等增强展示效果。如体验修坯工序，可以设计坯车、工具和工作状态的修坯动作，观众坐在位置上就能互动，当观众将工具触碰到坯胎的时候，声音和新媒体装置就会工作，操作者能感受到修坯的声音，修坯产生的瓷土也随3D技术投影到观众的脚上。

通过观众的互动行为，将展品和展示空间形成整体，让观众以制作者的身份全方位地体会到陶瓷烧制技艺的整体过程和文化氛围。同时也满足了观众对陶瓷烧制技艺知识感知的心理需求，有助于激发观众对陶瓷烧制技艺的情感，增强观众对非遗保护的意识，进一步鼓励观众对非遗的保护。此外，这种从了解观众的心理需求出发，让观众参与到展示中的方式，可以让观众与展品、展示内容达到共鸣，使展示效果达到完形状态，同时也体现了非遗展示方式的活态性。

（四）整合展示

在展陈上，整合主要体现为空间上的多功能合理使用。展厅空间有限，为了满足观众的各种需求，可以将展示、视频和临时休息功能进行整合，让观众在观看视频的同时能得到短暂的休息，在参观过程中感受到人性化的情感关怀。

（五）橱窗展示

将商业空间中的橱窗展示效果运用到博物馆设计中。在该展区入口外部空间进行陶瓷烧制技艺主题的橱窗展示，一则可以吸引观众进来观展，二则创新性地以视觉图像向观众传达该展厅展示的主题，而不是通过文字来解读符号信息。

七、整体空间设计分析

（一）整体空间氛围

展厅空间的整体风格以现代简洁为主，可设计局部或片段式的场景营造陶瓷制作空间、自然空间、文化空间的整体氛围，让观众更好地了解非遗项目的原真性和整体性。

（二）空间色调

整体色调以白色系为主，局部搭配民族传统色彩或者陶瓷相关色彩。比如可以通过导视系统的色彩来进行空间色调的点缀。

（三）展具设计

在造型上，主要以简洁形态为主，色调简洁和整体环境融合。在风格上，能体现陶瓷艺术文化，比如利用陶瓷元素的再设计，色调和质感上取自陶瓷材料等。在功能上，除了静态展示外，还可结合高科技技术增强其功能。在使用群体上，考虑到幼儿和残障群体的视觉高度，一个展具可以在1 200 mm和800 mm的高度设计玻璃橱窗，以满足不同群体。在排列上，传统的展柜多以方形呈现，沿墙排列或在中间独立展示。展具的设计除了在造型上设计不同外，在排列上也能造成不同的视觉效果。不同的排列可以增强空间的节奏感、韵律感、平衡感等，也可以通过展具的排列设计营造空间氛围。

（四）灯光设计

灯光设计区域的展品有文字、图片、实物等，整体照明以自然的淡暖色调为主，重点照明和装饰照明不能改变展品固有的色调，光照的温度更不能对展品质量造成影响。结合展品材料参照照明指标选择合适的灯光效果。陶瓷等材料对光较不敏感，照度应≤300 LX（色温≤6 500 K）；竹木材料对光较敏感，照度应≤180 LX（色温≤4 000 K）；纸质书画对光特别敏感，照度应≤500 LX（色温≤2 900 K）。

（五）导视系统设计

导视系统的设计应该突出陶瓷艺术文化，在空间的指示要简洁明了，不应给人造成误导或者视觉混乱。注意在立面、地面、顶面及拐角处进行设计。另外，为特殊群体服务的功能和空间要有明确指示。导视系统也可以利用GPS导航技术，将展厅的立体空间呈现在地图上，让观众对展区分布更加清晰。

第二部分　景德镇传统手工制瓷技艺专题展

本部分内容以景德镇传统手工制瓷为展示对象，对其技艺及相关文化进行深入细致的介绍。以景德镇传统手工制瓷技艺的先后顺序为展线，重点展示拉坯、立坯、施釉、画瓷、烧窑五道工序。结合景瓷的民俗文化来介绍制瓷技艺，展示非遗文化的整体性。通过新媒体、游戏等高新技术，让观众得到互动体验，使观众在参观的同时既感受到了景德镇青花瓷的制作技艺又欣赏到了景瓷悠远的文化。通过展示引起观众对景瓷艺术的兴趣，进一步促进其对非遗技艺的保护，激发其对非遗技艺的传播热情。

一、展示目的

通过文字、图片、实物、模型及片段式情景，对景德镇传统手工技艺的工序、工具、经验、民俗文化等相关知识进行展示，让观众了解景瓷制瓷手工技艺和景窑营造技艺。利用新媒体和高科技让观众在观展的同时，通过互动体验，对传统制瓷技艺产生兴趣。

二、展品内容分析

景瓷技艺专题展厅主要展示景瓷传统手工制作工艺及其相关民俗文化，通过景瓷生态空间营造非遗文化氛围。内容包含：高岭土矿—原料加工—拉坯—利坯—画坯—施釉—烧窑—选瓷—包装。重点介绍三宝蓬水碓舂碎淘洗工艺，传统水力拉坯、利坯，画青花，施釉五法和烧窑这五道主要工序。

重点展示景德镇陶瓷文化中独具特色的地方。包括以下几方面。① 原材料高岭土。景德镇陶瓷闻名于其品质，影响品质的物质基础是优质高岭土，对景德镇高岭土区别于其他瓷土的优质之处进行展示分析。② 原料加工，重点展示水碓舂碎淘洗工艺和制不[1]工艺。③ 拉坯，展示传统水力转轮的方式。④ 利坯，重点展示不同修坯工具对不同坯体器形的灵活应用；对坯体器形不同部位的精修，如口部、底部、盖等。⑤ 画坯，重点展示釉下青花、青花斗彩、青花釉里红及其绘画技巧。⑥ 烧窑，重点展示葫芦窑（龙窑）结构，匣钵装坯，烧窑的方式等。⑦ 镇窑习俗、行规等陶瓷文化（见附表2-3）。

附表2-3　景德镇传统手工制瓷技艺展示内容

内　容	详　情　简　介
前沿介绍	景德镇传统制瓷技艺、民俗及发展文化总况
高岭土矿及开采	高岭土矿特性、分布情况、开采

[1] 制不（dǔn），景德镇传统手工制瓷工艺。指瓷浆泥阴凉几天，成泥后放在长方形模匣里，用隔泥线去掉多余的泥，提去模匣，就制成长方形的"不子"半成品原料。

（续表）

内　容	详　情　简　介
原料加工	原料加工的程序、工具、经验口诀、习俗 工序：淘洗、制不、练泥、陈腐 重点介绍：水碓舂碎淘洗工艺和制不工艺；以三宝水碓舂碎淘洗及制不工艺为例
配瓷土	二元配方
拉　坯	两种器形拉坯的工序、工具、经验口诀、习俗 ① 圆器工序：练泥、传统水力拉坯、晾坯/晒坯；重点介绍：传统水力拉坯 ② 琢器工序：特色介绍
利　坯	不同部位利坯工序、工具、经验口诀、习俗，以茶杯为例 ① 工序：裁口，修足，修杯壁、口部和杯内 ② 视频要求：利坯动作之前对工具及工具的选择进行介绍
接　坯	接坯的工序、工具、经验口诀、习俗，以茶壶为例
补　水	补水的作用、方法、工具、经验口诀、习俗，以圆器和琢器为例
素烧/烧白胎	素烧的作用、工序、温度、特性 烧白胎的作用、工序、温度、特性
画　坯	四种表现手法及其工序、工具、经验口诀、习俗 ① 胎体装饰：印花、划花、刻花等 ② 色釉装饰：重点介绍高温釉和低温釉 ③ 彩瓷装饰：釉下彩、釉上彩、釉下釉上结合，以青花、五彩/珐琅彩/粉彩、斗彩为例 ④ 综合装饰：以五彩玲珑为例
施　釉	釉料成分和特色釉，七种施釉的方法、步骤、工具、经验口诀、习俗 重点介绍：不同形态的器物采用相应的施釉方法
烧　窑	主要介绍窑作坊营造技艺和烧窑技艺两部分内容 ① 传统瓷窑作坊营造技艺：主要介绍窑结构、选址、材料、营造工序、工具、经验口诀、习俗。以视频介绍详情，以窑的剖面模型介绍结构等 ② 烧窑工序：挛窑—成坯运输—装匣—满窑—烧窑—开窑，工具，经验口诀，习俗 重点介绍：装匣、满窑、烧窑三道工序，及其烧窑过程中有特色的习俗
选　瓷	选瓷的标准、修瓷方法和工具、相关习俗 重点介绍：上色、二色、三色、脚货，瓷器等级的评定方法
包　装	不同等级的瓷器采用不同的包装方法 重点介绍：茭草装桶法

（一）内容特点

（1）动作介绍多，工具操作多。这部分内容主要介绍的是景德镇传统手工制瓷技艺，内容也多以介绍各道工序的操作，各种工具的使用，以及一些经验为主。比如，瓷土的淘洗过程及方法。又如，水力拉坯工艺从搅水发力到拉坯再到摘坯一系列的过程。这些都是动作。手工制瓷工序中的工具繁多，而且很多都是由艺人自己动手制作的。如利坯的工具多达上百种，而且很多工具的设计是灵活的，随着器型的不同需要自行调节。接坯工具也由接坯师傅根据各自的手法设计了不同的工具。

（2）民俗文化多。景德镇制瓷业在上千年的发展过程中形成的与之相适应的民俗文化也很多，包括生产习俗、节日习俗、信仰习俗、行业行规等。从正月到腊月陶瓷行业的习俗活动不断。并且景德镇陶瓷行业中，仅工人行帮就有八业十八行。

（3）与第一部分有相似之处。景瓷手工制瓷与其他制瓷技艺有相似之处，比如与钧瓷的72道工序有类似之处，在这里尤其要体现的是景瓷手工制瓷的特色。

（4）对操作性体验有要求。这部分现实内容如果以文字或图片的形式向观众展示，显得比较单调，而且不能够引起观众的兴趣。技艺中各道工序的操作手法、经验、工具的操作使用，包括祭窑神等民俗活动，都要通过接触才能更好地理解动作过程。

（二）展品形态对空间尺度的需求

展品实物主要以工具、材料、坯、作坊家具为主，实物尺寸都是比较常规的尺度，竹制坯架的长度可以根据空间来定。可以根据空间设计需要，利用它来渲染氛围。水脚盆坯车的尺寸占地约 $1 m^2$。尺度小的工具偏多，比如拉坯、接坯、画坯等，所需工具都类似毛笔的尺寸。

模型展示时除了需要考虑模型本身的尺寸外，还要考虑观众参观和流动所需要的空间。如水碓淘洗和制不工序中的工具可以只展示石碓，大水车的展示可以通过3D绘图或者影像来表现。

（三）对高科技的需求

（1）感音技术。为了增强展示效果，让观众从多维角度体验展示内容，可利用声音技术让场景空间更真切。非遗技艺展示要真实而全面以吸引观众。如在水碓淘洗工艺中，可营造两种声音效果：一是室外远处河中水车的声音，二是捣碎瓷石发出的声音。前者声音是背景，较轻缓；后者声音在近处，加之有动作力度，较清脆。另外，水车的背景声音和捣瓷石的声音也有不同的方式。比如，当观众在石碓前操作捣瓷石的动作时，水车的声音和石碓的杭锵声随水车画面的水流影像效果和碓石的动作同时出现。也可一直播放河流的悠悠轻音以吸引观众的注意。当观众碓石操作时，水车发力影像及声音和碓石声音同时出现。观众由静观转变为互动体验，展示效果也完成了由引导到高潮的动态过程。

（2）三维影像技术。这部分内容主要介绍手工制瓷工艺，基本上都是对制作动作的介绍。为了能更直观，更真切地进行工序动作的介绍，建议运用三维影像技术。一方面可以带动观众加入互动，增强展示的趣味性；另一方面可以节省人力方面的投入。比如，可以解决传承人不能长期现场演示的问题，还可以减少工作人员的工作量。

（3）温度感应技术。烧窑工序中的展示设计可以通过窑体的剖面展示满窑烧窑的过程。观众走进窑体内时，温度随观众穿过窑体的不同位置而发生细微的变化。

（四）对展厅空间环境的要求

这部分展示对空间环境的要求，主要体现在高科技设备在电路、音频等系统上的变化，具体要求根据设备和展示效果而做具体安排。

三、观众需求分析

（一）业余观众需求

大部分观众都没有感受过制瓷，他们对手工制瓷充满着新奇感，希望自己有机会感受或观摩制瓷全过程，并且多数业余观众对文字性的介绍兴趣不大，更希望通过互动性在现实中体验手工制瓷中的拉坯、画瓷等工艺，也希望能通过展示效果感受到烧窑及窑变过程。具体展示时要满足以下两个要求：一是让观众通过展示互动或表演观摩体验制瓷过程；二是通过先进技术或鲜明的展示效果满足观众的好奇心。

（二）专业观众需求

（1）内容上的个性化。从事陶瓷相关职业的专业观众对陶瓷技艺已经有了一定的了解，他们更希望从展示中看到景瓷手工制瓷与其他的制瓷技艺或文化上的不同。

（2）知识上的专业性。对于陶瓷专业研究人员来说，希望通过景瓷手工制瓷技艺展示来丰富自己的专业知识，了解景瓷手工制瓷环节中技术性知识，而不是宽泛简单的普遍性知识。比如在青花画瓷中介绍分水的技法和经验。

（3）展示上的科学生动性。从事展陈的观众对非遗展陈的形式和组织安排，特别是非遗展陈中体现的活态展陈充满着兴趣。他们用专业的眼光去分析非遗展陈的内容和表现形式，从非遗和展陈两个角度去分析展陈的科学性、艺术性、传播性、舒适性以及生动性。

（三）特殊群体需求

老年人、幼儿和残障人士来观展，他们的特殊需求主要表现在行动、视线、休息等方面。展厅要能提供轮椅和儿童推车，并且能在合适的地方提供专属休息区。在观展中，坐轮椅的老人和儿童视线较低，展柜的设计应满足这部分人群的需求。

（四）工作人员需求

展厅工作管理人员的配备一般根据展厅的面积和展陈的特殊需要来确定。一般来说，一个主题展厅安排一名工作管理人员负责展厅的安全、秩序及观众疑难问题的解答。景瓷传统手工制瓷技艺展厅中有一部分内容是利用高科技来与观众互动的，为了减少工作人员的工作量和方便观众的观看，可在展具设备前配备相应的导视提示。

四、展示内容组织

（一）内容上的展示方法

（1）每道工序配视频解说。手工制瓷技艺的内容多以介绍工序操作和工具使用为主，用文字介绍动作过程，观众不易正确地理解技艺的操作，且文字性的展示较枯燥无趣，也不能很好地吸引观众的注意。因此每一道工序都应配有相应的视频解说，让观众可以很直观地观看制瓷的各道工序。

（2）突出技艺经验展示。经验是技艺活动中的精华，展示景瓷手工技艺经验的资料对从事陶瓷研究的专业观众来说非常难得。技艺经验的展示也是景瓷手工制瓷的个性化所在。

（二）数据库内容的设计

（1）视频文件。其一是介绍工序的视频。每道工序都应有单独的视频提供给观众。视频文件除了介绍每道工序的操作过程外，还应介绍工具本身及使用，并附操作时的经验解说。其二是介绍重要民俗活动的视频。对景德镇手工制瓷技艺中的主要民俗活动录制现场视频，因各地传承人的口音不同，视频文件中可提供中英文字幕，解决中外观众语言不通的问题。

（2）文字和图片文件。内容较多的工序、工具、习俗，在展示时若不能全部展出，可以制作相对详细的数据库供需要的观众阅读。比如介绍釉料和施釉的七种方法，可以提供具体的文字和图片数据库。

五、展示空间分析

（一）功能分区

主要功能分区有静态展示区、互动区（通过高科技与模型实施）、操作区（画瓷）、阅读区（电子书和视频观看）、体验区（烧窑）、游戏区、休息区。

虽然功能分区多，但可将多个功能区域整合在一个空间中。如画瓷操作区既是画瓷展示区也可以当作临时休息区；烧窑体验区同时也是烧窑技艺展示区；阅读区和静态展示区合在一起等。

（二）动线分析

以一种游玩互动的方式来设计观展路线。动线仍然按工序先后顺序安排，"前沿介绍—高岭土矿及开采—原料加工（配瓷土）—拉坯—利坯（接坯）—补水—素烧/烧白胎—画坯—施釉—烧窑—选瓷—包装"。

前沿介绍主要以静态展示；原料加工采用场景还原形式；拉坯、利坯、补水工序采用模型展示，让观众模仿艺人，利用高科技实现虚拟动作的互动；画坯采用操作体验形式；烧窑利用温度感应和新媒体艺术，让观众从视觉和触觉上感受到窑变的过程。

六、展示形式分析

（一）情境还原

主要运用在原料加工工序中，还原三宝水碓舂碎淘洗和制不的主要工序。通过实物、3D场景画、音像和三维技术以及灯光效果来营造加工作坊的情境。如采用情境还原碓棚工作场景来叙述原料加工全过程。

室内场景：一座茅草碓棚

场景一：舂碎

碓棚靠墙面为油画，表现三宝蓬水碓周边自然环境，包括水流、水车等透视感强的画面空间。油画前是水碓车实物，有节奏地重复，表现水碓碎瓷石工作时的韵律美。水碓车左侧是捶瓷石的场景，仿真大瓷石模型、捶碎的瓷石、板凳和扬起的手锤（互动一，重点照明）。音效：轻轻的水车和碓瓷石的声音。

场景二：淘洗沉淀

水碓车对面是三个沉淀坑，沉淀坑采用投影结合地面材质处理，表现瓷粉沉淀过程。对着第一个沉淀坑的碓坑中搁置一把倾斜的扁锄，进行倒瓷粉工作（互动二，重点照明），第二个沉淀坑中放置一根竹竿，进行搅拌工作（互动三，重点照明），第三个沉淀坑旁放置倾斜的木桶，进行滤渣工作（互动四，重点照明）。

场景三：制不

沉淀坑对面，与屋檐之间，是淘洗沉淀后的瓷泥模型和制不的简易木桌，桌上摆放制不模具、道具、开盒状态（互动五，重点照明）。

场景四：风干

碓棚屋檐下一侧是晾晒不子的竹架（檐外均匀灯光，仿日光），另一侧是码好的干燥不子。

观众在参观以上场景时，通过互动模拟了制不的全过程，体会到了制不的重点工艺。

（二）虚实结合

主要通过三维动画影像配合音效来实现拉坯、利坯、补水的工序。如利坯展示，柔和灯光下的坯车和坯模，剐坯刀立在坯模旁边，当观众走上坯车时，坯车上的灯光变亮，旁边，当观众手握剐坯刀，轻触坯体模型时，修坯的声音随坯粉落下的影像而出。

在装匣、满窑、烧窑的工序中，可利用虚实结合的动画技术，场景是纵剖的窑体及其周边环境，即"装匣场景—满窑烧窑场景—开窑选瓷场景"，实景是准备装匣的模型和装好的匣钵，装有部分匣钵的窑体。虚景是投影人物的动态过程，即装匣、满窑的动作。通过投影的动态人物将匣钵搬进窑内来呈现满窑的场景。匣钵也展示内部剖面，能看到匣钵里的成坯。匣钵里的坯随进入窑内不同的位置呈现窑变的过程。此时，温度也有不同的变化，进入窑的前端温度高一点，到窑的中部时温度最高，在窑的后端温度又降低，坯随位置和温度的不同，颜色和图案在变化，最终完成由坯烧成瓷的过程。观众在步入这种虚实的情境时，以一种旁观游玩又似参与的行为参观烧窑全过程。

（三）游戏体验

拟设计一款游戏，通过机器或手机能完成制瓷的全套过程，让观众在虚拟空间中操作完成"拉坯—画瓷—施釉—烧窑"的烧制过程。

画坯工序中，也可以设计一款程序。观众在机器上选择各种工具绘制图案，点击温度和时间后烧制出相应的产品。这种模拟游戏让观众在屏幕上就能学习画瓷和烧窑的基本知识，如选择彩瓷和青花瓷时使用不同的材料，不同的窑温等。

（四）操作体验

画坯间给观众提供不定期的画坯体验活动。提供毛笔、坯等材料以及一些样品，观众画完后可以留下地址，烧制完成后寄给观众。此活动可以收取一定的成本费用，且需网上预约。

七、整体空间设计分析

（一）整体空间氛围

这部分空间氛围与前一部分展厅风格整体上保持一致，在局部空间的装饰和展具的设计上可以突出景德镇瓷器的艺术风格特征。

（二）空间色调

观点同第一部分。

（三）展具设计

展具设计在风格和功能上要满足展示需要。另外，展具既要适合成年人，也要照顾到儿童、坐轮椅人群的视觉需求。

（四）灯光设计

整体照明参照常规照度，重点照明主要突出实物或模型，装饰照明根据情境还原和模仿的空间环境选择合适的色温。

（五）导视系统设计

观点同第一部分。

第三部分 陶瓷文化民俗展

这部分内容是这个主题展厅的尾声部分，主要展示我国陶瓷烧制中的生产习俗、生活民俗、行业行规等内容。通过情景还原的方式展示陶瓷烧制过程中的主要习俗、陶瓷与人们的生活，还原古代陶瓷各行当的街景，展示我国古代陶瓷集群发展的方式和空间文化，并揭示海外陶瓷带来的文化影响。

一、展示目的

通过陶瓷文化民俗展示让观众全方位地了解陶瓷烧制的文化，采用非遗保护的整体性和原真性原则，让观众体会到活态的陶瓷烧制技艺和丰富的文化空间。

二、展品内容分析

陶瓷文化民俗专厅主要展示各地非遗陶瓷项目中重要而有特色的民俗文化，从内容上主要分"前沿介绍—生产习俗—文化生活习俗—行业行规"四部分（见附表2-4）。

附表2-4　陶瓷文化民俗展的展示内容

内　容	详　情　简　介
前沿介绍	介绍中国陶瓷文化的发展：价值、传播、发展及影响
生产习俗	以各个非遗项目为单位，介绍各项目技艺中的行业俗语、生产习俗、生产过程中的信仰； 以具代表性的生产习俗做重点展示
文化生活习俗	展示陶瓷文化与人们生活的密切关联，包括行业神、节日习俗、陶瓷民间文学、陶瓷祭祀仪式四部分； 以具代表性的祭祀仪式做局部场景展示
行业行规	从陶瓷业管理方面介绍各行帮、行会及其相关管理规定； 以陶瓷街景呈现，在各行业商铺中展示相关文化

（一）内容特点

（1）内容多。陶瓷文化习俗包含的范围广。从民俗学角度可分为生产习俗、信仰习俗、节日习俗、生活习俗等。从地域上来说，江西（景德镇）、陕西、福建等地信仰的窑神都不一样。此外，我国传统陶瓷业已形成集群化发展模式，陶瓷各行帮行会对陶瓷业的监督管理也形成了约定俗成的文化。

（2）生动又单调。陶瓷文化习俗中，有一部分内容是比较生动有趣的，如行业神、民间传说、祭祀仪式等。其他大部分内容是比较枯燥的，如行业行规、行业俗语等。

（二）展品形态对空间的需求

这部分内容的展示都以介绍性为主，原内容多以文字、图片和影像等形式呈现。可以以片段情景还原和场景还原的形式来实现展示陈列。展品、实物及模型对空间没有特殊要求。

设想陶瓷文化生活习俗和行业行规这两部分内容通过还原街景的场景来设计。场景还原对展厅空间的高度有一定的要求，我国古代沿街店铺建筑形态多为两层。还原店铺建筑形态，一是为了营造氛围，二是为了更好地进行分类介绍。所以对店铺空间的进深要求不高，只要将店铺前厅作为展示空间即可，但是高度上会有要求，为满足布展和观展需求，一层的高度尽量达标，二楼如果只做装饰的话可以将高度降低，特别是屋顶的高度可以省略部分，只在外檐上做整体设计。在博物馆内部进行场景还原设计，加上灯光效果，该展厅的高度不应低于6～7 m。

（三）对高科技的需求

这一部分内容是整个专厅展示的尾声，在展示形式上要求在平缓中求生动。不再像第二部分那样有很多利用高科技来互动的设计。陶瓷民俗展厅对高科技的利用主要还是在电子阅读器的设计和局部的氛围营造上。

（四）对展厅空间环境的要求

本展厅在街景还原设计中，因我国传统建筑和家具材料多以木或竹为主，要注意防火防潮处理。其他要求与第一部分基本一致。

三、观众需求分析

（一）业余观众需求

陶瓷民俗文化从内容上来说比较繁杂，从形式上来说较丰富，从这方面来讲，陶瓷民俗文化的展出会吸引观众的好奇心。但因民俗文化的内容主要以文字记载为主，人们只能凭借想象完成对民俗活动的理解。

（二）专业观众需求

专业观众对陶瓷民俗资料的全面性、丰富性要求较高，并且他们会比较认真地阅读研究，花费的时间比业余观众要长。为了保证观众长时间阅读的体力，阅读器前可以设计配套的椅子。在空间上，因为专业观众对文字内容长时间的阅读，占用机器设备的时间也会较长，一方面可能会影响其他观众的阅读，另一方面也影响展厅的人员流通。

（三）工作人员需求

因为该部分展具中有等比的实物模型等，会加大管理人员的工作难度，特别是节假日人流量增大，再加上展厅的工作人员有限，有很多空间工作人员照顾不到，往往会造成混乱，给管理工作增加一定的难度，甚至可能会有展品损坏的风险。

四、展示内容组织

（一）内容上的展示方法

（1）内容整合法。陶瓷生产习俗、文化生活习俗与陶瓷各行业有一定的联系，可以将这两部分内容进行整合。比如景德镇坯房工人为纪念蒋知四，在坯房吃肉时要举行"知四肉"的纪念仪式。这一生活习俗活动可以在生产习俗或者工人行帮中展示。

（2）特色展示。各地的陶瓷业文化习俗颇多，为了突出重点，可选取有代表性的习俗进行特色展示。一般性的内容可以在数据库中展示。

（二）数据库内容的设计

（1）以动画或动漫形式展示民俗。民俗文化如果以文字的形式展示将会又长又无趣，为了提高观众阅读率，可以将民俗文化整合编成有情节的故事，并通过动漫或动画形式表现出来。

（2）分类展示。民俗文化庞杂，最好能按地域、内容等形式进行分类，并按类别建立数据库以方便观众查找阅读。按内容可以分为生产习俗、文化生活习俗、行业行规等。

五、展示空间分析

（一）功能分区

功能组织主要有展示区、互动区、阅读区、休息区、商业区。展示和阅读的内容较多，所以应加重休息空间的设计。另外，为了加强非遗文化的传播以及满足观众对非遗产品喜爱的心理需求，在展厅尾声部分，可结合街景中的陶瓷各行业商铺空间，对陶瓷相关的工具、材料及产品进行销售。

（1）展区+互动。展示区设计在空间和形式上要灵活。比如，通道与展示区域没有严格的分割，在通道沿边采用模型或实物设计引导观众在参观中游走，就像商业空间中的橱窗设计一样。模型展具亦可采用开放式，观众可以与之互动，一来可以突出该部分展示内容的主题，二来可以引起观众的好奇心，营造引人入胜的感觉。此外，点状式的布局加上观众的游走，可形成无形的线状动态空间。

（2）阅读+休息+互动。为更好地利用空间，营造空间氛围，可将阅读区与休息区进行整合设计。比如，制笔的桌椅是展具也是实物模型，桌上有电子图书，也有毛笔和工具，它们被摆成制笔的状态。观众可以坐在桌前一边观看文字，一边模拟制笔的动作。正在观看的观众成了场景中的制笔师傅，他们的动作成了远处观众的"活"模型。观众的阅读、休息与互动及形成的活态展示非常自然。又如，街景可以利用店铺前的休息椅和商品道具等物态设计而成的电子阅读器或者视频音频设备，营造一种由观众参与的商品交易或者休闲娱乐的街景状况。整体上将观众的观展行为融入展品展示中，还原了一个逼真的场景。

（3）商业+展示。街景中的每间商铺都是陶瓷行业中有代表性的品牌行业。商品既展示该行业行帮的文化，又还原我国传统陶瓷行业中的商业交易场景。这样即丰富了展示空间的内容，又可以将商业区更和谐地融入展示中。与目前博物馆空间中将商业销售放在单独的空间相比，显得更加自然协调。

（二）动线分析

这部分内容的展示有很多部分是进行整合设计的，动线设计主要从生产作坊的习俗展示到街景的文化生活场景和行业行规介绍，以一种边逛边看的行为完成观展。

六、展示形式分析

（一）点状式和线状式的空间布局

点状式布局主要用在生产习俗展示中，线状布局主要用在街景还原方式上。两者均通过解构重组的表现形式，营造不同地域空间、不同时代背景下的陶瓷生产制作、陶瓷行业人文空间环境。陶瓷业的兴盛经历了由北向南的发展过程，以各年代、各地域、各品牌的作坊空间、街景、码头运输等场景为主，即"生产空间—生活商业空间"，分别展示"生产习俗—文化生活习俗—行业行规"的内容。点状式场景设计主要指只还原展示内容主题中的重点，主要指动态间连贯性的动作，背景不做还原，通过等比模型道具的动态节点的动作表现让观众有身临其境的感觉。

（二）展示内容与场景主题一致

每间作坊、店铺尽可能介绍与该建筑或者品牌或者行业相关的内容。比如景德镇的盛记制笔店，介绍陶瓷生产习俗中的辅助性行业——制笔业，包括制笔的流程及其相关的文化。又如场景中设计陕西的窑神庙，并展示与祭窑神相关的场景。这样，场景主题与展示内容一致，观众在参观的行进中可以随时间的变化感受不同朝代、不同地域间的陶瓷文化。

（三）过渡场景的承启设计

生产习俗与街景还原在展示的内容和空间表现上要对前后两部分内容和空间环境有一个巧妙的过渡。比如通过码头运输、祭祀等过渡场景来切换展示内容。通过时间性、地域性、主题性等的变化，以穿越时光隧道式的场景让观众感受到陶瓷习俗文化伴随着自己观展时间的推移，在空间上也发生了变化。在生产习俗与文化生活习俗两部分内容之间通过祭窑神的仪式进行空间和内容上的过渡；在文化生活习俗和行业行规这两部分内容间可以河流、码头等场景为衔接，比如，以中秋节的活动作为过渡，将生活区域的场景过渡到以街景为主的行业行规内容的展示上。沿河的一边是工人行业帮场景，另一边是商业行会场景。将这两部分内容自然地在各自的空间中展示。建筑特色可以由从北到南的风格变化，体现陶瓷由北到南的兴盛发展，营造一个整体的陶瓷文化空间。

（四）以动线线索对各空间的展示形式进行设计

（1）前沿介绍：主要以文字、图片、影像的形式展示，另将内容建立数据库，以电子书的形式展示。因为文字内容比较枯燥，展具设计既要吸引观众，又要与整个场景氛围融合，建议利用与陶瓷有关的元素进行再设计，在空间上过渡到生产习俗的场景设计中。

（2）生产习俗展示：以工序的先后顺序，选择非遗项目中各道工序中具有代表性的生产习俗，结合重点信仰习俗和节日习俗展示较为完整的生产习俗。① 生产习俗主要选择各地陶瓷生产习俗中的重点习俗，以立体模型或者片段动作模拟的形式展示，文字内容以简要介绍为主。② 其他文字性、影像类内容结合含有陶瓷文化元素的展具进行设计，合理地安排在展厅空间内，打破那种沿墙做展板和展柜的单一形式，可以考虑呈现点状式散点布局。③ 空间氛围可以选择在各地陶瓷作坊中选取的经典生产空间场景，采用3D彩绘背景墙模型和展具相结合设计、虚拟空间设计等形式，让观众在参观过程中主动与内容互动。④ 在与下一个场景衔接处可以通过生产习俗中与文化生活习俗具有相交点的内容，通过形式的设计转入下一个主题中。如由祭窑神的仪式场景设计转入下面的行业神介绍中。

（3）文化生活习俗与行业行规展示：我国古代商业建筑空间有很多是商住一体的。如前堂是店铺，后院是居家，或者下层是商铺，上层是居家。加之很多文化生活习俗与行业行规有着交叉之处，可将这两部分内容整合在一条街景中展示。可选择各行业行会中有代表性的文化生活习俗和行业帮会，对有特色的文化进行展示。通过场景还原的形式营造空间文化氛围，将不同的建筑环境空间进行解构，重组成适合于展厅内容的空间设计。地理位置上由北到南，时间上按照年代的先后顺序为展线进行布置。街景中的店铺布局也按照一定的主题进行划分。比如工人行帮、商业行帮与辅助性行业帮会可以通过河流或码头的场景过渡，进行有条不紊的展示。街道场景根据行业不同，选取具有代表性的品牌商行、商会，让每个商行或商会通过橱窗和室内空间展示相关的文化。每个店铺是一个主题的展示，店铺里通过情境还原，让观众与观众之间互动，感受我国古代陶瓷行业行规文化。

七、整体空间设计分析

（一）整体空间氛围

整体空间氛围营造时空穿越的场景还原设计，街景的店铺建筑风格，室内家具风格都要与主题相一致。甚至可以考虑将街景的建筑、桥梁设计与建筑营造技艺展示结合。

（二）空间色调

与展厅整体色调一致。街景还原的色调处理注意复古风格和前面展示区域的协调处理。

（三）展具设计

（1）这部分展厅的展具主要以我国古代传统家居、店铺家具为主，注意家居风格与地域、年代、功能相符合。比如，南方家具中常会使用竹制家具，店铺中的货柜与家居家具不同，不同功能的店铺室内陈设和家具形态也各不相同，主要以有特色的家具作为展示装饰之用。

（2）利用传统家具或者陶瓷元素重新设计的家具，在材质、色调、风格上要与空间氛围相融合，在功能上要满足展示内容、高新科技设备等需求。

（3）有些展具的设计在尺度上要考虑残障人士和儿童的尺寸，比如可设计升降式或其他形式的地台。

（4）可以设计一些中岛式展具，中岛式展具的设计与布局安排比沿墙展示更具有生动性，而且观众也可以从多个角度观看展品，视角更丰富。文字展示尽量精简，通过音频等形式做详细解说。

（四）灯光设计

（1）第一部分生产习俗的展厅空间，灯光以稍暗为主，模型和展具用灯光进行局部高亮度或装饰照明，整体灯光以暖色调为主。

（2）第二部分文化生活习俗和行业行规展示以空间场景还原的形式为主。露天场景设计，整体灯光稍亮，模拟自然光源色调。各居室内，因展示的是单个主题的陶瓷风俗，所以单个建筑内部的空间可针对展示内容采用有特色的照明，根据主题内容确定灯光亮度和色彩，可以模拟白天阳光照进室内的明亮效果，也可以模拟夜间油盏灯的昏暗效果。在展品上以重点照明或装饰照明突出光源。

街景空间的整体灯光效果主要模拟白天阳光明媚的灯光氛围，提高街道整体亮度，突出两侧建筑的柔和阴影。每间商铺的室内展具或者模型以及外部橱窗的灯光效果以局部重点或装饰效果灯光为主。根据太阳光的位置，处理好两侧店铺的阳光投影形式，向阳一侧的灯光可以模拟阳光通过橱窗、窗台、大门入口照进室内的灯光效果。随街道的拐弯，灯光也要发生相应的变化。街景的尽头可以通过3D透视画结束，3D透视画要注意消失的场景、灭点和色彩亮度的把握，营造空间穿透的时空感。

（五）导视系统设计

与整个主题展厅相一致。

附录 3

展区（1）

展区（2）

附图3-1　杭州运河手工艺活态展示馆油纸伞技艺展示区

（1）

（2）

附图3-2　传统营造技艺展中的榫卯木结构的视频展示/沧州博物馆陶瓷考古修复交互
　　　　展示

附图3-3　四川美术学院美术馆圆觉洞VR虚拟展示

附图3-4　笔者体验地仗工艺

附图3-5　上海广富林文化遗址展厅场景还原考古场景

附图3-6　上海广富林文化遗址展厅场景还原清末民国时期松江商业街场景

（1） （2）

附图3-7 广富林文化遗址展厅场景还原+数字投影的叙事手法

（1）春天 （2）秋天

附图3-8 沧州博物馆数字影像技术展示季节

附图3-9 沧州博物馆武术展厅情景还原拜师仪式

（1）

（2）

附图3-10 沧州博物馆的人机互动展示

附图3-11 上海洋泾绒绣传习所现
　　　　场展演

附图3-12　天津博物馆中华百年看天津展厅抵御外侮情境展示

附图3-13　传统手工艺商铺中的机器人展示

附图3-14　传统营造技艺展中的榫卯木结构的体验展示

附图3-15　沧州博物馆提供轮椅和婴儿车等服务

附图3-16　三峡博物馆《壮丽三峡》中三峡精神的情境设计

附图3-17 三峡博物馆《壮丽三峡》中民间场景还原

附图3-18 迪士尼《加勒比海盗》剧场情境设计

附图3-19　迪士尼《冰雪奇缘》剧场情境设计

附图3-20　上海宝山国际民间艺
术博览馆——非洲化
妆舞会

（1）

（2）

（3）

附图3-21 天津博物馆——中华百年看天津
展厅

参考文献

中文文献

［ 1 ］宋应星.天工开物［M］.上海：上海古籍出版社，2013.

［ 2 ］沈括.梦溪笔谈［M］.北京：中华书局，2009.

［ 3 ］王文章.非物质文化遗产概论［M］.北京：教育科学出版社，2008.

［ 4 ］于海广，王巨山.中国文化遗产保护概论［M］.济南：山东大学出版社，2008.

［ 5 ］段宝林.非物质文化遗产精要［M］.北京：中国社会出版社，2008.

［ 6 ］苑利，顾军.非物质文化遗产学［M］.北京：高等教育出版社，2009.

［ 7 ］丁言斌.博物馆藏品征集、保护、陈列艺术及内部管理实用手册［M］.长春：吉林银声音像出版社，2005.

［ 8 ］姚安.博物馆12讲［M］.北京：科学出版社，2011.

［ 9 ］国家文物局博物馆司，中国博物馆学会保管专业委员会.博物馆藏品保管文集［M］.北京：中华书局，2001.

［10］北京博物馆学会.博物馆藏品保管工作指引［M］.北京：中国书籍出版社，2012.

［11］北京博物馆学会.博物馆藏品保管学术论文集［M］.北京：中国林业出版社，2009.

［12］傅振伦.博物馆学概论［M］.上海：商务印书馆，1957.

［13］陈端志.博物馆学通论［M］.上海：上海市博物馆刊行，1936.

［14］严建强.博物馆的理论与实践［M］.杭州：浙江教育出版社，1998.

［15］郭庆光.传播学教程［M］.北京：中国人民大学出版社，2011.

［16］余志鸿.传播符号学［M］.上海：上海交通大学出版社，2007.

［17］李幼蒸.理论符号学导论［M］.北京：社会科学文献出版社，1999.

［18］刘托.建筑艺术［M］.太原：山西教育出版社，2008.

［19］刘托.建筑艺术文论［M］.北京：北京时代华文书局，2015.

［20］宗白华.美学散步［M］.上海：上海人民出版社，1981.

［21］徐恒醇.设计符号学［M］.北京：清华大学出版社，2008.

［22］徐恒醇.设计美学［M］.北京：清华大学出版社，2006.

［23］李泽厚.美的历程［M］.北京：中国社会科学出版社，1984.

［24］王宏建.艺术概论［M］.北京：文化艺术出版社，2000.

［25］李心峰.艺术类型学［M］.北京：生活·读书·新知三联书店，2013.

［26］李心峰.元艺术学［M］.桂林：广西师范大学出版社，1997.

［27］费孝通.费孝通论文化与文化自觉［M］.呼和浩特：内蒙古人民出版社，
2009.

［28］尚刚.天工开物：古代工艺美术［M］.北京：生活·读书·新知三联书
店，2007.

［29］薛晓源，曹荣湘.全球化与文化资本［M］.北京：社会科学文献出版社，
2005.

［30］谢彦君.基础旅游学［M］.北京：中国旅游出版社，2011.

［31］张道一.考工记注译［M］.西安：陕西人民美术出版社，2004.

［32］金炳华.马克思主义哲学大辞典［M］.上海：上海辞书出版社，1998.

［33］华觉明，李劲松，王连海，等.中国手工技艺［M］.郑州：大象出版社，
2014.

［34］田小杭.中国传统工艺全集·民间手工艺［M］.郑州：大象出版社，
2007.

［35］王朝闻.中国民间美术全集［M］.济南：山东教育出版社，1995.

［36］于平.中国传统工艺全集·传统技艺［M］.济南：山东友谊出版社，
2008.

［37］许功明.原住民艺术与博物馆展示［M］.台北：南天书局有限公司，
2004.

［38］王志弘.台湾现代性博物馆展示资源研究［M］.台北：台湾博物馆，

2010.

［39］林崇熙.台湾产业史博物馆展示规划［M］.台北：台湾博物馆，2009.

［40］汉宝德.展示规划：理论与实务［M］.台北：田园城市文化事业有限公司，2000.

［41］米歇·傅柯.知识的考掘［M］.王德威，译.台北：麦田出版股份有限公司，1993.

［42］玛格丽特·霍尔.展览论——博物馆展览的21个问题［M］.环球启达翻译咨询有限公司，译.北京：北京燕山出版社，2007.

［43］弗兰西斯·叶芝.记忆之术［M］.钱彦，姚了了，译.北京：中信出版社，2015.

［44］马凌诺斯基.文化论［M］.费孝通，译.北京：华夏出版社，2002.

［45］拉德克利夫-布朗.文化论［M］.夏建中，译.北京：华夏出版社，2002.

［46］扬·阿斯曼.文化记忆［M］.金寿福，黄晓晨，译.北京：北京大学出版社，2015.

［47］马克斯·舍勒.知识社会学问题［M］.艾彦，译.南京：译林出版社，2012.

［48］鲁道夫·阿恩海姆.艺术与视知觉［M］.腾守尧，译.成都：四川人民出版社，1998.

［49］鲁道夫·阿恩海姆.视觉思维［M］.腾守尧，译.成都：四川人民出版社，1998.

［50］特里·甘布尔，迈克尔·甘布尔.有效传播［M］.熊婷婷，译.北京：清华大学出版社，2005.

［51］乔治·埃里斯·博寇.新博物馆学手册［M］.张云，曹智建，等译.重庆：重庆大学出版社，2011.

［52］简·贝德诺，爱德华·贝德诺.博物馆展览：过去与未来［J］.宋向光，译.中国博物馆通讯，2000（4）：28-30.

［53］阿诺德·伯林特.环境美学［M］.张敏，周雨，译.长沙：湖南科学技术出版社，2006.

［54］约瑟夫·派恩，詹姆斯·吉尔摩.体验经济［M］.毕崇毅，译.北京：机械工业出版社，2002.

［55］法尔马考夫斯基.博物馆藏品的保管与修复［M］.戴黄戎，译.北京：文物出版社，1959.

［56］拉之贡.博物馆藏品科学编目法［M］.博物馆科学工作研究所筹备处，译.北京：文物出版社，1957.

［57］卡尔松.环境美学：自然、艺术与建筑的鉴赏［M］.杨平，译.成都：四川人民出版社，2006.

［58］姚伟钧，于洪铃.中国传统技艺类非物质文化遗产的分类研究［J］.三峡论坛，2013（6）：69-72.

［59］李宏岩.传统手工技艺研究的理论综述［J］.民间文化论坛，2012（2）：59-64.

［60］宋伯胤.论博物馆藏品分类（上）——兼述"四部四项分类法"［J］.东南文化，1991（Z1）：230-237.

［61］何直刚.藏品分类略说——附述三系三段分类法［J］.中国博物馆，1986（3）：79-83.

［62］王兴平，白宁.博物馆藏品分类法理论思索及"双轨制"构想［J］.东南文化，1990（4）：265-271.

［63］于奇赫.博物馆中分类管理的构想［J］.赤子，2014（2）：203.

［64］乌丙安.非物质文化遗产保护中文化圈理论的应用［J］.江西社会科学，2005（1）：102-106.

［65］宋丽华，董涛，李万社.非物质文化遗产分类的问题解析与体系重构［J］.国家图书馆学刊，2014（3）：86-92.

［66］李之龙.关于博物馆藏品分类与藏品组织的关系［J］.东南文化，1993（4）：176-179.

［67］乔晓光.民间美术分类及其相关问题的探讨［J］.美术教育研究，2010（2）：18-23.

［68］向云驹.论非物质文化遗产的身体性——关于非物质文化遗产的若干哲学问题之三［J］.北京：中央民族大学学报（哲学社会科学版），2010（4）：63-72.

［69］程齐凯，周耀林，戴旸.论基于本体的非物质文化遗产分类组织方法［J］.信息资源管理学报，2011（3）：78-83.

［70］吉灿忠．论武术"文化空间"的分类［J］．吉林体育学院学报，2014（2）：1-3.

［71］赵心宪．民俗类国家级"非遗"再分类确认的必要性与紧迫性——"秀山花灯保护"问题系列理论思考之一［J］．重庆教育学院学报，2012（4）：58-66.

［72］李之龙．若干分类法标准问题之我见［J］．东南文化，1991（6）：227-230.

［73］李心峰．谈艺术学门类学科升级［J］．艺术学研究，2012（1）：78-79.

［74］富忠．文化的分类体系［J］．烟台大学学报（哲学社会科学版），2004（3）：262-268.

［75］丁永祥．生态场：非物质文化遗产生态保护的关键［J］．河南大学学报（社会科学版），2012（3）：118-125.

［76］杨海峰．试论博物馆藏品的分类［J］．江西文物，1989（3）：108-110.

［77］黄永林，王伟杰．数字化传承视域下我国非物质文化遗产分类体系的重构［J］．西南民族大学学报（人文社会科学版），2013（8）：165-171.

［78］严建强．文物藏品质地优先四层次十进位分类法［J］．中国博物馆，1997（1）：42-47.

［79］陈菁．博物馆藏品分类之初探［J］．中国博物馆，2012（3）：52-59.

［80］吕品田．在生产中保护和发展——谈传统手工技艺的"生产性方式保护"［J］．美术观察，2009（7）：4-7.

［81］田雁．非物质文化遗产的博物馆化展示——以深圳博物馆《深圳民俗文化》展为例［J］．西南农业大学学报（社会科学版），2012（6）：78-79.

［82］白建松．非物质文化遗产内容的博物馆数字化展示模式与产业化研究［J］．浙江艺术职业学院学报，2011（2）：112-117.

［83］杨兆麟．非物质文化遗产在博物馆的陈列展示——西双版纳勐泐博物馆陈列随想［J］．文物世界，2006（3）：47-48.

［84］杨建蓉．精神的物化 求解的过程——张家界博物馆非物质文化遗产展示馆陈列设计［J］．艺术教育，2010（6）：8-9.

［85］李光．浅说非物质文化遗产的保护与展示［J］．中华文化画报，2011（11）：128.

［86］姚田. 浅谈福建非物质文化遗产与博物馆展示［J］. 福建文博，2013（4）：94-96.

［87］吴诗中. 展示陈列中的叙事空间设计［J］. 装饰，2012（7）：120-122.

［88］吴诗中. 数字时代展示设计的位移［J］. 装饰，2012（10）：13-14.

［89］许江. 本土的拆解与重建——"全球-本土"机制中的主体文化更新［J］. 文艺研究，2010（2）：93-105.

［90］刘佳莹，宋向光. 博物馆的媒介优势——结构主义叙事学视角的博物馆展览试析［J］. 博物馆研究，2009（4）：3-7.

［91］阿里克. 博物馆学理论和原则的研究［D］. 长春：吉林大学，2009.

［92］于海广. 手工艺类非物质文化遗产理论及博物馆化保护研究——以杨家埠木版年画制作工艺的考察为例［D］. 济南：山东大学，2007.

［93］丁雨迪. 民族文物：历史、实践与话语分析［D］. 北京：中央民族大学，2012.

［94］张敏. 论非物质文化遗产分类［D］. 杭州：浙江大学，2010.

［95］刘迪. 博物馆时空研究［D］. 天津：南开大学，2007.

［96］张勇科. 技博物馆科学传播模式研究［D］. 合肥：中国科学技术大学，2011.

［97］牛穆青. 非物质文化遗产的展示理论研究［D］. 上海：复旦大学，2013.

外文文献

［1］西海賢二. 博物館展示と地域社会：民俗文化史からのまなざし［M］. 東京：岩田書院，2014.

［2］青木豊. 集客力を高める博物館展示論［M］. 東京：岩田書院，2013.

［3］佐佐木利和，松原茂，原田一敏. 博物館展示論［M］. 東京：放送大学教育振興会，2012.

［4］青木豊. 博物館展示の研究［M］. 東京：雄山閣，2012.

［5］日本民俗学会. 民俗世界と博物館：展示・学習・研究のために［M］. 東京：雄山閣，1998.

［6］Pierre Bourdieu. Jean Claude Passeron. Reproduction in Education, Society and Culture Theory[M]. California: Sage Publications Ltd., 1990.

索 引

后　记

　　本书最初的资料来源于我的博士论文。后来结合课题研究，从对当下展陈信息技术的提升对"非遗"展陈传播效果的影响的角度，进行了重新整理和撰写。本书的撰写，非常感谢我的导师刘托研究员对我的教诲和指导。恩师渊博的专业知识，严谨的治学态度，精益求精的工作作风，诲人不倦的高尚师德，朴实无华、平易近人的人格魅力对我影响深远。恩师不仅授我以文，还教我做人，在学习、生活和工作中给我指引和帮助。相处虽仅短短三载，但赋予我终身受益无穷之道。本书迄今几易其稿，每一步都是在恩师的指导下完成的，倾注了恩师大量的心血，在此向我的恩师刘托研究员表示深切的谢意与祝福！

　　本书是跨学科交叉型研究，整合了设计学、非遗学、美学、传播学、民间艺术等方面的知识，也得到了不同领域老师们的指导。在此还要感谢王能宪、吕品田、王辉、孙建君、刘佳、张夫也、许平、刘成纪、吴琼各位老师，在写作过程中提出了宝贵意见。

　　此外，还要感谢父母和家人在我求学生涯中给予我无微不至的关怀和照顾，一如既往地支持我、鼓励我。回想写作过程，虽有不易，但让我除却浮躁，经历思考和启示，获得知识的同时，身心得到成长，因此倍感珍惜。

　　我的母校中国艺术研究院提倡"精勤求学，敦笃励志"的科研精神和"百花齐放，推陈出新"设计指导思想，母校严谨而不失创造力的学风将激励我勇敢成长。2020年，本人主持的"藏族地区'非遗'展示与乡村旅游融合发展策略研究"（2020–GMD–074）获国家民委民族研究项目立项，本书也是该项目研究成果。我现工作单位上海工程技术大学对科研大力支持，并提供基金支持本书的出版，在此深表感激。

　　国内外"非遗"展陈的活动和研究日趋成熟。在今后的学习和工作中，我将坚持不懈、持之以恒，为推动我国"非遗"展陈设计的发展贡献绵薄之力！仓促成书，定存在不足，恳请读者批评指正。